다산,
자네에게 믿는 일이란
무엇인가

윤춘호 지음

'배교자' 이승훈의 편지

# 다산,
## 자네에게 믿는 일이란
## 무엇인가

푸른역사

* 이 책은 방일영 문화재단의 지원을 받아
  저술·출판되었습니다.

**머리말**
# 믿는 일의 어려움에 대하여

**1.**

이 책은 믿는 일의 어려움에 대한 이야기다. 역사적 인물들이 등장하고 그 인물들이 관여된 사건들이 펼쳐지지만 굳이 역사책이라고 생각할 필요는 없다. 특정 종교에 대한 이야기가 나오니 신앙과 관련된 글로 읽을 수 있겠으나 이 책에서 종교는 역사와 마찬가지로 하나의 소재일 뿐이다. 계속되는 박해와 내면의 회의 끝에 스스로 믿음을 내려놓은 한 인간의 이야기다. 그가 왜 믿음을 가졌으며 왜 그 믿음을 스스로 내려놓았는지, 목이 잘려 죽으면서도 왜 그는 회개하지 않았는지 묻고 답하는 글이다.

이 책의 주인공은 이승훈이다. 그는 18세기 조선인 최초로 세례를 받은 1호 천주교 신자였고, 조선 천주교회 설립의 주역이었다. 그는 서양 선교사가 들어올 수 없던 시기 미사를 집전하고 세례를 베푸는 등 신부 역할을 하며 천주교 전파에 큰 기여를 했다. 이승훈은 1801년 그의 나이 45세에 서학을 들여오고 이를 믿었다는 이유로 참수형을 당했다. 그의 삶의 이력과 마지막 모습을 보면 그는 전형적인 순교자였다.

하지만 이승훈은 성인으로 추앙받지도, 복자의 지위에 오르지도 못했다. 배교자였기 때문이다. 이승훈은 문중의 반대와 조정의 박해에 굴복해 자신의 신앙을 부인했다. 그의 배교는 한 차례에 그치지 않고 공개적으로, 반복적으로 이루어졌다.

이승훈의 반복되는 배교와 회개 행위 때문에 그의 진심이 어디에 있었는지는 여전히 미궁이다. 그가 진심으로 자신의 신앙을 버린 것인지 아니면 가족과 조정의 감시의 눈초리를 피하기 위해 배교자를 가장했는지는 지금도 논란거리다. 분명한 것은 죽는 순간 그가 "하느님 아버지, 제 영혼을 당신에게 맡깁니다"라고 기도하지는 않았다는 사실이다.

그는 순교했지만 순교자로 인정받지 못했다. 죽어서 영생과 영광을 함께 얻은 다른 천주교 동료들에 비하면 그의 삶은 살아서는 처절했고 죽어서는 더욱 처참하였다. 그러하기에 내게 이승훈의 삶과 죽음은 오히려 더 인간적이고 애틋했다.

**2.**

이승훈은 18세기 후반 한양에서 태어나 과거를 준비하던 전형적인 조선 사대부였다. 1783년 가을 아버지를 따라 북경을 방문한 이승훈은 그라몽 신부에게 세례를 받고 조선 최초의 천주교 신자가 되었다.* 북경에서 보낸 그의 40일은 그의 인생만이 아니라 조선의 천주교, 나아가 조선의 역사에도 심대한 영향을 미쳤다.

이승훈의 세례를 계기로 1784년 조선 천주교회가 창립되었다. 기존의 유교 논리로는 그 시대가 요구하는 답을 찾을 수 없었던 이승훈과 그의 동지들은 천주학에서 새로운 돌파구를 발견했다. 우주 창조자의 존재와 현인신現人神인 예수의 역사적 존재와 부활을 믿는 천주교는 조선의 사상 체계와는 완전히 다른 철학이자 종교였다. 이승훈과 이벽 등을 필두로 한 자생적 천주교 신자의 등장은 조선 사회가 쩍! 하고 균열이 가고 있음을 보여 주는 사변이었다.

이승훈은 새로운 사상운동의 지도자였다. 그는 신앙을 위해서 일신의 영달이나 출세는 기꺼이 포기했다. 이승훈의 헌신과 노력이 없었다면 초기 조선 천주교회가 창립된 지 불과 4~5년 만에 천여 명의 신자를 확보하며 조선 사회에 뿌리내리기 어려웠을 것이다.

---

* 임진왜란 당시 일본군에게 포로로 끌려간 조선 사람들 가운데 세례를 받고 천주교인이 된 사람들이 있었기 때문에 엄격한 의미에서 이승훈이 최초의 천주교 신자는 아니다. 그러나 이승훈은 18세기 이후 세례를 받은 최초의 신자였고 조선에서 천주교 신자로 활동한 것도 그가 처음이다.

한때 신앙의 열정으로 불타오르기도 했지만 이승훈은 오롯이 신앙의 길을 걷지는 못했다. 그는 배교와 회개를 반복했고 결국 자신의 신앙을 부인하고 교회를 떠났다. 이승훈이 배교한 것은 조정과 가족의 끊이지 않는 박해와 압박 때문이었다.

물론 그의 배교는 꼭 그 때문만은 아니었다. 그는 동료 교우들과의 의견 차이 때문에 서서히 교회와 멀어져 갔고 자신의 능력으로는 감당하기 어려운 책임 때문에 힘들어 했다. 그는 조금씩 지쳐 갔고 모든 힘이 다하자 주저앉았다. 다시 일어설 힘은 그에게 남아 있지 않았다. 그의 배교 과정은 마치 큰 배가 천천히 침몰하는 것과 같아서 누구나 그가 배교하고 있다는 것을 알 수 있었다. 그런 이승훈을 교회와 그의 동료들은 용서하지 않았다. 그가 성인도, 복자도 되지 못한 이유다.

이승훈의 45년의 삶은 배신과 상실, 추락의 과정이었다. 그는 믿음을 지키기 위해 친구를 배신했고, 목숨을 구하기 위해 신앙을 버렸지만 결국 목숨도, 신앙도 얻지 못했다. 조정은 서학 전파의 원흉이라며 그를 용서하지 않았고, 교회는 배교자라며 그를 비난했다. 어느 쪽도 그를 용서하거나 이해하지 않았다.

**3.**

이승훈에게 묻고 싶은 것이 많았다. 조정에서 그가 속한 정파가 비주류였지만 조선 사회에서 그와 그의 친구들은 선택 받은 자들이었고 그 체제 안에서 누릴 수 있는 것이 많았다.

그런 그가 왜 천주교라는 위험천만한 선택을 했을까? 그에게 천주교란 어떤 의미를 갖는 종교였을까? 회개와 배교를 반복할 때 그의 심정은 어땠을까? 베드로라는 세례명으로 불리는 것이 왜 좋았을까? 왜 마지막 순간에 회개하여 순교자의 영광을 택하지 않았을까?

이승훈은 이런 질문에 제대로 답하지 않았다. 글을 쓰고 이를 후대에 남기는 것이 사대부의 기본이던 시절에 그가 남긴 기록은 많지 않다. 역적으로 죽었기 때문에 후손들이 그의 글을 보존하고 후대에 전하는 것을 부담스러워 했을 수도 있다. 서학이라는 비밀 조직의 지도자로 활동했던 것도 기록이 적은 이유가 될 수 있다. 사는 것도 수치, 죽는 것도 수치였던 그에게는 기록을 남기는 것 자체가 덧없는 것일 수도 있다.

이승훈을 위한 변명 같은 글을 써 보고 싶었다. 이승훈은 하고 싶은 말이 많았을 것이다. 살아서는 아무도 들어 주지 않았기에, 말할 기회 자체를 박탈당하였기에 할 수 없었던 말을 대신 해 주고 싶었다.

그가 가장 하고 싶었던 말은 믿는 일의 어려움에 대한 이야기가 아니었을까? 지극히 적은 사람들만이 공유하는 신념을 지키는 일의 어려움을 그는 말하고 싶지 않았을까?

**4.**

이 글은 몇 가지 신화에 대한 도발적인 질문이기도 하다. 그중 하나가 다산 신화에 대한 문제 제기다. 이 책에서 그려지는 정약용의 모습은 다소 낯설고 때로는 충격적이다.

정약용이 1784년 봄날 천주교를 접하는 순간은 경이로운 장면이다. 스물두 살 청년 다산은 한강 물줄기를 따라 한양으로 올라오는 배 안에서 이벽으로부터 천주교에 대한 설명을 듣고 은하수같이 광대하고 무한한 진리를 깨닫는다.

> 배 안에서 천지가 창조되는 시원이나 신체와 영혼 또는 삶과 죽음의 이치에 관하여 들으니 놀랍고 황홀하여 마치 은하수가 무한한 것 같았다(정약용, 〈선중씨先仲氏 정약전 묘지명〉).

이벽의 설교가 어떠했기에 정약용이 그렇게 감화되고 감복한 것일까. 새로운 학문에 대한 청년의 호기심, 낯선 세계에 대한 동경, 고루하고 답답한 조선 성리학에 대한 반감, 가난에 찌들고 미래에 대한 희망이 보이지 않는 조선 사회에 대한 절망감이 이 청년을 순식간에 서학에 빠지게 한 이유였을 것이지만 다산 본인은 자신을 향한 천주의 각별한 애정이 자신을 천주교로 이끈 것이라고 믿었을 것이다.

이승훈과 정약용은 최후의 순간에 서로를 원수라고 부르며 갈라서기는 하지만 그들은 오랜 시간 같은 편이었고 원수라고 서로를 비난하던 그

때마저도 다른 편이 아니었다. 다산 정약용은 이승훈의 가장 가까운 친구였고 동지였고 처남이었다. 정약용은 초기 천주교회에서 핵심 중의 핵심 인물이었다.

이승훈과 정약종 등 초기 교회 지도자들이 줄줄이 처형된 신유사옥이라는 천주교 초기 박해 사건에서 다산이 살아남은 것은 배교의 대가였다. 당시 심문 기록들이 보여 주는 다산의 모습은 우리가 익히 알던 그의 모습이 아니다. 초기 천주교회 역사에서 다산의 모습이 제대로 부각되지 않은 것은 위인의 어두운 뒷모습을 보고 싶지 않은 우리 사회의 두려움 때문일지도 모르겠다. 어쨌든 이 책에서 다루는 정약용의 모습은 지금까지 알려진 것과는 사뭇 다를 것이다.


## 5.

한국 천주교회의 순교자 신화는 너무나 강렬하고 사실적이라 누구도 감히 다른 생각을 말하기 어렵다. 천주 신앙을 위해 수천 명이 기꺼이 목숨을 바쳤다는 이야기만으로 듣는 사람을 압도해 버린다. 게다가 이 신화 같은 이야기가 불과 100~200년 전에 벌어진 일이니 세월의 녹이 슬거나, 듣고 말하는 이의 기억이 흐릿해진 것도 아니다.

그 신화 같은 역사는 여전히 살아서 강력하게 작동하는 현재 진행형이다. 그러니 이승훈 같은 비겁한 배신자들 이야기가 끼어들 여지가 없다. 어느 종교를 막론하고 배교자에 대한 단죄는 엄격하다. 그 엄격함이 있어 이승훈이 믿었던 종교가 2천 년의 세월을 버텨 왔을 것이다. 이승훈은 배교자였지만 한때는 교회의 지도자였다. 배교자의 모습을 정확히 그려 내면 순교자들의 모습은 더욱 또렷하게 보일 것이다. 배교자 이승훈의 마음속과 그의 일생을 세세하게 묘사하려는 이유다.

조선의 천주교회는 외부의 도움 없이 스스로 신앙에 눈을 뜬 기적의 공동체였다. 온갖 박해에도 불구하고 신앙의 불씨를 단 한순간도 꺼트린 적이 없는 자랑할 만한 역사를 가지고 있다.

그러나 그 시대 역사를 좀 더 크게 바라보면 사정은 좀 달라진다. 길게는 3년이 걸리는 9만 리 길을 멀다 하지 않고 중국까지 온 서양 선교사들이 없었다면, 마테오 리치 신부가 없고 그라몽 신부가 없었다면 조선에서 천주교는 그 신앙의 씨앗을 뿌릴 수 없었을 것이다. 이승훈과 그의 친구들이 신앙을 받아들이고 예수를 구세주로 영접하였던 것은 끊임없이 기도하면서 조선의 문을 두드리던 외부 사람들이 있었기에 가능했다. 조선 천주교 역사를 생각할 때 한반도를 향해 다가오던 외부자들의 노력도 함께 살펴야 한다는 말을 하고 싶었다. 그라몽 신부의 이야기를 다소 길게 다룬 이유다.

**6.**

〈여보게, 다산!〉은 그가 사형 집행 직전에 다산 정약용에게 남긴 유언 같은 글이다. 이승훈의 인생에서 가장 가까웠던 한 사람을 꼽자면 그것은 단연 다산이었다. 두 사람은 인생 행보를 거의 같이했지만 마지막 순간 정약용은 살아남고 이승훈은 처형당했다. 그런 다산에게 이승훈은 하고 싶은 말이 많았을 것이다. 이승훈의 유언이라 상정하고 썼지만 완전한 허구는 아니다. 정약용의 면모 등은 필자의 상상력의 소산이지만 편지에서 언급된 사건들은 모두 역사적 사실에 근거한 것이다.

정약용이 임시성직제도 시행 당시 신부들 중 한 명이었다는 역사적 기록은 없다. 다만 교회 안에서 그의 위치와 역할, 능력을 감안하면 그가 10인의 신부 중 한 명이었을 가능성이 대단히 높다. 필자는 그가 신부였다는 주장을 사실로 전제하고 글을 썼다.

이승훈이 1784년 말 밀사를 통해 북경에 있는 그라몽 신부에게 편지를 보냈다는 기록이 있지만 그 편지는 현존하지 않는다. 그 편지에는 세례를 받고 조선으로 돌아간 이후 조선의 정세와 자신의 활동 상황, 영세를 받을 당시 심경, 서양에 대한 인식 등을 담았을 것이다. 그 편지를 필자의 상상력으로 재구성한 것이 〈그라몽 신부님에게〉이다. 이 글 역시 허구의 글이긴 하지만 필자의 상상력은 사실과 사실 사이를 잇는 최소한의 거멀못 역할에 그치도록 애썼다.

〈그라몽 신부의 편지―나의 베드로 형제에게〉는 조선 천주교회 역사에 기여한 서양 선교사들과 그들의 고뇌에 대해 쓴 글이다. 유럽에서 중국으로 수만 킬로미터를 달려온 사람들, 그들 역시 인간적 한계가 있는 평범한 사람들이었다. 인간으로 견디기 힘든 고통을 겪었고 내부의 분열과 갈등, 암투 때문에 피눈물을 흘려야 했다. 그런 와중에도 신앙을 지키고 미지의 왕국 조선에 믿음을 전파하려고 애쓴 사람들이다. 조선 천주교 역사의 외연을 조금이나마 넓혀 보려는 마음으로 쓴 글이다.

마지막 장인 〈정약용의 편지―만천 매형에게〉는 천주교와 관련된 다산의 고백이다. 인생 만년에 자신의 인생을 뒤돌아보면서 천주교에 대한 자신의 입장을 밝히는 글이다. 1장 〈여보게, 다산!〉에 대한 답변으로 읽을 수도 있겠다. 이승훈에게 보내는 편지 형식으로 구성한 이 글은 정약용이 환갑 무렵에 쓴 〈자찬묘지명〉을 기반으로 썼다.

거듭 말하거니와 이 책은 역사책이나 종교 관련 책은 아니다. 이승훈의 삶과 신앙을 통해 믿는 일의 어려움을 생각해 보자는 것이 이 책의 목적이다. 그 목적을 위해 이승훈에게 집중하였고 그러다보니 이승훈과 같은 시간을 살았던 다른 사람들의 이야기는 축약하거나 때로는 잘라 냈다. 역사적 사실을 훼손하지 않기 위해 애썼지만 이승훈을 보다 또렷하고 입체적으로 드러내려는 의도 때문에 혹시 현미경으로 들여다봐야 할 사실을 망원경으로 바라보거나, 망원경으로 조망할 일에 현미경을 갖다 댄 것이 아닌가 하는 두려움이 있다.

이승훈과 그의 시대에 대해서는 역사적으로, 종교적으로 많은 연구가 이루어졌고 그 성과물도 적지 않다. 이 책은 그 수많은 성과들을 부분부분 발췌해서 듬성듬성 이어붙인 것이다. 많은 분들의 연구 자료에 힘입었고 조언을 받았지만 오류가 있다면 그것은 전적으로 필자가 책임질 일이다. 질정을 바란다.

2019년 11월
윤춘호

차례

이승훈과
정약용
가계도

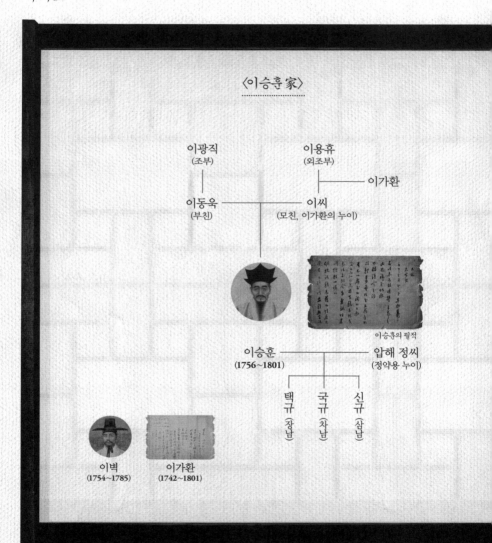

〈이승훈家〉

이광직
(조부)

이용휴
(외조부)

┤───── 이가환

이동욱 ─────── 이씨
(부친)         (모친, 이가환의 누이)

이승훈의 필적

이승훈 ─────────── 압해 정씨
(1756~1801)                    (정약용 누이)

백규
(장남)

국규
(차남)

신규
(삼남)

이벽
(1754~1785)

이가환
(1742~1801)

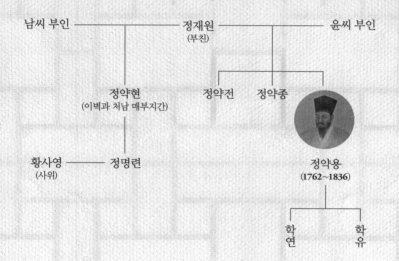

〈정약용 家〉

남씨 부인 ——————— 정재원 ——————— 윤씨 부인
                       (부친)

정약현                        정약전   정약종
(이벽과 처남 매부지간)

황사영 ——— 정명련                      정약용
(사위)                               (1762~1836)

                                      학          학
                                      연          유

황사영
(1775~1801)

윤유일
(1760~1795)

정약전
(1758~1816)

정약종
(1760~1801)

유항검
(1756~1801)

# 여보게,
# 다산!

악연惡緣일까, 선연善緣일까
넘치는 정조의 총애
신부도 되고 싶고 재상도 되고 싶고
믿는 일이 힘들었네

여보게, 다산! 방금 전에 자네는 살아남게 됐다는 이야기를 들었네. 참수형에서 유배형으로 감형될 거라지? 목숨을 구하게 된 것을 축하하네.*

　나는 곧 죽을 걸세. 아무리 길어도 내 삶은 이달을 넘기지 못할 거야. 내일 아니면 모레쯤 형이 집행되지 않을까? 역적 이승훈을 참형에 처하라는 대사간의 상소가 올라갔고 성균관 유생들도 나를 죽이라고 연일 목소리를 높이고 있으니 내 목은 이미 형장에 걸린 것이나 다름없네.

　정헌 이가환 외숙이 어제 장杖을 맞아 불귀의 객이 되었고 권철신 스승님도 사흘 전 물고가 났네.** 이런 상황에서 무슨 삶의 희망을 가질 수 있겠는가? 내가 이미 신을 버렸는데 천사가 이 밤에 나를 찾아와 옥중의 베드로를 풀어 주었듯이 나를 풀어 줄 리도 없네. 이제는 그런 이야기를

———

* 1801년 신유사옥 재판에서 이승훈은 참수당했고 정약용은 유배형으로 감형돼 살아남았다.
** 이승훈은 1801년 2월 26일 처형됐다. 이가환은 2월 24일, 권철신은 2월 22일 숨졌다.

믿지도 않네. 나는 이제 삶에 대한 모든 희망을 내려놓았네.

곧 죽을 처지지만 그래도 자네에게 몇 마디 말을 건네고 싶네. 자네도 내 말이라면 새겨들을 부분이 있을 게야. 매형이 처남에게 남기는 유언이라고 여기고 들어 주시게.

다산! 나는 온통 부끄럽네. 하늘을 올려다보기도, 고개 숙여 땅을 바라보기도 부끄럽네. 사람 얼굴을 쳐다보기는 더더욱 부끄럽다네. 나는 내가 진정으로 부끄럽네. 지금의 내 몰골이, 내 처지가 그리고 지금껏 살아온 내 모든 삶이 참으로 부끄럽네. 내 신앙을 지키지도 못했고, 내 교우들을 지키지도 못했고, 내 집안을 지키지도 못했고, 내 이름을 지키지도 못했네. 내가 참으로 부끄러운 이유일세.

다산! 다른 사람들이 그러하듯 자네도 내 얼굴에 침을 뱉고 싶은가? 비겁한 배교자라고 나를 조롱하고 싶은가? 목숨을 구걸하고 벼슬자리 탐했다고 비난하고 싶은가? 교우들의 기대를 저버리고 천주님을 부인한 비겁한 신부라고 욕하고 싶은가? 국문장에서 살려 달라고 울부짖는 내 모습이 참으로 추하던가? 집안의 종들도 당당하게 칼을 받는 판에 양반이라는 자가, 신부라는 자가, 한때는 지도자로 추앙받던 자가 살면 몇 년을 더 살겠다고 그리 추한 모습을 보이느냐고 힐난하고 싶은 겐가? 차라리 혀를 물고 죽는 것이 낫지 않겠느냐고 말하고 싶은가?

아닐세. 다른 사람은 몰라도 자네는 그럴 수 없어. 성균관의 그 잘난 유생들이 내게 온갖 조롱을 퍼붓고 당상의 관을 쓴 모든 자들이 나를 추하다고 욕할지라도, 입 가진 자들이 모두 나서서 나를 비난하더라도 자네만은 그럴 수 없을 것이네. 자네는 그럴 자격이 없어.

내게 이런 말을 듣고 있자니 목구멍에서 뜨거운 것이 솟구쳐 오르는

가? 욕지기라도 치솟나? 누이의 얼굴만 아니면 그 언젠가 그랬던 것처럼 상이라도 엎고 고함이라도 처지르고 싶은가? 그럴지도 모르겠지만, 다산! 자네만은 그럴 수 없어. 그리할 수 없어. 암 그렇고 말고. 다산 자네는, 아니 너만은 내게 그리할 수 없어.


## 악연惡緣일까, 선연善緣일까

25년 전 자네의 혼인식장을 엊그제 일처럼 생생히 기억하네. 병신년丙申年(1776) 2월, 한양 홍화보洪和輔 어른 댁이었네. 자네가 병마절도사를 지낸 그 어른의 외동딸을 신부로 맞는 경사스런 날이었지. 자네가 열다섯 살, 신부는 열여섯 살이었으니 꼬마 신랑이라는 말을 듣는 것도 무리는 아니었어. 신부의 사촌오빠 홍인호가 소년티를 벗지 못한 자네를 두고 짓궂게 농을 던졌지.

"사촌매부는 삼척동자 꼬맹이구만[四寸妹夫 三尺童子]."

자네가 눈 한 번 깜빡이더니 바로 치받더군.

"중후해야 할 장손이 경박한 소년이구만[重厚長孫 輕薄少年]"*

홍인호 조부의 이름이 홍중후洪重厚라는 것을 기억해 중의적으로 홍인호의 경박함을 지적한 것이지. 자네의 재치 어린 반박에 홍인호는 얼굴이

---

* 이 글의 원 출처는 1938년 최익한이 쓴 〈여유당전서를 독讀함〉이라고 한다. 필자는 정민의 《다산독본》에서 인용했다.

벌게졌고 혼인식장은 한순간 웃음바다가 되었네. 남에게 지기 싫어하는 자네의 성격과 순발력이 여지없이 드러난 순간이었어.

자네는 이미 장안에 소문이 자자했던 천재 문사였어. 사서와 경서, 고문에 두루 밝았고 열 살 이전에 지은 시로 문집을 냈을 정도니 소문이 나지 않으려야 않을 수가 없었지. 어려서 마마를 순하게 넘기지 못해 얼굴이 조금 얽었고 오른쪽 눈썹 위로 무슨 상처를 입었던지 자세히 보면 눈썹이 세 갈래로 갈라져 있었네. 남들에게 보이기 싫을 수도 있겠다 싶은데 자네는 그걸 전혀 개의치 않더구먼. 오히려 눈썹이 세 개라고 아호를 삼미당三眉堂이라 지었다지. 자네는 늘 그렇게 자신에 대한 자부심이 넘쳤어.

그 한 해 전 을미년(1775), 내 나이 스무 살에 자네 누나와 결혼하면서 우리는 처남과 매형이 되었네. 처음 만남에서 나는 자네가 보통사람이 아니란 걸 바로 알아보았네. 나이가 열 넷이니 키는 좀 더 크겠구나 싶었는데 자네의 역량은 이미 더이상 자랄 곳이 없었어. 자네의 눈빛은 '조선의 인재가 여기 있소'라고 말하고 있었지. 생김새만으로 감동을 주는 사람이 있다더니 바로 자네가 그런 사람이었어. 여섯 살 아래 막내 처남이었지만 자네는 그때부터 예사로워 보이지 않았네. 자네의 탁월한 능력과 그에 대한 나의 불타는 질시가 내 인생을 뒤흔들 것 같은 예감이 들었어. 돌이켜보니 그 불길한 예감은 틀리지 않았네.

내 첫인상이 오만하고 까칠해 보였다고 자네가 말한 적이 있었지. 큰누이가 성격 까칠한 매형 때문에 고생하지 않을까 걱정했다지? 자네 큰누이는 일찍 생모를 여읜 자네에게 어머니 같은 존재였어. 누이에 대한 자네의 마음은 애틋하기 그지없었네. 자네 누이도 막냇동생인 자네를 끔찍하게 아꼈지. 자네 누이는 사연 많고 곡절 많은 내 삶 때문에 정말 고생을 많이 했어. 참 미안하게 생각하네.

여섯 살이라는 나이 차이, 매형과 처남이라는 관계를 넘어 우리는 단숨에 지우知友가 되었네. 배짱이 맞았다고나 할까? 우리는 이미 정치적으로 남인이라는 큰 울타리로 묶여 있어 더 쉽게 가까워질 수 있었네. 압해 정 씨는 구대옥당九代玉堂*의 오랜 명문가였고 우리 평창 이 씨 집안도 아버님이 의주부윤까지 지내면서 가세가 기운차게 뻗어 나가는 중이었지. 자네 누이와 내 혼사는 남인 가문의 결합이었고 남인들의 경사였어.

어렸을 때 생모와 사별했다는 것도 닮았어. 자네는 아홉 살, 나는 열두 살에 어머니를 잃었으니 일찍 어미를 여읜 사람들만이 이해할 수 있는 상실감도 우리를 하나로 묶어 주었지.

다산! 나는 자네와의 만남이 일생의 복이라고 믿었네. 천재라는 말 이외에는 다른 수식어가 필요 없는 자네의 존재 자체가 내게는 큰 자극제였거든. 나는 자네에게 지지 않기 위해 꽤 노력했네. 늘 자네의 존재를 의식하며 살았지. 자네도 종종 나 때문에 자극을 받았다고 말한 적이 있네.


이때 서울에서는 이가환李家煥 공이 문학으로써 일세에 이름을 떨치고 있었고 매형인 이승훈도 또한 학문에 힘쓰고 있었는데 모두가 성호 이익李瀷 선생의 학문을 이어받아 펼쳐 가고 있었다. 그래서 나도 성호 선생이 남긴 글들을 얻어 보게 되었는데 그를 보자 흔연히 학문을 해야겠다고 마음을 먹었다(정약용, 〈자찬自撰묘지명〉 중).

---

* 9대에 걸쳐 홍문관 벼슬을 했다는 뜻으로 명문가를 뜻하는 말이다.

아버님을 따라 북경에 갔을 때도 자네 생각을 많이 했어. 조선 땅을 벗어 나니 생각이 많아지더군. 그 생각을 자네와 나누고 싶었네. 대국에서 본 것, 들은 것, 느끼고 깨우친 것을 자네에게 들려주고 보여 줄 생각으로 북경을 오가는 길이 덜 지루하고 덜 힘들었네. 무엇보다 자네에게 서학西學을 말하고 싶었네.

다산! 그런데 지금 만사휴의萬事休矣된 상황에서 돌이켜보면 내가 자네를 만난 것이 내 인생에서 꼭 좋은 일이기만 했을까 하는 생각이 드네. 자네 인생에 내가 있었던 것을 자네도 악연이라고 생각하는 것은 아닐까 싶기도 하고. 자네가 없었다면 내 삶이 많이 달라지지 않았을까?

## 넘치는 정조의 총애

동지사절단 서장관 중책을 맡으신 아버님을 모시고 내가 자제군관*으로 북경으로 떠났던 계묘년(1783)에 자네는 초시와 회시를 우수한 성적으로 통과했지. 3년 전에 진사 시험에 합격해 성균관 유생이 된 나처럼 자네도 성균관 유생이 된 것이네. 정조 대왕은 그때부터 자네의 능력과 재주를 주목하기 시작했어. 정조 대왕! 자네와 내 인생에서 결코 지울 수 없는 분이지. 다산 자네에겐 정조 대왕은 군주와 신하의 관계를 넘어 정치적 동지이자 친동기 같은 분이었음을 내가 잘 아네. 정조 대왕은 우리 남인을

---

* 사신으로 떠나는 아버지를 수행하는 군관.

적극 기용하고 우리들의 정치적 울타리 역할을 마다하지 않으셨지. 노론의 위세를 꺾고 정치적으로 견제하기 위해서였을 거야.

주상은 재주 있는 사람들을 아끼는 것으로 유명했지만 자네에 대한 총애는 유별났어. 자네와 비슷한 또래의 젊은 관료들과 유생들이 시샘하는 것은 말할 것도 없고 조정의 당상관들조차 특정인에 대한 주상의 편애가 지나치다고 우려할 정도였네.

다산 자네는 말 그대로 하늘이 낸 인재였어. 학문의 깊이에서 이 땅에서 나를 능가할 자가 몇이나 있느냐며 은근히 당신의 재기를 자랑하곤 했던 주상이 자네를 사랑하고 아낀 것도 자네의 총명함 때문이었어. 과거에 급제하지도 못한, 성균관 유생에 불과한 자네를 밤에 대전으로 불러 함께 글을 짓고 술잔을 나누는 시간을 주상이 좋아한다는 것은 조정 안에서는 비밀도 아니었지.

자네가 불온한 서학을 가까이 한다는 사실을 알고 나서도 주상은 늘 자네를 두둔했고 보호하려 애를 썼어. 다산을 벌 줘야 한다는 공서파*의 집요한 상소 공세를 피해 자네가 잠시 경기도 광주의 마재로 물러나 있을 때 주상은 대궐에서도 귀한 책을 내관을 통해 자네에게 보내주기도 했지.** 그게 어디 보통 일인가? 나는 한 신하에 대한 임금의 총애와 호의가

---

* 공서파攻西派. 서학을 배격하고 공격하는 조선 후기 정파를 일컫는 말. 구체적으로 성호 학파 가운데 천주교에 대해 비판적인 태도를 취하던 사람들을 일컫는 말이다. 서학에 대해 긍정적으로 평가하던 사람들을 신서파信西派라고 불렀다.
** 정조는 1800년 마재 정약용에게 한서선漢書選 10질을 보내 5질은 가전家傳하도록 하고 나머지 5질은 책 제목을 써서 돌려보내도록 하였다.

그런 정도인 것을 들은 적도 없고 본 적도 없네.

그런데 말이네 다산! 주상이 자네를 아끼고 챙긴다는 것을 자네는 숨기지를 않았어. 아니 숨기지를 못했어. 내가 보기엔 숨길 생각조차 없었네. 천재 특유의 두드러짐이 자네에게 있었고 그것 때문에 자네는 많은 이들로부터 질시를 샀지. 천부의 재능에 최고 권력자의 총애까지 더했으니 범부들이 시기하고 질투할 만도 했지.

이제 와서 하는 말이네만 자네의 몸가짐과 다소 가늘고, 한 음조 높은 웃음소리는 주변 사람들을 함께 웃게 만들기보다는 눈살을 찌푸리게 만들 때가 더 많았다는 것을 아시는가? 그럼에도 한쪽으로 살짝 처진 어깨를 흔들며 건들거리듯 걷는 그 동작이 자네에겐 참 잘 어울렸네. 멀리서 봐도 자네의 걷는 모습은 바로 표가 났지. 비웃는 말이 아닐세. 다른 사람들이라면 경박하다고 할 그런 웃음소리며 행동거지들이 다산 자네에겐 잘 어울렸어. 자네는 그런 것조차 자네만의 것으로 만들어 버리고 다른 이들이 감히 거기에 토를 달지 못하게 만드는 묘한 힘이 있었어.

아무리 어려운 문제를 제시해도 눈 몇 번 껌벅거리면 금방 답이 나오고, 길고 난삽한 문장도 순식간에 논리정연한 몇 줄의 글로 정리해 내곤 했지. 무언가에 빠지면 밥 먹는 것도 잊을 만큼 집중력도 대단했어.

자네의 그 재주가 제대로 발휘된 것이 6년 전 온양 봉곡사 모임에서였네. 성호 이익 선생의 종손 이삼환 옹을 모시고 성호 선생이 남긴 《가례질서家禮疾書》 교정 작업을 할 때였지. 자네와 나를 포함해 모두 열 세 사람이 성호 선생의 원고 뭉치를 말끔하게 한 권의 책으로 정리하는 일이었어. 불과 열흘 만에 말이지. 그 공의 절반 이상은 자네에게 있었네. 이삼환 선생이 자네 재주에 감탄에 감탄을 더한 것은 당연한 일이었지. 자네는 어디에 있어도 낭중지추의 인재였어.

사서삼경은 물론이고 입만 열면 고문 속의 글이 줄줄 나오는 자네 머 릿속에는 도대체 몇 만 권의 책이 들었는지 모르겠다고 정헌 이가환 외숙 이 칭찬하곤 했어. 자타 공인 조선 제일의 천재 정헌 외숙이 그리 말할 정 도니 다른 사람들의 인정은 굳이 필요도 없었네. 나를 포함한 조정의 모 든 신하들과 조선 팔도의 젊은이들이 자네를 부러워하면서도 질시했지.

1795년 밀입국해 활동 중이던 주문모周文謨 신부가 을묘년(1795) 여름 에 조정에 체포되기 직전 탈출했네. 체포 정보를 들은 자네가 주 신부를 빼돌렸던 거지.* 그때조차 주상은 자네를 보호했어. 주상은 자네가 신부 를 빼돌린 것을 알고 있었어. 밀고자가 고발하는 자리에 자네가 있었고, 밀고 사실을 알고 있는 사람은 영의정 채제공蔡濟恭을 비롯해 서너 명에 불과했네. 자네가 아니면 밀고 사실을 교회에 알리고 신부를 빼돌릴 사람 은 없었다고 확신하네. 주상이 자네에게 물으면 신부의 행방을 알 수 있 을 것이라고 하지 않았나? 그게 무슨 뜻이겠나? 자네가 주 신부 도피와 관련되었다는 것을 암시하는 것 아니겠나? 그럼에도 주상은 자네를 추궁 하지 않더구먼.

주상은 서학이 무엇인지 모르지 않았어. 서양의 종교가 얼마나 위험한 지 그 총명하고 정치적 감각이 탁월한 주상이 모를 리가 있었겠는가? 왕 보다 훨씬 강력한 절대자의 존재를 인정하는 종교, 교황으로부터 시작돼

---

* 다산의 〈자찬묘지명〉과 구베아 주교가 1797년 동료 주교에게 보낸 편지를 보면 1795년 주문모 신부를 체포 직전 빼돌린 인물이 정약용이란 사실은 명백하다.

평신도까지 이어지는 그들만의 조직 체계를 갖는 서양 종교가 왕권에 큰 위협이 될 수 있다는 것을 알고 계셨네. 그럼에도 주상은 서학을 적극적으로 말리지 않았네. 물론 겉으로야 금지하고 서학 서적을 단속하고 몇 명을 엄벌에 처하기도 했지만 주상은 서학에 대해 기본적으로 유화적이었어.*

주상이 그러셨던 데는 분명 이유가 있었을 것이네. 고인 물 같은 조정과 바깥 사정에 어두운 대신들에게 뭔가 자극을 주고 싶었던 것 아닐까? 천주교라는 외부의 공기를 통해 나라의 분위기를 바꾸고 싶었던 것은 아닐까? 낯선 것에 대해 호기심을 보이는 것은 젊은이의 기개라고 생각하셨을 것이고, 젊은 시절의 그런 일탈은 어느 시대에나 있는 일이라고 여기셨을 게야.

공맹孔孟과 주자朱子의 도리가 제대로 서기만 하면 그런 한때의 일탈은 바로 교정될 수 있을 것이라고 주상은 확신했던 것이겠지. 주상은 자존심이 강하고 본인 능력에 대한 자신감이 넘치던 분이었어. 내 치세에서 젊은이들의 그런 정도의 일탈은 얼마든지 감당할 수 있다! 오히려 그런 움직임을 잘 이용하면 저 노회한 조정 중신들을 견제하고 새 바람을 불러일으킬 수 있다! 결코 나쁘지 않다!

그런데 다산! 나는 말일세, 주상이 서학에 대해 너그러웠던 또 다른 이유가 있었다고 짐작하네. 주상이 조정과 자신에게 위험천만할 수도 있는

---

* 정조는 서양 선교사들이 만든 역법이 매우 정교하다는 것을 알고 이가환에게 서양 역법서를 수입하도록 지시하기도 하는 등 서학에 대해 열린 자세를 보였다.

천주교와 그 신봉자들에 대한 전면적인 탄압이나 서학의 전파를 강력히 금지하지 않은 이유 중 하나는 자네 때문이 아니었을까? 모르긴 몰라도 내 짐작이 크게 틀리지 않을 것이라고 믿네.

주상은 다산 자네 때문에 서교에 너그러웠던 것이야. 주상은 자네가 서학에 빠져 있다는 것을 잘 알고 있었네. 그 사실을 알고서도 자네를 믿었던 거지. 자네가 어떤 경우에도 국왕인 자신을 배신하거나 조정에 해를 끼치거나 불리한 일을 하지는 않을 것이라는 확신을 갖고 계셨던 게야. 자네가 있는 한 서학이 왕권을 해치거나 손상시키는 일은 없을 것이라고 믿었던 거지.

주상이 자네를 신임하고 아끼고 총애한 것 이상으로 자네는 주상을 믿고 따랐네. 그렇지 않은가? 자네에게는 하늘의 천주 못지않게 주상이 절대적인 존재였네. 아니 정확히 말하자면 천주보다 주상이 먼저 아니었던가?

자네는 나처럼 천주교 신자였고 신부였고 교회의 지도자였어.* 나는 자네가 얼마나 열심히 교리를 연구하고, 간절하게 기도하고, 적극적으로 전도 활동에 나섰는지 알고 있네. 자네가 신부로서 미사를 집전할 때 얼마나 진지하고 거룩한 표정이었는지 아는가? 그때는 자네 얼굴과 행동에서 자네 특유의 경박함을 찾으려야 찾을 수가 없었네. 미사 제례문을 읽을 때 남들보다 한 음조 높아 때로는 귀에 거슬리기도 했던 자네의 새된

---

* 달레의 《조선천주교회사》는 임시성직제도를 논의한 인물 가운데 한 명으로 정약용을 기록하고 있고 당시 정약용의 교회 내 위상을 볼 때 그는 10인의 신부 중 한 명이었을 것이다.

목소리는 마치 다른 사람들보다 하늘에 좀 더 가까이 가 있는 사람의 목소리처럼 들렸네.

평소 우리가 알던 다산은 어디론가 감쪽같이 사라지고 정약용 요한 신부가 하늘에서 내려온 듯했지. 중국 비단으로 만든 금의 제복도 자네에겐 잘 어울렸어. 같은 신부였던 내가 보기에도 자네는 사제다웠네. 성스러움이 온몸에서 배어 나오곤 했지. 북경에서 봤던 진짜 사제의 모습을 자네에게서 볼 수 있었네.

여보게, 다산! 이제 말하기 고통스러운 것을 말할 때가 되었네. 나는 그분에게 등을 돌리는 일이 쉽지 않았네. 그 과정은 힘들고 고통스러웠어. 한때 나를 지도자로 믿고 따르던 교우들이 나를 사람 이하로 대하며 손가락질 할 때, 우연히 마주친 나를 차갑게 고개 돌려 외면할 때 난 죽고 싶었네. 북경의 주교에게 신도들에 대한 내 책임을 더이상 수행하기 어렵다고 고백해야 할 때, 조선 천주교회 동지들이 더이상 나를 지도자로 인정할 수 없다고 결의했을 때 앞으로의 삶은 의미가 없다고 생각했네.*

배교 후에 나는 스스로에게 자주 물었네. 정말 진지하게 신을, 절대자 하느님을 믿었던가? 혹시 사제놀이를 했던 것은 아닌가? 정말 천주를 섬기는 사제였다면, 절대적 존재인 하느님에 대한 믿음을 그렇게 쉽게 포기할 수 있었을까? 정말로 내가 믿는 신이 가장 강력한 존재라고 확신했다면, 이 땅에서 죽은 뒤에 영원한 삶이 시작된다고 믿었다면 그분을 배신

---

* 조선 천주교회가 이승훈을 교회의 지도자로 인정하거나 지도자 직위에서 배제하기로 결의했다는 기록은 없다. 이승훈이 북경에 보낸 두 통의 편지를 통해 그가 지도자의 위치에서 배제된 것을 추론할 수는 있다.

하는 일이 얼마나 무서운 결과를 낳을 것이라는 것을 몰랐을까? 그분의 응징이 두려워서라도 그분에게 등을 돌리는 일은 꿈에서도 상상하지 못했어야 되는 것 아닌가?

다산, 자네는 어땠는가? 자네는 천주교를 믿는 데 열심이었고 교회에 충실했어. 충직한 신자였고 거룩함이 온몸에 넘치는 신부였네. 나는 기꺼이 그것을 증언할 수 있어.

그런데 말일세, 다산! 나는 자네의 배교 과정을 가까이에서 지켜보면서 환멸을 느꼈네. 내 말이 지나치다고 생각하나? 아니, 나는 그 단어조차도 자네의 처신을 표현하기엔 부족하다고 믿네. 나 역시 천주에 대한 믿음을 거둬들인 처지에 자네의 배신에 뭐라 할 자격은 없네. 다만 배교하는 과정에서 자네가 보여 준 그 기회주의적인 태도를 용서할 수 없네. 내가 다른 사람 얼굴은 차마 쳐다보지 못해도 자네 앞에서만은 얼굴을 바로 들 수 있는 이유가 바로 여기에 있어.

거듭 말하지만 주상은 자네를 좋아했네. 자네는 신하로서 충성을 다한 것은 말할 것도 없고 군주에 대한 예의는 예의대로 깍듯이 갖추면서 집안 큰형을 대하듯 친근하고 정감 넘치게 굴었지. 그런 자네를 주상은 열 살 터울의 막냇동생 보듯 흐뭇하게 바라보곤 했어. 엄히 꾸중을 내릴 때조차 주상의 목소리에는 자네에 대한 애정과 기대가 묻어났지.

자네가 교회 일에 집중하느라 과거 시험에 최종 합격하지 못하고 거푸 낙방했을 때 주상은 특별히 자네를 불러 이렇게 말했지. "도대체 낙방이 몇 번째냐? 그렇게 해서 어느 세월에 급제라도 하겠느냐?"(《자찬묘지명》 중). 이런 말은 임금이 일개 성균관 유생에게 할 말이 아니었네. 큰형이 과거 급제하지 못하는 막내에게 애정을 담아 할 수 있는 말이었어. 자네와 주군의 관계는 그런 관계였어. 단순히 주군과 신하의 관계로만 보기에는 이해하기 어려울 만큼 주상과 자네는 서로에게 정성을 다하고 마음을 다 했어.

천주와 주상 가운데 하나만 선택해야 하는 상황이 되었을 때 자네는 조금도 주저하지 않고 주상 쪽으로 줄을 섰어. 그렇지 않은가? 그때가 신해년(1791)일세. 전라도 진산에서 자네의 외가 쪽으로 사촌형이 되는 윤지충*이 어머니 신주를 불사르고 제사 지내기를 거부했다는 이야기를 들었을 때 우리는 불에 덴 듯 놀라 배교를 선언했지.

정미년(1787) 윤지충을 천주교로 이끌고 그에게 교리를 가르친 사람은 다산 자네였어.** 자네와 약전이 명례방 교회에서 그에게 천주교 교리를 가르쳤지. 윤지충이 세례를 받을 때도 자넨 그 현장에 있었네. 내가 가장 잘 아네. 내가 윤지충에게 세례를 준 사람이니까.

물론 윤지충의 패륜에 대해서는 나 역시 책임이 있네. 그걸 부인하는 것은 아니지만 책임의 크기를 따지자면 더 큰 책임은 자네에게 있어. 천주교가 뭐라고 가르쳤기에, 바른 믿음의 길이 뭐라고 말했기에 윤지충 그 자가 신주를 불사르고 제사마저 폐했다는 말인가?

다산! 자네는 윤지충의 저 패륜에 대해서 책임이 없는 것인가? 자네가 알고 내가 알고 교우들이 다 아는 일이야. 그런데 자네는 한 번도 본인의

---

* 윤지충 바오로(1759~1791)는 정약용의 이종사촌형으로 어머니의 신주를 불사르고 제사를 지내지 않아 신해사옥의 도화선이 된 인물이다. 전주감영에서 참수형을 당했다.
** 윤지충의 입교 시기에 대해서는 논란이 있다. 1784년 무렵 입교했다는 주장도 있지만 본고에서는 윤지충에 대한 전라감영 조사 기록 등에 따라 1787년 입교설을 채택했다.

잘못을 인정한 적도 없고 책임진 적도 없어. 자네는 마땅히 책임져야 될 일을 책임지지 않았네. 새로 들어온 신도를 온전한 신앙인이 아니라 광신도로 만든 것, 그것이 자네의 가장 큰 잘못이야.

윤지충이 전라감사에게 조사를 받으면서 자기는 누구로부터도 교리를 배운 적도, 누구에게 이 믿음을 전도한 적도 없다고 말했다지. 책을 보고 스스로 천주교인이 되었다고 진술했다지. 윤지충이 사촌동생인 자네를 보호하려고 그렇게 진술한 것을 내가 모를 것이라고 생각했나? 윤지충이 순진한 것인지 아니면 자네 피가 얼음처럼 차가운 것인지 정말 알 수가 없네.

다산! 나는 자네가 늘 부러웠어. 시샘이 났던 것도 사실이고 어떤 때는 자네 가슴에 못을 박고 싶을 만큼 자네가 밉기도 했네. 자네의 경박함을 참을 수 없었고, 뻐딱한 어깨를 뒤로 젖힌 채 상대방의 뒤통수까지 꿰뚫어 보는 듯했던 자네의 오만함에 자주 질렸고, 때로는 세상의 모든 사람을 발아래 두고 있는 양 했던 그 무례함에 얼굴을 돌리고 싶을 때도 한두 번이 아니었어.

나는 사람들이 자네의 겉모습만 보고 자네에게 찬사를 보내고 좋아하는 것이라고 생각했네. 지금도 그리 생각하네. 윤지충이 자네를 보호하기 위해, 자네의 이름 석 자를 지키기 위해 목숨을 거는 것을 보면서 다시 한번 피가 거꾸로 솟는 듯한 분노를 느꼈네. 질투라고 해도 상관없어. 도대체 사람들이 왜 자네의 숱한 결점을 모르는 척 하는지 나로서는 알 수가 없었네. 자네의 타고난 천품도 부러웠지만 자네를 아끼는 사람들이 조정과 교회에 넘쳐나는 것이 더 부러웠네.

# 신부도 되고 싶고 재상도 되고 싶고

병오년(1786) 우리는 임시성직제도*를 실시했네. 모두 10인이 신부로 지명되었지. 이승훈 베드로, 정약용 요한, 권일신 사베리오, 권철신 암브로시오, 이존창 루도비코, 최창현 요한, 정약전 안드레아 등이 중심이 되었네. 사제가 되기 위해서는 주교로부터 서품을 받아야 한다는 것을 우리는 모르지 않았어.** 그러나 교회를 세운 만큼 미사를 올리고 고해성사를 봐야 했고 성례를 주관하기 위해서 사제는 꼭 필요했네. 길 잃은 양처럼 우리만 바라보고 있던 교우들을 외면할 수는 없었어. 새로운 종교에서 예전에는 꿈도 꿀 수 없었던 소망을 발견한 교우들은 하루하루 밥을 먹어야 살 수 있는 것처럼 정기적인 미사와 고해성사라는 제례가 필요했지.

조정이 외국 신부의 입국을 금지하는 상황에서 마냥 외국 신부만을 기다리고 있을 수는 없었어. 뭔가 대책을 세우지 않을 수 없었지. 북경 교회와 연락도 끊긴 상황에서 우리 자체적으로 교회를 운영하기 위해 임시교계제도를 운영하는 것은 불가피한 일이었어. 주교의 서품이 있고 없고는 그다음에 따질 문제였어.

내가 이 문제를 처음 들고 나왔을 때 자네는 적극적으로 찬성했지. 내가 북경에서 최초로 영세를 받고 실제 성사를 경험했다는 이유로 만장일

---

* 가성직제도, 임시교계제도라고도 한다. 선교사가 없던 초기 조선 천주교에서 평신도들이 신부를 자칭하며 미사와 고해성사 등을 집전한 것을 이르는 말이다.
** 당시 조선 천주교회가 사제 서품 등과 관련해 정확한 교리 지식을 가졌다고는 보기 어렵다. 교리에 대한 무지 때문에 임시성직제도 논란이 벌어졌다고 할 수 있다.

치로 제1호 신부로 추대되었고 그다음에 내가 아홉 명의 동료를, 전례를 집전하고 다른 사람에게 영세를 줄 수 있는 권한을 가진 신부로 지명했어. 나를 포함해 신부 10인이 교회의 지도부가 되었네.

자네도 그 신부 중 일인이었어. 천주교 교리에 대한 명철한 이해, 신앙에 대한 열성, 자네가 얻고 있던 명망 등을 생각하면 자네가 교회 지도부의 일원으로 들어오는 것은 지극히 당연한 일이었네.

우리에게 신부라는 호칭은 영적인 지도자, 하느님과 신도를 중개하는 사람, 주님으로부터 선택받은 사람 뭐 그런 의미로 받아들여졌네. 영광스런 호칭이었어. 우리는 서로를 신부로 추대하고 지명하는 의식을 엄숙하게 거행했어. 성령의 은총이 때로는 비둘기처럼, 때로는 불꽃처럼 우리들에게 임하셨지. 우리들은 격한 감동으로 눈물을 주체하기 힘들었네. 자네도 눈물을 흘리며 내게 순명하겠다고 다짐했지. 나는 신부가 된다는 것에 말로 표현하기 힘든 벅찬 감동을 느꼈지만 자네 역시 고투 끝에 목표를 성취한 사람의 표정이었어.

그런데 말일세, 다소 이해하기 힘든 일이 그 감동이 채 잦아들기 전에 벌어졌어. 자네가 신부로 서품된 사실을 기록으로 남기지 말아 달라고 요구했기 때문이었네. 자네는 한사코 자네의 이름이 문서에 남는 것을 반대했어. 자네는 신부 지명은 눈물로 받아들이고서도 그 사실을 기록으로 남기는 것은 원치 않았어.*

---

* 정약용이 익명의 신부로 남기를 원했다는 공식 기록은 없다. 이와 관련해 정민은 10인의 신부 명단에 정약용이 없는 것은 정약용이 달레의 《조선천주교회사》의 기본 자료가 된 《조선복음전래사》를 쓰면서 본인의 이름을 뺐기 때문이라고 봤다.

그 이유를 이제야 알 것 같네. 자네는 신부도 되고 싶었고 재상도 되고 싶었던 게야. 자네는 천주의 은총을 입는 동시에 국왕의 총애도 놓치기 싫었던 것일세. 그래서 언젠가는 드러날 수도 있는 교회의 공식 기록에 이름 올리기를 한사코 거부했던 것이지. 익명의 신부로 남고 싶었던 거야. 자네는 한 발은 교회에, 또 다른 한 발은 조정에 두고 있었어.

　다산! 답해 보게. 자네에게 한순간이라도 천주가 자네의 모든 것이던 시절이 진정 있었나? 두 발을 온전히 교회에 둔 적이 있었나? 있었다면 그게 언제였던가? 말해 보게. 주문모 신부를 피신시킨 것도 자네였고, '내포內浦의 사도' 이존창 루도비코*를 붙잡아 들인 것도 자네였어.** 두 사건은 거의 같은 시기에 일어난 일이네. 한 손으로는 성서를 읽으면서 다른 한 손으로는 천주교도를 사냥하던 사람이 자네였네. 자네는 양쪽을 모두 기웃거리며 조정과 교회, 세속과 성직 사회 두 곳 모두에서 인정받고 출세하고 싶어 했던 것이네. 그게 자네의 진정한 얼굴일세.

　나 역시 자네처럼 천주를 부인하는 글을 썼네. 그래, 여러 번 썼어. 글만이 아니라 가슴과 머리에서 천주와 신앙이라는 두 단어를 지워 버렸어. 아니 영구히 파내 버렸네. 천주를 버렸어. 내가 아니라 천주가 나를 버렸을지도 모르겠네만 한때나마 그 믿음에 빠졌었다는 것, 그릇된 철학을 조선에 들여오고 이 사교에 많은 교우들을 끌어들인 것을 부끄

---

　* 이존창 루도비코(1759~1801)는 초기 천주교회 지도자로 충청도 내포 지방을 중심으로 활동해 '내포의 사도'로 불렸다. 1801년 신유사옥에서 참수형으로 순교했다.
** 정약용이 금정찰방으로 있는 동안 이존창을 체포했다는 주장이 유력하나 정약용 본인은 〈자찬묘지명〉 등에서 이 사실을 부인하고 있다.

럽게 생각하고 후회하네. 내가 어리석었어. 그러나 나는 말일세, 자네처럼 교회와 조정 두 곳을 동시에 기웃거리는 짓은 하지 않았네.


## 믿는 일이 힘들었네

단언하건대 천주의 믿음은 잘못된 것이네. 천주의 외아들이 사람의 몸으로 이 세상에 왔다는 것, 이 세상의 모든 죄를 혼자서 지고 십자가에 매달려 죽었다는 것, 죽은 뒤 사흘 만에 다시 살아났다는 주장을 이제 믿지 않네. 회개하고 천주를 믿는 이는 죽어 천당에 가고 천주를 믿지 않는 이는 지옥에 간다는 그 주장 역시 더는 믿지 않네. 내게 한때는 삶의 이유였고 듣는 것만으로 희열을 느꼈던 그 주장들 전부를 이제는 믿지 않네. 믿었던 것 자체를 지극히 후회하네.*

　내가 감당할 수 없는 진리를 가슴에 품었던 것을 후회하네. 내가 지킬 수 없는 진리를 버리기로 한 것일세. 그것이 아무리 옳은 것일지라도 내가 지킬 수 없는 것이라면 진리가 아니라는 것을 이제야 깨달았어. 진리는 내가 지킬 수 있을 때만 진리일 뿐이고 그럴 수 없을 때는 진리가 아닌 것일세. 그런 점에서 서학은 내게 진리가 아니네.

　서학이 말하는 것이 옳지 않아서가 아니라 내가 그 진리를 지키고 실행할 수 없기 때문에 서학을 버리기로 했네. 지킬 수 없는 진리를 부여잡

---

* 이승훈은 1795년 충남 예산으로 유배되었을 때 이런 취지의 배교문을 지었다.

고 번민하고 끙끙거리고 울부짖고 스스로를 학대하는 짓을 더이상 반복하고 싶지 않아. 그래서 나는 단호하게 천주를 부인하네.

그래도 또 묻고 싶은가? 왜 천주를 버렸느냐고?

자네가 다시 물으니 다시 답을 함세. 힘이 들었네. 천주를 믿는 일이 무척 힘들었어. 한 번 믿으면 되는 것인 줄 알았어. 한 번 믿는다고 고백하면 그것으로 끝이라 생각했네. 그런데 그렇지가 않았네. 신앙은 내게 끝없는 결단을 요구했네. 신앙은 내게 끝없는 용기를 요구했네. 신앙은 내게 끝없는 희생을 요구했네. 신앙은 그 결단과 희생과 용기를 밑거름 삼아 성장하는 것이었어. 그러나 나는 신앙이 요구하는 것을 계속 내줄 능력이 없었네. 아무나 천주를 믿을 수 있는 것이 아니었어.

조선처럼 신앙의 뿌리가 없는 나라에서 믿는 일이란 지극히 고통스럽고 어려운 일이었네. 지쳤어. 그 고통을 계속 이겨 나가는 일이 버거웠어. 끝이 보이지 않는 수난의 길을 계속 갈 힘이 없었네. 그래서 나는 포기했어. 신앙의 무게를 견디지 못하고 무너진 것이지.

자네가 아는 것처럼 나는 몇 번이나 천주를 부인했네. 그리고 어떤 때는 아무 일도 없었다는 듯이, 어떤 때는 죽을상을 지으며 교회로 돌아오곤 했지. 배교와 회개를 그렇게 몇 번이나 반복했어. 그러는 사이에 내 육신과 영혼이 상처 입고 너덜너덜해졌네. 내 양심이 뭉개졌어. 양심이 철저히 뭉개지더라고. 그 행동을 반복할 수가 없네. 더이상 배교와 회개를 반복하고 싶지 않아. 더이상 버틸 힘이 없다는 것을 깨끗이 인정하고 백기를 던지네. 나는 정직한 배교자로 남으려네.

자네는 나와 달랐네. 자네가 정사년(1797)에 동부승지를 사임하면서 상소를 올렸지.* 천주교를 포기한다는 공개적인 전향 선언서였어. 자네의 확신에 찬 전향서를 보면서 사람이 두 개의 얼굴을 가질 수 있다는 것을 알게 되었네. 자네는 믿는 것도 확실히 믿고 배교도 확실하게 하더구먼. 자넨 전향서에서 천주를 믿는 일이 아이들 소꿉놀이 같은 것이었다고 말했네. 나는 하늘이 무서워 차마 입 밖으로 내지 못하던 사제놀이라는 말도 자네는 거침없이 하더군.

자네의 영원한 후원자인 주상은 자네의 전향서를 보고 감탄을 금치 못했어. 주상의 그런 모습은 참으로 가관이었네. 재주가 넘치는 자들은 믿음과 배교라는 두 가지 모순되는 일을 동시에 해 낼 수 있는 것인가? 재능이 있는 자는 양심이 혹시 두 개인가?

다산! 지금 나는 광암 이벽李檗 형님이 보고 싶네. 내게는 동지이자 선배였고 이벽 형님의 누이가 자네의 장형인 약현 형님의 부인이었으니 자네와는 가까운 인척이기도 했지. 이벽 형님은 천주교를 끊으라는 가족들의 압박을 받고 교회에 발걸음을 끊은 지 석 달여 만에 돌아가셨지. 지금으로부터 16년 전 일이네. 향년 33세. 너무 젊은 나이였고 너무 참혹한 죽음이었네.

내가 이 지경에 빠지고 보니 죽는 것이야말로 가장 쉬운 길이라는 생각이 들기도 하네. 광암은 자신의 목숨 하나를 버리고 모든 것을 얻었어. 광암은 교회와의 관계를 요란하게 끊음으로써 가문과 조정에 자신의 배

---

* 〈변방사동부승지소辨謗辭同副承旨疏〉. 정약용이 동부승지를 사직하며 올린 상소로 천주교에 대한 그의 입장을 담고 있다.

교를 극적으로 과시했고, 참혹한 최후를 보여 교회와 교우들에게 참회하는 모습을 보여 줬어. 자신을 학대하는 광암의 모습은 자신의 몸에 스스로 채찍질을 하며 고행을 하는 것으로 덕을 쌓는다는 서양의 어떤 수도회 회원 같은 인상을 주기도 하네.

광암은 자신을 학대하고 비참하게 죽는 것으로 이 땅에 교회를 세운 자신의 공적서에 스스로 확인 도장을 찍은 것일세. 죽음은 때로 삶을 추인하는 역할도 하더구먼. 광암은 비록 배교를 선언하고 죽었지만 그렇게 고독 속에 죽어 조선의 1호 순교자가 된 것이 아닌가?* 그런 선택을 한 광암이 부럽기도 하네. 그는 그때 그렇게 가볍게 죽어 순교자가 되었는데 나는 너무도 무겁고 무겁게 지금까지 살아 목이 잘려 죽어서도 순교자가 되지 못하는 거 아닌가?

내가 어떤 사람인지 내 스스로 잘 아네. 내 자신에 대해 환상이라고는 눈곱만큼도 없어. 이 더러운 옥중에서 목에 큰 칼을 차고 발은 족쇄에 묶여 있고 내일이나 모레면 얼굴에 허옇게 회칠을 하고 망나니의 칼을 받아야 하는 지금 이 순간에도 나는 나 자신에 대해 일말의 동정도 연민도 없다네. 지금의 내 처지가 어떠한지, 앞으로 내 목이 잘리고 난 뒤에 사람들이 나에 대해 어떤 말을 할지도 짐작할 수 있어. 망할 놈의 조정이 눈 부릅뜨고 잘린 내 목을 내 가족에게 언제나 넘겨 줄지 걱정이고, 목 떨어진 내 몸뚱이에 침을 뱉는 자들이 적지 않을 것도 충분히 알고 있네.

---

* 한국 가톨릭 역사에서 공식적인 1호 순교자는 윤지충 바오로이지만, 초기 교회 신자들에게 이벽이 끼친 영향과 그의 죽음이 준 충격이 대단히 컸기 때문에 1호 순교자라는 표현을 썼다.

다산! 사실 난 두렵고 무섭네. 참수되어 죽은 역적의 장례식에 누가 오 겠는가? 집안의 명예를 더럽혔다고 문중에서는 외면할 것이고 옛 교우들 은 죽으면서까지 회개하지 않고 천주를 부정한 나를 극도로 증오할 테 지? 그렇다고 내가 마지막까지 서학의 믿음을 부정했다고 조정이 용서할 리도 없을 것이네. 교활하기는 여우 같고 사납기는 사자 같고 징그럽기는 뱀 같은 자들이 그럴 리가 없지.

대왕대비와 조정이 서학 전파의 원흉으로 지목한 나에 대한 분노를 거두었을 리도 없고 노론의 그 사악한 무리들이 나에 대한 원한을 풀 리 는 더더욱 없을 것 아닌가? 나를 원수처럼 여기는 이기경*이나 홍낙안** 같은 이들이 내 목이 떨어졌다고 나를 측은하게 여길 리도 없네. 그들은 마침내 이 모李某의 목이 떨어졌다고 희희낙락할 것이네.

나의 죽음은 아무에게도 위로받지 못하는 죽음이 될 것이네. 역적의 자식으로 살아가야 할 아이들을 생각하면 가슴이 미어지네. 어떤 때는 태 연하다가 돌연 두려움과 외로움이 해일처럼 덮치기도 하네. 그럴 때는 턱 이 덜덜거릴 정도로 온몸이 떨리고 눈물이 솟구치네.

다산! 우리에게도 좋은 시절이 있었어. 그렇지 않나? 광암이 떠난 뒤 에 누군가는 그 자리를 대신해야 했지. 짐이기도 했고 영광이기도 했고 누군가는 작은 권력이라고 부르기도 했던 그 일을 자네와 내가 맡았네.

---

\* 이기경(1756~1819)은 조선 후기 문신으로 천주교 배척에 앞장섰다. 청년 시절 이승훈, 정약용과 우의를 나눴지만 천주교에 대한 입장 차이로 갈라섰다.
\*\* 홍낙안(1752~?)은 조선 후기 문신으로 정미반회丁未泮會 사건, 신유박해 등 천주교 박해 에 앞장섰다.

맡기 싫다고 피할 수도 없었고 맡고 싶다고 맡을 수 있는 일도 아니었지. 그것은 절대자의 의지에 달린 것이지 사람의 뜻으로 될 일이 아니라고 그때는 믿었네. 어쨌든 우리는 그 일에 정성을 다하고 마음을 다 했네. 그 점은 우리 서로 인정하기로 하세. 우리는 서품 받지 않은 임시신부였지만 제대로 된 신부로 살려 했고 사제답게 처신하려고 애썼네.

그때 처음으로 사는 보람을 느꼈어. 하늘에 계신 천주와 가까워지는 듯했고 주님의 은총이 폭포수처럼 쏟아지는 것을 온몸으로 느낄 수 있었네. 나의 은밀한 기도를 귀 기울여 들어 주시고 내 어깨 위에 다정하게 손 올려 위로해 주시는 절대자의 존재를 나는 여러 차례 실감할 수 있었어. 늘 감시의 눈을 의식하며 살아야 했기에 몸은 고단하고 항상 신경이 곤두서 있었지만 행복했네. 사람이 주는 행복과는 전혀 다른 복을 주시겠다고 하신 주님의 말씀을 몸으로 느낄 수 있었지.

나는 주님으로부터 받는 위로와 영적 보상은 물론이고 친구와 교우들로부터 풍성하고 분에 넘치는 존경과 사랑을 받고 있었다네. 내가 누군가에게 영향력을 행사할 수 있는 사람이라는 것을 알게 되었지. 그것이 권력의 맛이란 것을 그때는 미처 몰랐네.*

자네도 나와 같은 보람과 감동을 맛보았다고 믿네. 그 시기 자네는 과거 준비까지 뒷전으로 미루면서 교회 일에 집중했어. 주상이 그렇게 과거 준비를 소홀히 해서야 언제 급제를 하겠느냐고 타박을 할 정도였지. 그만

---

* 초기 교회에서 1호 세례신자이자 임시성직제도의 지도자로서 그의 영향력은 대단히 컸다. 유항검의 편지에서도 그의 영향력과 위상은 확인된다(이승훈을 '나의 장상長上'이라고 표현하고 있다).

큼 자네는 천주 신앙 공부와 전도에 집중했네. 교회의 으뜸가는 자리에 나와 자네가 서 있었지.

교우들도 우리를 특별한 존재로 인정하고 존중해 주었어. 교우들의 내밀한 고백을 듣고 그들에게 죄를 사하여 줄 때 말로 표현하기 힘든 희열과 보람을 느꼈네. 교우들은 나에게 비밀을 털어놓고 나면 마치 개운하게 목욕이라도 한 듯 하다며 앞다퉈 고해성사를 받고자 했어. 남의 비밀을 듣는다는 것은 분명 가슴 설레는 일이었네. 신부가 아니었다면 그런 일을 경험할 수 있었겠는가?

그러나 신부로서 마땅히 해야 될 일을 하고 있을 뿐 우리는 결코 특별한 존재가 아니며 교우들이 우리에게 보여 주는 존경과 신뢰는 어디까지나 사제에 대한 예우일 뿐 자연인 이승훈과 정약용에 대한 것이 아니란 것을 잊지 않으려 애썼네. 우리 역시 하루에도 백 번 천 번 죄를 짓고 그 죄 때문에 번민하는 참으로 작고 하찮은 존재라는 것을, 천주 앞에서는 죄 많고 나약한 인간에 불과하다는 것을 잘 알고 있었네. 동료 신부였던 다산 자네와 그런 고민을 나누며 겸손함을 잃지 말자고 다짐했던 것이 바로 엊그제 같네.

그때 내가 서른 살, 자네는 스물 네 살이었지. 푸르고 푸른 나이에 우리는 이 땅이 아닌 다른 세상을 바라보고 있었고 남들이 모르는 다른 꿈을 꾸고 있었던 것일세. 병오년(1786)부터 무신년(1788)까지 대략 2년의 세월을 우리는 사제로 살았어. 그 시절이야말로 내 인생의 황금기였다고 자부하네만 자네에게도 그 시절이 좋은 시절이었는가?

다산! 이제 내가 서서히 이야기를 정리할 때가 되었네. 자네와 약전 처남이 목숨을 구했다는 소식을 처음 들었을 때 두 가지 생각이 동시에 떠올랐네. 우선은 다행이라는 생각. 사람의 목숨은 어쨌든 소중한 것이니까. 한편으로 역시 다산은 다산이구나 하는 생각도 들었네. 어떤 상황에서도 빛이 나고 남다른 자네답게 살아서 두 발로 이 죽음의 무대를 내려가는구먼 싶었지.

조정은 자네와 나, 정헌 이가환 외숙을 서학 삼흉西學三兇*으로 부르며 무슨 일이 있어도 우리 세 사람만큼은 명줄을 끊어 놓겠다고 벼르고 있었네. 정조 대왕이 이 세상에 없는 판에 우리 목숨을 구해 줄 이가 누가 있겠는가? 보름 전 여기 의금부에 끌려올 때 내가 살아 두 발로 여기를 걸어 나갈 것이라고는 생각하지 않았네.

그래도 살고 싶기는 했지. 누가 죽고 싶겠는가? 국문장에서 살기 위해 노력했네. 살 수만 있다면 무엇이든지 할 수 있었다네. 내 죄상을 추궁하며 네 죄를 네가 알렷다고 다그치는 심문관들에게 그들이 원하는 것, 아니 그 이상의 답을 내놓으려고 애썼다네.

그러나 그들에게 필요한 답을 말할 수가 없었네. 교회를 떠난 지 몇 년이 되는 내가 주문모**인지 뭔지 하는 그 신부 놈이 숨어 있는 곳을 어떻게 알겠나? 십수 년 전에 내가 북경에 가서 영세를 받았던 사실, 거기에서 천주학 책을 가지고 왔던 일, 북경에서 돌아와 교우들에게 세례를 베풀고 신부를 지명하고 교회를 이끌었던 일이야 이미 그자들이 더 잘 아는 일 아니던가?

---

* 1801년 신유사옥 당시 조정에서 천주교 지도자로 지목한 이승훈, 이가환, 정약용 등 3인을 이르는 말.
** 1794년 12월 최초의 외국인 신부로 조선에 들어왔다. 1801년 신유사옥 때 순교했다.

교회를 떠난 이후 나는 철저하게 교회로부터 버려졌어. 내가 교회를 버리기도 했지만 교회는 나를 더 철저하게 응징했네. 기대가 컸으니 실망도 컸겠거니 생각하지만 나로서는 서운할 때도 많았어.

주문모 신부가 조선에 왔다는 말이 바람결에 들렸을 때 그 신부에게 내 죄를 고백하고 교회로 돌아가고 싶었다네. '진짜' 신부에게 내 죄를 남김없이 고백하면 용서를 받을 수 있지 않을까? 그렇다면 내 삶을 새롭게 시작할 수도 있지 않을까 하는 기대가 있었던 거지. 그래서 옛 교우를 찾아 그런 뜻을 전하기도 했다네. 그러나 답이 없더군. 교회는 내게 두 번 세 번 참회할 기회를 줄 생각이 없었던 것 같네.

나도 교회에 참회를 애걸복걸하고 싶지는 않았었네. 일곱 번이 아니라 일흔 번씩 일곱 번이라도 용서하라는 예수의 말은 현실에 있는 말은 아니구나 생각했을 뿐이지. 그때 다시 교회로 돌아갔다면 내 삶은 달라졌을까? 그랬을 것 같지는 않네. 그때 교회가 받아 줬다고 해도 얼마 되지 않아 나는 다시 주님을 부인했을 거야.

그라몽Jean-joseph de Grammont* 신부님은 교회의 반석이 되라는 뜻으로 베드로라는 세례명을 주셨지만 지금의 나는 회개와 배교를 반복하는 베드로가 되고 말았어. 베드로 사도는 세 번 주님을 모른다고 부인한 뒤 참으로 회개하고 그 뒤로 주님의 제일가는 제자가 되어 순교했지만 나는 회개와 배교를 오가다 '배교자'로 삶을 끝내게 되었네. 나는 그들이 원하

---

* 그라몽 신부는 프랑스 출신 예수회 신부로, 중국명은 양동재梁棟材다. 1784년 북경을 찾은 이승훈에게 세례를 주었다.

는 '새로운 죄'를 알지 못했고 나의 '낡은 죄'를 거듭해서 자백할 때마다 그들의 조롱을 샀을 뿐이네.

다산! 자네는 어떻게 살아남았는가? 무슨 재주로 국문장의 심문관들을 사로잡았는가? 정조 대왕을 매료시켰던 자네의 세 치 혀로 그들의 눈과 귀도 사로잡아 자네의 무죄를 증명한 것인가? 같은 죄를 지었는데 나는 죽고 자네는 살아남게 되었네.

내가 아는 '새로운 죄'가 없는데 자네는 무슨 재주로 '새로운 죄'를 만들어 저들의 귀를 사로잡았나? 아니면 자네의 것이 아닌 누군가의 '새로운 죄'를 만들어 심문관들에게 알려 주는 것으로 자네의 죄를 탕감받기라도 한 것인가?

자네가 얼마나 많은 사람들을 고발했는지 굳이 말하고 싶지 않네. 자네의 증언과 폭로 때문에 죽어 가야 할 사람들의 비극에 대해서도 말하지 않으려네. 그것은 굳이 내가 말하지 않아도 누군가는 꼭 기억하고 있을 것이네. 자네도 그것만큼은 각오해야 할 것일세.

다산! 자네를 추궁하고 싶지는 않네. 자네를 저승길의 동무로 삼으려 했다면 그럴 기회가 없었던 것도 아니네. 다만 내가 죽을 수밖에 없는 이유를 말하고 싶을 뿐이네.

심문관들은 처음에는 분노를 참지 못하더군. 이 자 때문에 서학이라는 전염성이 강한 독극물이 조선에 들어오게 되었다고, 1만 명이 넘는 사람들이 서학에 오염된 것은 나 때문이라며 말이지.* 이전에는 그 같은 사실

---

\* 1801년 당시 실제 천주교 신자 수는 수천 명 수준이었을 것으로 추정된다.

을 전혀 몰랐다는 듯 새삼스럽게 나에 대한 분노를 쥐어짜는 이병모와 심환지 등 노론 대신의 얼굴을 보며 나 역시 그들이 가증스러웠네.

심문이 거듭되면서 그들의 분노는 경멸로 변해 갔네. 목숨만은 부지하게 해 달라는 내 애원과 호소에 침을 뱉더군.

"승훈, 너는 간도 쓸개도 없는 놈이냐? 그렇게도 살고 싶으냐? 죽은 애비를 팔아서까지 말이냐!"

그들의 눈곱 낀 눈은 나를 벌레 보듯 바라보더군. 며칠 전 그들은 이렇게 결론을 내렸어.

"이 자는 아무 짝에도 쓸모없는 인간이니 살려 두어도 무방하나 이 자를 살려 두면 조정이 서학에 대해 관대하다는 인상을 줄 수 있으므로 당초 계획했던 대로 극형에 처하기로 하자."

나는 그렇게 아무 짝에도 쓸모없는 존재가 되었네. 살아도 아무 소용없는 인물이니 그 죽음도 가치 없는 것이 되었네. 내 죽음은 참으로 값싼 죽음이 될 것이네. 가련한 일이지 않은가?

여보게, 다산! 그래도 내 마지막 작은 양심은 지켰어. 조정이 그토록 원하던 서학 교주의 이름을 말하지도 않았고 교우들의 이름을 입에 올리지도 않았고, 제대로 알지도 못하는 교회 조직에 대해 언급하지도 않았네. 순교자라는 명예를 얻기 위해 마음에도 없는 회개를 하지도 않았네. 이번에 다시 회개했다면 나는 세 번 배교하고 세 번 회개하는 사람이 되었을 것인데 그러면 내 인생이 너무 남루하지 않겠는가?

나는 어떻게 해도 죽을 사람이었고 그래서 회개는 어찌 보면 쉬운 선택이었네. 천주의 가르침이 진정한 진리라는 것을 부인할 수 없습니다, 라고 말하면 되는 것이지만 그럴 수 없었네. 아니 그러지 않으려네. 배교자로 죽어 내가 이 세상에서 지은 죗값을 치르려 하네. 정직한 배교자로 죽어 주님 앞에 서고자 하네. 주님 앞에서 이렇게 말하려고 하네. 믿는 일이 힘들었다고, 믿는 일이 너무 힘들었다고.

다산! 아니 처남! 유배 생활이 죽음보다 고통스러울 수도 있겠지만 자네의 재능과 열정이라면 어디에서든 무언가를 해 낼 걸세. 믿을 때 그랬고 배교할 때 그랬던 것처럼 자네만의 확신을 가지고 자네의 재능을 살리는 일을 할 것이라고 믿네. 내가 지금 무슨 말을 해도 자네가 들을 리 없지만 그래도 매형으로서, 한때의 동지로서 말하노니 부디 부끄러움을 아시게.

1801년 2월 26일, 이승훈은 목이 잘려 죽었다. 처형장인 서소문을 향해 의금부 옥문을 나설 때 이미 오줌을 지렸고 칼이 목에 떨어지기도 전에 방분放糞했다. 같은 날 같은 장소에서 참수형을 당한 정약종이나 최창현처럼 의연하게 죽음을 맞지 못했다. 그렇다고 마지막 순간까지 살기 위해 몸부림치거나 죽음의 공포로 광란의 모습을 보인 것은 아니었다. 형장에 도착했을 때 이미 반쯤은 넋이 나간 듯했고 모든 것을 포기한 얼굴로 최후를 맞았다. 형장에서 마지막 말을 남기지도 않았다. 망나니의 칼춤이 시작될 때 정약종이 나지막하게 말했다.

"매형, 지금이라도 회개하시고 천주님께 돌아오세요. 그럼 우리 천국에서 다시 만날 수 있어요."*

---

* 이승훈과 정약종은 같은 날 같은 장소에서 참수됐다. 정약종이 이승훈에게 회개를 권유했다는 공식 기록은 없다.

다산, 자네에게 믿는 일이란 무엇인가

승훈은 가볍게 머리를 좌우로 저었다.

목 잘린 이승훈의 시신은 이틀 동안 형장에 방치되었다. 참수된 지 사흘째가 돼서야 시신을 수습해 가도 좋다는 조정의 허가가 떨어졌다. 죽은 뒤에도 그를 위해 울어 주는 사람은 없었다. 역적으로 죽은 이승훈을 문중 사람들마저 조문하기를 꺼렸다. 이승훈은 가문을 망친 자였다.

그에게는 조문이라는 의례를 주고받을 친구들도 이미 존재하지 않았다. 사돈이자 오랜 친구인 심유沈浟만 그의 영전을 찾아 재배하고 향을 올렸다. 이 땅에서의 생과 사는 물론 천상의 복락까지도 같이하기로 굳게 맹세했던 교우들은 마지막까지 회개하지 않은 배교자의 죽음에 고개를 돌렸다. 충직한 여종 이갑례가 그의 시신을 인천 만수동으로 운구해 매장했다.

# 새로운 세상에 눈뜨다

1801년 음력 2월 10일 새벽 의금부 도사 박조원이 나졸들을 이끌고 이승훈의 집을 급습했다. 느닷없이 들이닥친 의금부 나졸들을 보고 이제 여덟 살 된 막내아들 신규가 놀라 자지러졌다. 아내 정 씨는 반쯤 얼이 나갔고 집안의 하인배들은 겁에 질려 허둥댔다. 이승훈은 의관을 정제하고 순순히 오랏줄을 받았다.

금부 나졸들이 집안을 샅샅이 뒤졌다. 서학 관련 책자나 십자가, 고상苦像 같은 성물聖物을 찾았지만 그런 물건이나 책자는 이승훈 집에서 사라진 지 오래였다. 장남 택규가 스무 살이 되었으니 그나마 집안 대소사는 챙길 것이었다. 택규에게 어머니와 동생들을 잘 돌보라 이르고 승훈은 집을 나섰다. 막내 신규의 울음소리가 담장을 넘어 왔다.

한 달 전 아직 나이 어린 왕을 대신해 국정을 장악한 대왕대비 정순왕후 김 씨는 천주교의 뿌리를 말려 버리겠다고 선언했다.

수령은 자기가 다스리는 지역 안에서 천주교를 믿는 무리가 있으면 징계하고 모조리 죽여서 남은 종자가 없도록 하라(《조선왕조실록》 순조 1년 1월).

조정의 천주교 단속 명령이 떨어지자 전국 곳곳에서 천주교인 사냥이 시작되었다. 천주교 총회장 최창현은 1월에 붙잡혔고 전라도에서만 200여 명의 신도가 체포되었다. 이런 와중에 정약종의 집안 하인이 천주교 비밀문서를 다른 곳으로 옮기다가 적발됐다. 압수된 문서에서 천주교 지도부가 주고받은 편지가 무더기로 쏟아졌다. 그중에는 1794년 말 국내에 입국해 활동 중이던 주문모 신부의 편지도 있었다. 압수된 편지에 이가환, 이승훈, 정약용, 권철신 등의 이름이 언급되어 있었다. 조정의 중신이거나 유명 인사들이었다.

검거 선풍은 조정으로 번졌다. 2월 9일 대간들이 일제히 서학 3인방을 체포해야 한다고 상소를 올렸다. 서학 3인방은 전 판서 이가환, 전 승지 정약용, 전 평택현감 이승훈 세 사람을 이르는 말이었다. 정순왕후는 이 상소를 받아들여 3인방을 즉각 체포하라고 지시했다. 서학 삼흉西學三兇으로 지목되어 곧 체포된 이들은 남인의 핵심 인사들이기도 했다. 불과 8개월 전 세상을 떠난 정조 대왕이 중용하고 각별히 아낀 인물들이었다.

정순왕후는 서학 3인방을 조사하기 위해 의정부에 국청을 설치하고 국문을 진행하라고 지시했다. 국청은 역모 사건과 같은 중요 범죄를 조사하기 위해 임시로 설치되는 특별 기구였다. 서학 3인방 사건을 역모 사건 수준으로 다루겠다는 뜻이었다.

국문장에 끌려온다는 것은 죽음을 의미했다. 영조시대 모두 83차례의 국문이 열렸는데 무죄가 선고된 경우는 4건에 불과했다. 국문장에 선 죄인 가운데 절반이 넘는 42명은 혹독한 고문을 이기지 못하고 심문을 받는 도중에 사망했다. 국문장에서는 죄를 지었으면 자백하지 않을 수 없었고 죄가 없으면 만들어서라도 자백해야 했다. 10년 전 첫 관직으로 의금부 도사를 역임했던 이승훈은 국문장은 곧 죽음의 무대라는 것을 잘 알고 있었다.


## 노회한 여제-정순왕후

1800년 6월 정조 대왕이 48세로 갑자기 승하했다. 누구보다 건강을 신경쓰던 왕의 급작스런 죽음은 숱한 의혹을 불러일으켰다. 독살 아니냐는 말이 나올 만큼 누구도 예상하지 못한 죽음이었다. 정조는 재위 24년 동안 과감한 개혁을 시도했다. 정조 개혁의 핵심은 왕권 강화였다. 왕권이 커지려면 신권은 작아져야 했다. 조정의 주류였던 노론은 정조의 개혁에 강력히 반발했다.

정조는 아버지 사도세자의 비극적인 죽음을 왕권 강화의 디딤돌로 삼았다. 정권이 안정기에 접어들자 정조는 사도세자의 죽음에 가담하거나 방관했던 노론 벽파를 대대적으로 숙청했다. 뒤주 안에서 고통스럽게 죽어 간 아버지의 한을 풀어 주는 동시에 왕권을 위협할 정도로 강력해진 노론의 힘을 약화시키는 두 가지 효과를 동시에 노린 조치였다. 노론의 숙청으로 빈자리는 오랜 기간 권력에서 소외되었던 남인들로 채웠다. 채제공, 이가환, 정약용, 이승훈 등 남인은 정조가 조정 안에서 친위 세력으로 육성하던 인사들이었다.

정조 재위 24년은 결코 짧은 세월이 아니었지만 그의 흔적을 지우는 데는 채 1년이 걸리지 않았다. 정조의 뒤를 이은 순조는 불과 열한 살, 어린 왕을 대신해 왕실의 최고 어른인 대왕대비 정순왕후가 국정을 장악했다. 정순왕후는 열다섯 나이에 66세의 영조와 혼인했다. 나이는 정조보다 겨우 일곱 살 위였지만 엄연히 할머니와 손자의 관계였다.

정순왕후는 사도세자의 죽음에 동정적이지 않았다. 게다가 친정이 노론 집안이라 정조 시절 내내 찬밥 신세였고 숨죽이며 살아야 했다. 자기 어머니인 혜경궁 홍씨에게 예의를 갖추지 않았다는 것을 트집 잡아 정조는 정순왕후의 오빠인 김귀주를 흑산도로 귀양 보냈다. 정조와 정순왕후의 대립은 극에 달했지만 그때 칼자루를 쥔 사람은 정조와 그 친위 세력들이었다.

정조가 급작스럽게 세상을 떠나자 권력은 한순간에 정순왕후에게 넘어갔다. 정순왕후는 권력을 잡자마자 정조의 그림자를 지우는 작업에 나섰다. 정조가 중용했던 남인 출신들의 숙청이 그 신호탄이었다. 서학 소탕은 남인 숙청과 같은 말이었다. 천주교를 받아들인 양반들 대부분이 남인 출신이었기 때문이었다.

천주교는 조선 사회에 대한 노골적인 반감을 드러내지는 않았지만 그 교리는 기득권층에서 볼 때 위험천만한 것이었다. 서학이 신봉하는 천주는 이른바 대군대부大君大父 같은 존재였다. 천주는 지상의 임금보다 훨씬 큰 왕이고 자신을 낳아 준 부모보다 더 큰 부모라는 이 주장은 국왕에 대한 절대적인 충성과 부모에 대한 효도를 기반으로 하는 조선의 봉건적 질서를 근본적으로 부정할 수 있는 말이었다.

천주교는 인간은 주님의 특별한 은총으로 태어난 존재인 만큼 자신의 죄를 고백하고 예수를 구세주로 받아들이면 누구나 하느님의 자녀가 될 수 있다고 가르쳤다. 이런 교리는 신분에 따른 차별을 기본으로 하는 조선 사회의 기본 원리를 부정할 수 있는 주장이었다.

서학은 아주 공평한 것이어서 거기에는 어른도 아이도 양반도 상놈도 없네. 그것은 부드럽고 탄력이 있어서 큰 발에나 작은 발에나 다 맞는 버선과 같은 것이네(달레, 《조선천주교회사》 중).*

이런 불온한 주장을 하는 자들을 하루속히 근절하고 조선 사회를 성리학 중심으로 재편하려는 것이 서학교도 재판의 가장 큰 목표였다. 이런 주장이 압도적인 여론이었다. 일반 백성들도 천주교가 조상에 대한 제사를 우상 숭배라고 주장하는 것에 대해 정서적인 반감을 가지고 있었다.

국문장에 죄인으로 선 이가환, 이승훈, 정약용 세 사람은 자타가 인정하던 조선의 인재였다. 판서를 역임한 이가환은 정조가 급서하지 않았더라면 정승의 반열에 오를 것이 확실시되었고 정약용은 이가환의 뒤를 이을 사람이었다. 이승훈도 남인의 핵심이었다.

이 세 사람은 혈연과 혼맥, 학맥, 정파의 인연으로 이중 삼중 사중으로 얽힌 관계였다. 이승훈의 어머니가 이가환의 누나로 이가환은 이승훈의 외삼촌이었다. 이승훈 부인은 정약용의 누나였다. 두 사람은 처남과 매형 사이였다. 이들을 묶어 주는 것은 혼맥과 혈연만이 아니었다. 학문적

---

\* 달레의 저서는 현재 《한국천주교회사》로 출간되어 있지만 최초 출판 시점이 1874년인 점을 고려하면 《조선천주교회사》로 표기하는 것이 맞을 듯하다.

으로 보면 성호 이익에서 시작된 성호학파의 후계자들이었고 정치적으로 뿌리 깊은 남인이었다.

국사범인 이승훈과 그의 동료들에 대한 첫 심문은 체포 당일 2월 10일 곧바로 이루어졌다. 심문은 거대한 파국의 시작이었다. 세 사람에게는 자신의 인생을 뒤돌아보는 계기였고 조선 조정으로선 알고 싶지 않은 진실이 드러나는 무대이기도 했다. 그 진실은 고루한 조선이 감당할 수 있는 무게가 아니었다.


## 조선의 1호 신자

이승훈은 1784년 2월 북경 북당에서 그라몽 신부로부터 세례를 받았다. 임진왜란 당시 포로로 일본에 끌려간 조선인들이 세례를 받은 기록이 있지만 18세기 이후 자발적으로 가톨릭 세례를 받은 것은 그가 처음이었다. 그는 조선의 1호 천주교 신자였다. 이승훈의 자발적 영세는 북경에 와 있던 서양 선교사들을 크게 흥분시켰다. 이승훈의 영세는 믿음의 오지 조선에 천주의 은총이 비춰지고 있다는 뜻으로 받아들여졌다.

1784년 조선 왕국의 한 사신의 아들이 수학을 배우려는 소망에서 북경의 성당을 찾아왔습니다. 서양 선교사들은 그 조선 사람에게 수학을 가르쳐주면서 틈틈이 그리스도교의 기초 교리를 가르치는 데 마음을 썼으며 그 교리가 담긴 책들을 그에게 주었습니다. 그것이 주효하여 그 사람은 천주교의 진리를 깨닫고 영세를 청했으며 사신으로 온 아버지의 승낙과 동의를 얻어 영세를 받았습니다(구베아Gouvea 주교의 1792년 교황청 보고 서신 중).

이승훈은 아버지를 따라 1783년 겨울 연행사절단의 일원으로 북경을 방문했다. 한양을 출발하기 전 이승훈은 친구이자 선배인 이벽을 만났다. 이벽은 북경에 가거든 천주당을 방문할 것을 간곡하게 권했다. 이벽은 서학 서적을 읽고 자발적으로 천주 신앙을 받아들인 상태였다.

자네가 북경에 가는 것은 천주님의 뜻이네. 천주당에 가서 영세를 청하고 책도 받아 오게. 서양인 학자들을 만나 그 종교의 모든 예배 행위를 알아보게. 삶과 죽음의 큰 문제와 영원의 큰 문제가 자네 손에 있으니 이 기회를 헛되이 보내면 안 되네(《황사영 백서》 중).

이승훈은 처음에는 천주학보다는 수학과 천문학 등에 관심이 더 많았다. 당시 조선에 불고 있던 북학 바람의 영향을 받은 것이다. 그가 북경에 있던 4곳의 성당 중에서 숙소에서 멀리 떨어진 북당을 굳이 찾은 것도 북당에 가면 수학 서적을 쉽게 구할 수 있을 것이라는 친구들의 조언에 따른 것이었다.

북경 천주당에서 이승훈은 그라몽 신부를 만났다. 그라몽 신부는 프랑스 출신의 수학자이자 천문학자였다. 만주어 통역관이기도 했다. 청나라 조정에서 운영하던 흠천감에서 일하고 있었던 그라몽 신부와의 만남은 이승훈의 인생을 바꿨다.

두 사람은 처음에는 수학과 천문학에 대해 대화를 나눴지만 곧 천주교에 대한 이야기에 집중했다. 이승훈은 이 친절하고 교양이 넘치는 서양인과의 만남에 빠져들었다. 보다 정확하게 말하자면 서양 지식인을 통해 듣는 천주교와 서양에 대한 이야기에 사로잡혔다. 그는 큰 고민 없이 세례를 받고 천주교에 입교하기로 결심했다.

천주님께서 그를 조선 교회의 반석으로 예정하신 것으로 생각하고, 그가 신앙의 문을 처음으로 열었으므로 그에게 성 베드로의 이름을 주었습니다(1790년 그라몽 신부의 편지 중).

이승훈이 새로운 사상을 받아들이기로 결심한 배경에는 고루하고 완고한 조선 성리학에 대한 염증도 한몫했다. 20대 청년 사대부들에게 조선은 답답한 세상이었다.

조선 선비들은 보고 듣고 따르는 것이 고루하여 안다는 것이 송학末學(주자학)뿐이므로 조금만 자기와 다른 행위가 있어도 천지간의 큰 변괴로 여긴다(《황사영 백서》 중).

중국 북경이라는 당시 세계 최대 도시에 와서 서양의 일급 지식인들을 만나보니 조선은 말 그대로 우물 안 개구리 신세라는 것을 이승훈은 절감했다. 주님 안에서 대인도 소인도, 양반도 상놈도 없으며 만인이 평등하다는 교리, 천주교가 지배하는 서양은 천주의 은총을 받은 사람이 재능에 따라 일한다는 이야기, 서양에서는 왕 위에 교황이 군림하고 있다는 말은 조선 청년의 호기심을 자극했고 가슴을 뛰게 했다.

서양은 조선은 물론 중국과도 전혀 다른 세상이었다. 천주의 가르침을 따르는 서양이 중국에 못지않은 힘으로 세상을 다스리고 있다. 나부터 이 믿음을 따르고 나를 따라 조선이 복음화되면 조선도 서양처럼 될 수 있다는 생각에 그는 후끈 달아올랐다.

북경에 있는 선교사들의 말에 따르면 그 젊은이는 자기가 조선에 돌아가게 되면 즉시 자기 나라 왕에게 마치 중국의 황제가 그랬던 것처럼 조선 왕실에 과학과 예술 등을 가르칠 수 있는 유럽 사람들을 불러오자고 제의하겠다고 했답니다(길랭Ghislain 신부의 1790년 편지 중).

베드로라는 이름으로 영세를 받은 이승훈은 6개월 전 한양을 떠날 때와는 전혀 다른 사람이 되어 한양으로 돌아왔다. 그는 베드로 사도가 교회의 주춧돌이 된 것처럼 자신 역시 조선 천주교회의 주춧돌이 되리라 다짐했다. 베드로라는 영세명이 더없이 자랑스러웠고 그 이름을 세례명으로 받은 것에 대한 무한한 책임감과 사명감을 가졌다. 실제로 그는 초기 조선 천주교회의 탄탄한 반석이었다.

그는 신앙 때문에 고난을 받을 수 있다고 생각했고 그것을 감내할 각오도 되어 있었다. 북경에 있는 동안 서양 선교사들이 중국에서 수시로 투옥되고 추방되는 고난을 받은 사실도 알고 있었다. 중국에서 벌어진 일이 곧 조선에서 일어날 일이었다. 그러나 그는 단호히 맹세했다.

우리는 만일 조선의 왕이 그의 행동을 못마땅하게 여겨 신앙을 버리라고 강요한다면 어떻게 할지 물어보았습니다. 그는 망설임 없이 '진리를 명백히 아는 이 종교를 버리기보다는 차라리 모든 형벌과 죽음까지도 감수하겠습니다'라고 대답했습니다(방타봉Ventavon 신부의 1784년 편지 중).

## 오지 중의 오지, 조선

조선은 서양인들에게 오랫동안 미지의 국가였다. 동방의 존재를 서양인들에게 알리는 데 결정적인 역할을 했던 마르코 폴로의 《동방견문록東方見聞錄》*은 중국과 일본에 대해서는 상세한 정보를 전하고 있지만 한반도에 대한 언급은 전혀 없었다. 중국에서 30년 넘게 살았던 이 호기심 넘치고 정력적인 이탈리아인에게 한반도는 관심의 땅이 아니었다.

조선이 처음으로 서양에 소개된 것은 1254년 원나라를 방문한 프란치스코 수도회 선교사 루브룩 윌리엄의 선교 보고서에서였다. 그는 이 보고서에서 조선을 이렇게 표현했다.

중국 국경을 넘어서면 한 나라가 있는데, 일단 이 나라로 들어가면 입국했을 때의 나이가 그대로 멈춰 서게 되고 더이상 늙지 않는다고 한다. 그곳에 사는 사람들은 바다 한가운데 섬나라에 살고 있는데 겨울이 되면 바다가 얼어붙기 때문에 중국인들이 그곳을 걸어서 건너간다고 한다(《세계 지도의 역사와 한반도의 발견》 중 재인용).

---

* 이탈리아 상인 마르코 폴로가 1260년부터 1295년까지 중국을 비롯한 동방을 여행하고 쓴 여행기.

서양인들에게 처음 전달된 코리아의 이미지는 한번 들어가면 시간의 흐름이 멈춰지는 신비의 땅이었고 무엇보다 바다 한가운데 있는 섬나라였다. 코리아가 섬나라라는 이미지는 그때부터 무려 350년 동안이나 바뀌지 않고 계속된다.

마젤란이 세계를 일주하고 콜럼버스가 아메리카 대륙을 발견하는 지리상의 혁명기에도 조선은 서양에게는 계속 미지의 땅이거나 존재하지 않는 나라로 남았다. 지리상의 발견 성과가 반영된 지오바니 콘타리니Giovanni Contarini의 1506년도 지도는 물론이고 아메리카 대륙의 존재를 분명하게 표시한 발트제뮐러Martin Waldseemüller의 1507년 초대형 세계지도에서도 중국과 일본은 포함되어 있지만 한반도는 표시조차 되어 있지 않다.

조선이 섬나라라는 유럽인의 인식은 1590년대 초반까지 변함이 없었다. 조선의 모습이 최초로 등장하는 포르투갈 사람 랑그렌Jacob van Langeren이 제작한 지도에서도 조선은 섬으로 표시되어 있다. 얀 호이엔 반 린쇼텐 Jan Huygen van Linschoten이 제작한 《동양수로지Itineraio》에서는 한반도를 이렇게 소개하고 있다.

일본의 위쪽 북위 34도와 35도 사이에 중국 해안에서 그다지 멀지 않은 또 다른 커다란 섬이 있는데 코레Core섬이라고 불리며, 지금까지의 정보로는 섬의 면적, 인구, 교역에 관하여 정확히 알려진 것이 없다. …… 포르투갈 사람들은 이 섬을 '코레Core' 섬이라고 불렀으나, 이 섬들은 앞에서 언급한 것처럼 챠오시엔Causien(조선)이라고 불린다(《세계 지도의 역사와 한반도의 발견》에서 재인용).

조선이 섬나라라는 인식을 바로잡은 사람은 마테오 리치 신부였다. 마테오 리치 신부는 1602년 제작한 〈곤여만국전도坤與萬國全圖〉에서 조선을 섬나라가 아닌 아시아 대륙 동쪽 끝에 자리 잡은 반도국으로 정확하게 기재했다. 조선이 섬나라라는 잘못된 인식에서 벗어난 것이다.*

조선이 동아시아 반도국이라는 사실이 확고하게 자리 잡은 것은 오스트리아 출신 예수회 소속 선교사 마르티니가 1655년 제작한 〈신중국지도총람〉에서였다. 17세기 중반에야 유럽인들은 명확하게 조선이 섬나라가 아닌 반도국이라는 사실을 알게 된 것이다.

잘못 기록된 견문기로 인해 생긴, 사람으로서는 넘을 수 없는 장애가 사라졌습니다. 괴물과 또 다른 인류가 존재한다는 그런 생각들이 더이상 천주교 선교를 방해하지 않을 것입니다(모방Maubant 선교사의 1836년 편지 중).

조선이 반도국가라는 사실은 마테오 리치와 마르티노 마르티니 선교사에 의해 알려졌지만 조선은 여전히 미지의 국가였다. 통치체제, 역사, 문화, 인종, 사회 구조 등 모든 것이 가려져 있는 나라였다. 이런 의문점이 풀린 것은 1653년 제주도에 표류한 네덜란드 동인도회사 소속 상선

---

* 마테오 리치의 이런 공적에도 불구하고 17세기 중반까지 대부분의 유럽 지도들은 조선을 반도국가가 아닌 섬나라로 묘사하고 있다. 17세기 최고의 지도 제작자로 불리는 요하네스 얀소니우스Joannes Janssonius(1588~1664)가 제작한 1650년도 지도를 보면 일본은 상세하게 표시되어 있지만 조선은 긴 오이 모양으로 되어 있고 여전히 반도가 아닌 섬나라로 나타나 있다.

스패로 호크Sparrow Hawk호 표류 사고가 계기가 되었다. 이 배의 선원 64 명 가운데 28명이 폭풍우로 사망하는 대형 해난사고였다. 다행히 헨드릭 하멜Hendrik Hamel(1630~1692)을 비롯한 36명의 선원이 구조되었다. 이들을 구하고 처음으로 심문한 사람이 제주목사 이원진이었다. 이원진은 실학의 태두였던 이익의 작은아버지였으니 이승훈에게는 외가로 증조할 아버지가 되는 셈이다.

하멜은 1666년 제주도 표류 13년 만에 조선을 탈출해서 《하멜 표류기》를 쓴다. 이 책이 조선을 서양에 알린 최초의 책이 되었다. 이 시기는 조선이 병자호란의 치욕을 씻고자 절치부심하던 때였다. 이렇게 18대 임금 효종이 통치하던 시기까지 조선은 서양인들에게 제대로 알려지지 않은 나라였다. 한마디로 조선은 세계사에서 오지 중의 오지였다.

조선을 아는 사람이 누가 있는가? 지리학자들까지도 그 이름밖에는 거의 아는 것이 없고 거기에 대하여 관심을 가진 학자는 아무도 없으며 어떤 여행가도 이 나라를 두루 다니지 못했다(달레, 《조선천주교회사》).

조선은 굳게 문을 닫고 밖으로 눈길을 주지 않았다. 중국과의 국경에는 병영을 유지하여 내외국인의 출입을 엄격히 통제했다. 도서 연안 지역은 일부러 황폐하게 만들었다. 혹시 외국 배들이 접근하더라도 상륙할 생각이 나지 않도록 하기 위한 고육책이었다. 울릉도를 비롯한 섬에서는 아예 주민들을 철수시켰다. 외부와의 접촉을 우려한 조치였다.

조선이 대국으로 섬겼던 중국 사신에 대해서도 수행원 수를 12명으로 엄격히 제한했고 한양에 온 사신들에 대해서는 지정된 장소에서 나오는 것을 통제했다. 조선 연행사 일행이 수행원에 제한을 두지 않은 것은 물론 북경에 도착한 이후에 비교적 자유롭게 돌아다닌 것과 비교되는 부분이다.*

관헌 외에 일반 백성의 외국인 접촉이나 연락은 엄금되었다. 편지를 주고받는 것 역시 엄격히 통제했다. 이 법을 어기는 자는 기본이 사형이었다. 중국이나 일본 사람에 대해서도 엄격한 원칙이 적용되었다. 중국과 일본 어부들이 한반도 연안에서 해삼이나 연어를 잡는 것은 제한적으로 허용했지만, 상륙하지 않고 일반 주민과 해상에서 접촉하지 않는다는 두 가지 조건을 전제로 했다. 이를 어기면 배는 압수되고 선원은 투옥되었다.

조선은 잔뜩 웅크린 채 모든 외부와의 접촉을 피하고 있었다. 가끔 북경을 오가는 사신을 통해 힐끔거리며 울타리 밖을 넘겨다보고 있을 뿐이었다. 이런 조선에 천주교라는 서양의 종교가 들어올 거라고는 상상하기 힘들었다. 조선에 신앙의 폭우를 몰고 올 구름은 아직 보이지 않았다. 이승훈이 북경에 오기 전까지는 말이다.

선교사는 꽉 막힌 국경 때문에 조선에 오지 못했지만 서학 책은 비교적 수월하게 국경을 넘어왔다. 일 년에 서너 차례 북경을 오가는 사절을

---

* 조선과 중국 사신에 대해서는 권영진의 〈조선조 대외정책에 관한 연구〉《안동대학 논문집》, 1990)를 참조했음을 밝힌다.

통해 중국의 앞선 문물을 접하던 조선에도 《천주실의》*와 《칠극七克》** 같은 천주교 서적이 반입되었다. 처음에 서학은 종교가 아닌 학문, 특히 서양의 자연과학을 지칭하는 말로 받아들여졌다. 그러다 서학을 연구하는 이들 가운데 자생적인 천주교 신자가 생겨났다. 대표적인 인물이 광암 이벽이었다. 서학 책은 천주교라는 폭우를 몰고 오는 비구름이었다.


## 자발적 선교사로 살다

1784년 봄 한양으로 돌아온 이승훈은 자신에게 영세를 권했던 이벽에게 세례를 받은 사실을 알렸다. 두 사람은 본격적인 선교에 앞서 교리 공부에 몰두했다. 남의 눈을 피하고 공부에 집중하기 위해 별도의 숙소를 마련했다. 북경에서 구해 온 서학 책을 함께 읽고 토론하는 방법으로 교리를 공부했다. 과거 공부는 아예 뒷전이었다. 이벽은 이미 독학을 통해 천주교 교리의 핵심을 깨우친 상태여서 이승훈의 교리 교사 역할을 했다. 두 사람의 교리 공부는 6개월 넘게 진행되었다.

　천주는 인간과 교감할 수 있고 인간의 마음을 거울처럼 들여다보는 존재였다. 유교에서 말하는 상제와 크게 다르지 않았다. 다만 아버지와 아들이 본질적으로 같은 존재이며 아들이 인류의 죄를 대신 갚기 위해 사람의

---

* 1603년 이탈리아 선교사 마테오 리치가 한문으로 쓴 천주교 교리서로 중국은 물론 조선과 일본에 전해져 동아시아 천주교 확산에 크게 기여했다.
** 1614년 예수회 신부 판토하D. Pantoja가 한문으로 쓴 가톨릭 수덕서修德書.

몸으로 이 땅에 와서 십자가에 못 박혀 죽었다는 부분은 이해하기 어려웠다. 그나마 구세주 예수의 이야기는 사람의 이야기라 받아들이기 쉬웠다.

이승훈은 쉬운 것은 쉬운 대로, 어려운 것은 어려운 대로 받아들였다. 교리의 옳고 그름을 보고 믿기로 하거나 세례를 받은 것도 아니었다. 믿기로 작정하고 세례를 받은 것이었다. 교리의 옳고 그름이나 쉽고 어려움은 이승훈에게 큰 문제가 아니었다.

이승훈이 북경에서 영세를 받기 전에 이미 조선 지식인들 사이에서 서학은 유행이었다. 그들 가운데 일부가 서학을 학문을 넘어선 종교로 받아들이고 있었다. 이승훈의 영세는 그런 사람들 가슴에 불을 당기는 신앙의 불쏘시개 역할을 했다. 이미 서학을 받아들였거나 받아들일 마음의 준비가 되어 있던 사람들에게 이승훈은 세례를 주었고 그에게 세례를 받은 사람들이 중심이 되어 1784년 가을 마침내 조선 최초의 천주교회를 창설했다.

이벽, 권일신, 정약용, 정약전 등이 이승훈과 함께 조선 초대 교회를 만든 신자들이었다. 이들은 모두 20, 30대 청년 양반이었고 정치적으로는 남인이라는 공통점이 있었다. 한번 불이 붙자 서학은 급속도로 확산되었다. 경계의 목소리도 터져 나왔다.

서양 서적을 가지고 온 놈들 5~6명이 도적같이 결당하여 육신을 빨리 버리고 천당에 영원히 올라가기를 원하며 부형과 친구의 금지가 소용없으며 그 폐해가 오랑캐들이 중국을 어지럽히는 것보다 더욱 크지 않을까 염려됩니다(진사 이용서李龍舒, 〈통문〉; 달레, 《조선천주교회사》 재인용).

정치적 소수파였던 남인들은 새로운 사상을 통해 정치적 재기의 발판을 찾으려 했다. 이들은 천주교를 통해서 조선을 부강하게 만들고 세상을 바꿔 보겠다는 야심만만한 꿈을 꾸기 시작했다. 초기 천주교는 단순한 종교 이상의 의미로 조선 청년들에게 다가왔다.*

서학의 유행은 당시의 주류 학문인 성리학에 대한 불만에서도 이유를 찾을 수 있었다. 성리학은 초기의 생생한 기운을 잃은 지 오래였다. 공자, 맹자, 주자의 말을 외우는 데 급급하고 그들이 말하는 것에서 한 자라도 어긋나면 사문난적이라고 공격했다. 새로운 것을 만들어 낼 능력은 물론이고 새로운 것을 받아들일 여력도 없었다.

청년 지식인들 외에 이승훈이 전도에 힘 쓴 대상은 역관들이었다. 역관들은 사신들이 중국을 오가거나 중국의 사절이 왔을 때 통역과 번역을 맡는 사람들이었다. 신분상으로는 양반과 평민의 중간에 있는 중인들이었다. 이들은 직업 특성상 중국의 앞선 문물과 새로운 사상, 지식을 가장 먼저 접할 수 있는 계층이었다. 조선이 얼마나 폐쇄적인지, 조선 밖에 조선보다 훨씬 크고 넓은 세상이 펼쳐져 있다는 것을 잘 알고 있었다. 최창현, 김범우 등이 역관 출신으로 복음을 주저없이 받아들인 사람들이었다.

천주를 온 마음으로 받아들이고 천주의 영광을 위해 살기로 맹세한 뒤

* 노론 출신으로 천주교를 받아들인 김건순의 다음 진술은 당시 청년들이 서학에 빠진 이유를 보여 준다. "배를 타고 바다를 건너가서 절강을 거쳐 북경으로 가서 선교사를 직접 만나보고 이용후생의 방법을 많이 배워 가지고 돌아와 우리나라에 전하려 했습니다. 큰 배와 병기를 마련하려던 것은 우리나라를 해치려 한 것이 아니고 조상들의 치욕을 씻고자 함입니다"(김건순金健淳 심문 내용, 《추안급국안推案及鞫案》 중).

이승훈은 단순한 천주교 신자를 넘어 자발적 선교사로 살았다. 믿음의 오지 조선에 복음이 폭우처럼 쏟아지도록 하는 것이 자신의 사명이었고 그 과정에서 필요하다면 기꺼이 죽어서 썩는 한 알의 밀알이 될 수 있다고 생각했다. 그때 이승훈은 아무것도 두렵지 않았고 그 누구도 무섭지 않았다. 주께서 함께 계신다는 확신으로 불타올랐다. 조선을 천주의 은총이 폭우처럼 쏟아지고 있는 서양처럼 만들려는 그의 노력은 놀랄 만한 성과로 이어졌다.

매우 많은 사람들이 이승훈 베드로에게 직접 영세를 받고 또 많은 사람들이 베드로에 의해 회장으로 임명된 신입 교우들로부터 세례를 받았으며 이리하여 5년 사이에 신자 수가 4,000명에 이르렀습니다(구베아 주교의 1797년 서신 중).

구베아 주교는 1792년 조선 천주교회의 상황에 대해 교황청에 보고서를 보냈다. 그즈음 프랑스혁명으로 단 하루도 마음 편한 날을 보내지 못하던 교황 비오 6세는 기쁨을 숨기지 않았다.

교황께서는 귀하의 보고서를 열심히 읽으시고 대단히 기쁜 눈물을 흘리셨습니다. 그리고 그다지도 멀리 떨어진 나라의 첫 수확을 하느님께 바칠 수 있음을 말할 수 없이 기뻐하셨습니다. 교황 성하께서는 저 새로운 자녀들에게 온갖 신령적 은혜를 내려주시며 비록 육체적으로는 멀리 떨어져 있지만 마음의 눈으로 저들을 보시며 다정하게 껴안으시고 축복하여 주셨습니다(교황청 안토넬리Antonelli 추기경 서한 중).

## 서양과의 만남

이승훈은 동료 교우들에게 서양 이야기를 빠트리지 않았다. 그라몽 신부에게 들은 파리, 로마, 피렌체, 런던 같은 유럽 대도시에 대해 이야기했다. 그 도시들의 역사와 규모가 북경에 못지않다고 열변을 토하곤 했다.

거기에는 얼마나 많은 성당들이 있는지, 그 성당들이 얼마나 크고 웅장하고 아름다운지 자신이 직접 보고 온 북경 천주당과 비교하면서 설명했다. 그 성당들이 100~200년도 아니고, 300년, 400년 심지어는 조선이 건국되기 훨씬 이전에 하늘을 찌를 듯한 높이로 세워졌다는 것, 성당 안이 온갖 금은보화로 장식되었다고 말했다. 그 성당들에는 주님의 종들이 살면서 복음을 일상적으로 전하고 있다는 사실을 강조했다.

세상의 모든 나라들이 구속의 은혜를 받고 주교와 사제들로 가득차 있습니다. 왜 우리가 살고 있는 이 작은 땅만이 구속의 은혜에서 제외되어야 합니까?(1789년 북경에 보낸 이승훈의 편지 중).

서양에서는 위로는 황제와 제후부터 아래로는 농부들에 이르기까지 온 나라의 모든 사람들이 천주님을 지극 정성으로 섬기며, 주일에는 모든 사람들이 가장 좋은 옷을 차려입고 성당에 나가 함께 미사를 드린다는 이야기를 전했다.

모든 사람들이 천주님을 섬기며 모든 사람들이 천주의 아들딸로 사는 서양이 얼마나 큰 축복을 받았으며 중국에 못지않은 부와 기술, 군사력을 갖고 있는지도 설명했다. 이 모든 것이 주님을 믿는 축복의 결과라고 승훈은 설명했다.

이승훈은 자신이 북경에서 직접 만난 서양 선교사들에 대해 이야기하길 즐겼다. 그들이 한없이 넓고 거칠고 사나운 바다를 건너고, 끝없이 펼쳐진 황야를 거쳐 중국까지 오는 길이 9만 리가 넘는다고 말하면 교우들은 열린 입을 다물지 못했다. 1,000리 길도 상상하기 쉽지 않은 먼 길인데 9만 리 길이라니 서양에서 극동으로, 중국으로 오는 길은 상상하기도 어려울 만큼 먼 거리였다.

중국까지 오는 데만 적어도 2년여의 시간이 걸리고, 오는 도중에 절반 정도의 사람이 질병과 사고로 불귀의 객이 된다는 이야기, 그들이 다시 고향으로 돌아가려 하지 않고 선교지인 중국에서 삶의 마지막 순간까지 주님을 증거하며 신앙을 전한다고 하면 교우들은 전율했다. 그런 뜻을 가지고 지금까지 중국에 온 서양 선교사들이 1,000명이 넘는다고 하면 교우들은 경탄을 감추지 못했다.

그런 서양 선교사들이 조선에 오려고 기도하며 준비하고 있으며, 이제 막 출범한 조선 교회를 위해 멀고 먼 유럽에 있는 사람들이 우리를 형제라고 부르며 우리와 조선 교회를 위하여 기도하고 있다고 전했다. 9만 리 먼 길도 결코 멀다 하지 않고 기꺼이 오게 만드는 것이 천주 신앙의 힘이라고 이승훈 베드로는 힘주어 말하곤 했다.

승훈에게 신앙의 상징이자 증거는 선교사들의 존재였다. 얼마나 종교적 확신이 강했기에 가족과 친구, 고향을 뒤로하고 수만 리 떨어진 낯설고 낯선 곳을 일부러 찾아올 수 있는지 승훈은 이해하기 어려웠다. 자신의 삶은 물론 때로는 생명까지 바치는 선교사의 모습은 절대자 천주님이 실제로 살아 계시다는 가장 설득력 있는 설명이자 증거였다. 인간의 의지나 결단으로는 그런 행동을 할 수가 없었다.

서학이 그런 열정을 심어 주는 것이라면 자신도 믿어 볼 만하다고 승훈은 생각했다. 그는 베드로라는 서양 이름을 자랑스럽게 여겼고 베드로 형제, 베드로 신부라고 불릴 때 행복했다. 그에게 서양은 때때로 천국의 다른 이름이었다.*

(서양) 사람들은 길 가운데에 주인이 잃어 버린 물건이나 기르던 가축을 보면 반드시 그 주인을 찾아서 돌려준다. 금이나 은 같은 보물을 주웠는데 주인을 찾지 못할 경우에는 가난한 사람들에게 나누어 준다(알레니Aleni 신부, 《직방외기職方外紀》 중).

서양을 지배하는 사람은 천주교 최고 사제인 교황이었다. 서양의 눈부신 발전의 원동력은 모든 이들이 천주를 모시기 때문이었다. 북경에서 만난 서양의 선교사들은 천주의 축복으로 서양이 발전했다고 강조했다. 승훈은 그 말을 확고하게 믿었다.

성리학은 조선을 건국할 당시와 같은 혁명적인 기운을 잃은 지 오래였다. 새로운 새싹이 돋아날 수 없는 정체되어 썩어 가는 사상이었다. 썩은 물에서 새로운 생각이 솟아날 리 없고 썩은 물에 물 몇 바가지 붓는다고 그 물이 정화될 리도 없었다. 완전히 새로운 사상의 원류를 찾아야만 했

---

* 선교사와 서양에 대한 이승훈의 생각은 1789년 북경 선교사들에게 보낸 그의 편지에서 필자가 유추한 것임을 밝혀 둔다.

다. 청년 지식인들에게는 서학이 그 새로운 원류였다. 승훈이 북경에서 가져 온 것은 단순한 종교가 아니라 전적으로 새로운 질서였다.


## 신부님 신부님 나의 신부님[*]

찬미 예수님.

존경하는 그라몽 신부님! 신부님과 북경에서 2월 초에 헤어졌으니 아직 1년이 채 되지 않았습니다만 제게는 마치 10년이 넘는 시간이 흐른 듯합니다. 북경으로 가는 신년 축하사절 편에 보내는 이 편지가 무사히 신부님에게 전달될 수 있기를 주님에게 기도하고 있습니다.

신부님! 제가 신부님을 처음 뵌 것이 지난해 세밑이었습니다.[**] 북경에 도착한 직후 북경 북당[***]으로 찾아뵈었지요. 처음 뵌 신부님은 마치 도인처럼 보였습니다. 처음 본 성당도 놀라웠지만 처음 보는 서양인들은 더 놀라웠습니다. 신부님은 눈이 파랗고 코가 날카롭고 높은 데다 머리는 물론이고 수염도 새하얗고 가늘어서 선학에서 말하는 도인의 풍모가 저러하지 않을까 하는 생각을 했습니다. 중국에 가면 서양 사람들이 있는데 그 생김새가 우

---

[*] 이승훈은 자신에게 세례를 준 그라몽 신부에게 1784년 말 밀사를 통해 편지를 보내 자신의 근황과 조선 선교 실적을 전하고 서학 서적을 보내 달라고 청했다. 그 편지는 현존하지 않는다. '신부님 신부님 나의 신부님'은 관련 기록 등을 참고하여 필자가 창작한 것이다.

[**] 이승훈이 그라몽 신부를 처음 만난 것은 1783년 12월 21일이었다.

[***] 당시 북경에는 4개의 성당이 있었다. 북당은 그중 하나로 예수회가 관할했다.

리와는 사뭇 다르니 놀라지 말라는 이야기를 들었지만 예상했던 것보다 신부님과 신부님 동료들의 모습은 저희와는 많이 달랐습니다.

모습은 자주 뵙다 보니 그래도 조금 익숙해졌지만 말과 글은 그 다름의 정도를 필설로 다 표현하기 힘들 정도였습니다. 신부님이 중국말을 하셨지만 제가 중국어를 제대로 배운 적이 없어 신부님의 말씀을 알아듣기 어려웠습니다. 저희 일행이 처음 북경 성당을 구경 갔을 때 신부님이 안내해 주셨습니다. 신부님이 성당 구조와 성물·성화 등에 대해 설명을 해 주시면 그 말을 중국 통역이 중국어로 옮기고 그 말을 다시 조선인 역관이 우리말로 설명해 주었지요. 의사소통이 보통 복잡한 것이 아니었습니다. 그러나 저희는 처음 보는 서양식 성당에 정신이 빠져 그 과정의 복잡함을 생각할 겨를이 없었습니다.*

며칠 후에 저 홀로 성당을 다시 찾았습니다. 그전에 신부님께 이렇게 말씀을 드렸습니다. "수학에 관심이 많습니다. 괜찮으시면 따로 날을 잡아 한번 찾아뵙고 싶습니다"라고. 신부님은 주님의 집은 누구에게나 열려 있다며 언제든지 찾아오라고 하셨습니다.

두 번째 만났을 때 저는 하늘의 별과 달의 운행에 관해 몇 가지 질문을 드렸습니다. 신부님은 상세하게 설명을 해 주셨지만 필담을 통한 우리의 대화는 다소 겉돌았던 것이 사실입니다. 수학에 대한 기본 개념이 달랐던 것도 우리들의 대화가 이어지지 못한 이유가 되었을 것입니다. 신부님은

---

* 북경에서 천주교 신부와 조선 사신들의 만남에 대해서는 신익철의 〈18세기 연행사와 서양선교사의 만남〉《한국한문학연구》 53권, 2013)을 주로 참조했다.

우리의 이야기가 자주 끊겼음에도 불구하고 지치거나 힘든 표정을 전혀 보이지 않으셨지요. 중국인들에게 수학을 설명하고 가르치면서 그런 상황에 이미 충분히 이골이 나신 듯했습니다.

수학과 과학에 대한 이야기 끝에 신부님이 혹시 천주교에 대해 들은 적이 있느냐고 물으셨습니다. 사실 그 질문을 기다리고 있었습니다. 성당에 온 것은 수학에도 관심이 있기는 했지만 사실은 천주교에 대해 알고 싶어서라고, 구할 수만 있다면 천주교 교리서를 구하고 싶다고 말씀드렸습니다. 어떻게 하면 영세를 받을 수 있느냐고 여쭀을 때 신부님의 푸른 눈이 섬광처럼 번쩍였던 것을 지금도 기억합니다.

그라몽 신부님! 그날 이후로 저는 이틀에 한 번 꼴로 북당을 찾아갔습니다. 동지사절단 대표로 오신 아버님을 수행하여 북경을 방문한지라 딱히 할 일이 정해져 있지 않았기에 편하게 북당을 찾을 수 있었습니다. 동지사절단 일행에게는 천주당에 간다 하지 않고 북경 곳곳을 구경하러 다닌다고 했습니다. 천주교 성당에 빈번하게 가는 것이 알려질 경우 불필요한 구설에 오를 수 있었기 때문이지요.

신부님도 흠천감에서 일을 하고 계셨기에 늘 자유로웠던 것은 아니지만 제게 큰 관심을 가지고 저와의 만남에 최우선 순위를 두셨습니다. 여태 천주님의 가르침이 전해진 적이 없고 서양 사람이 단 한 번도 공식적으로 방문한 적조차 없는 조선이라는 동방의 나라에 대한 관심과 호기심 때문이었을 겁니다. 신부님과 함께 계셨던 다섯 분의 예수회 신부님들도

저에게 교리를 가르쳐 주셨습니다.[*]

저보다 먼저 천주교에 대해서 공부를 하고 있던 제 친구가 북경에 가거든 천주교 성당을 찾아가 성서를 청하고 영세를 받으라고 간곡히 권유했고 저는 그 친구와의 우정을 생각해 신부님을 만났습니다. 신부님을 뵙기 전에 마테오 리치 선교사님이 쓴 《천주실의》와 《칠극》을 친구로부터 빌려 한 번 읽었습니다. 그 책을 봤을 때는 이런 주장도 있는가 하는 생각이 들었을 뿐 새로운 진리가 후려치듯 제게 다가온 것은 아니었습니다.

《천주실의》는 새로운 종교를 중국인에게 설명하고 알리려는 책이지만 중국의 고전을 서양인들에게 알리려는 의도도 있는 책이라고 하지요. 동양에서 이야기하는 천天과 서양의 천주를 같은 존재로 보고 있었기 때문에 어렸을 때부터 중국의 고전을 공부해 온 제게 이 책은 큰 거부감을 주지 않았습니다. 삼위일체론 같은 부분은 이해하기 어려웠고 다소 황당하게 보이는 구절이 없지는 않았지만 설득력 있는 주장이 많았습니다.

신부님에게 영세를 청한 것 역시 친구의 권유 때문이었습니다. 영세를 받으면 나의 모든 죄가 씻기고 새로운 사람으로 다시 태어날 수 있다고 하니 영세를 받아 굳이 나쁠 것이 없다고 생각했습니다. 고백하건대 저는 영세를 받는 것이 얼마나 엄중한 것인지 몰랐습니다. 남들이 감히 공부할 엄두를 내지 못하고 오히려 두려워하는 것을 배우고 익히고 행동으로 옮기는 것, 저 이전에는 조선 사람 중에서 세례 받은 사람이 한 명도 없다는

---

[*] 예수회는 1773년 교황청에 의해 해산 명령을 받았으나 북경 북당은 1784년까지 예수회 신부들이 관할했다.

것, 영세를 제일 먼저 받고 천주교를 서양 신부에게서 제일 먼저 공부한다는 것 자체가 제게는 큰 기쁨이자 자랑이었습니다.

돌이켜 생각하면 저는 조선으로 돌아와 친구들과 친척들에게 자랑하고 싶은 마음으로, 다른 사람들은 그것을 젊은이의 치기라고 볼 수도 있을 것입니다만, 신부님을 만나 성교의 교리를 배우고 영세를 청했습니다. 남들이 하지 않은 것, 남들이 모르는 것, 나라가 금하는 것, 금기에 도전하려는 청년의 혈기와 젊음의 호기심이 신부님을 하루 건너 한 번씩 찾아가게 만든 원동력이었던 셈입니다.

제게는 신부님이 말 그대로 신앙의 아버님이셨습니다. 저보다 스무 살이 많으시니 연배로도 아버님이라고 해도 될 연세셨지요. 신부님은 20년에 이르는 오랜 중국 생활을 통해 동양인의 문화와 정서, 사고방식을 잘 이해하고 계셨습니다. 그래서 그랬을까요? 신부님은 늘 너그러우셨고 마치 친아들을 대하듯 제게 많은 것을 베풀어 주셨습니다. 겉모습은 서양인이었지만 속은 이제 중국 사람이라고 해도 무리가 아니었습니다.*

언어의 장벽은 신부님과 헤어질 때까지도 극복되지 않았지만 그 장벽 때문에 우리의 관계가 방해를 받지는 않았습니다. 필담을 통한 교류였지만 우리의 마음은 왜곡됨 없이 서로에게 전달되었다고 믿습니다. 무엇보다 저를 통해 극동의 작은 나라 조선에 신앙의 씨앗을 전해야겠다는 신부님의 강력한 의지가 우리의 만남을 지탱하고 있었습니다. 불과 한 달여 시

---

* 그라몽 신부는 1736년 프랑스 오슈 지방에서 태어났다. 1750년 예수회에 입교해서 1765년 중국 선교사로 북경에 파견되어 궁정 수학자로 일했다.

간이었지만 제 마음에 신앙의 싹을 틔우기에는 충분했습니다.

신부님과의 은혜로운 만남을 통해 저는 천주교가 믿지 않으면 안 되는 절대적 진실이라는 것과 우리 조선에도 이 진리의 도가 하루빨리 전파되지 않으면 안 된다는 것을 알게 되었습니다. 저는 주님의 말씀이 꿀처럼 달고 포도처럼 향기롭다는 것을 그때 알 수 있었습니다. 그때의 기쁨을 어떻게 설명해야 될까요? 오로지 공맹의 도를 참 진리로 알고 그것만을 공부하던 일이 덧없이 느껴졌고 제가 그 미망에서 벗어날 수 있다는 것이 감사하고 은혜로웠습니다.

참으로 좋은 날은 주공周公이 다스리던 멀고 먼 상고 시대에 있는 것이 아니라 주님께서 천사들의 환호와 나팔 소리에 휩싸여 다시 이 땅에 오실 앞날에 있다는 깨달음은, 제겐 땅이 뒤집히고 하늘이 새로 열리는 일이었습니다. 지금도 그 진리를 깨닫고 신부님의 손을 통해 영세를 받던 순간을 떠올리면 몸이 떨리고 소름이 돋습니다. 이제 죽어도 한이 없다는 생각이 들었습니다. 조문도朝聞道(아침에 도를 깨우치다)면 석사가의夕死可矣(저녁에 죽어도 여한이 없다)라!

공부를 시작한 지 불과 한 달 만에 신부님에게 세례를 받을 때 제가 다짐하고 약속하고 장담했던 것들을 생각하면 절로 얼굴이 붉어지면서 부끄러움을 숨기기 어렵습니다. 너무 쉽게 그리고 너무 당당하게 너무 많은 것을 말했다는 생각이 들기 때문입니다. 그때 일을 생각하면 부끄러움 때문에 이불 속에서 혼자 끙 하고 앓는 소리를 내기도 합니다만 그때 저는 열정에 불타오르고 있었습니다. 누구도 말리지 못하는 젊은이의 열정 말입니다.

영세를 받던 날을 제가 어떻게 잊을 수 있겠습니까? 북당에 계시는 예수회 신부님들이 모두 오셨고 북경의 신자들도 몇몇이 자리를 함께했습니다. 영세 받기 전날 제 아버님에게 천주교의 가르침을 믿게 되었고 그 증거로써 세례를 받으려고 한다는 것을 말씀드렸습니다. 아버님은 영세를 받겠다는 제 결심에 대해 반대하지 않으셨습니다. 아버님은 당신 나름대로 천주교에 대해 알고 계셨습니다.

제 증조외할아버지 되시는 성호 이익 선생 이전부터 조선 선비들은 천주교에 대해 알고 있었습니다. 물론 천주교를 종교로 받아들인 사람은 없었습니다만 서학이라 부르던 학문에 대해 호기심을 갖고 있는 사람들은 적지 않았습니다. 그래서 아버님도 제가 매일같이 북당에 나가 서양 선교사들과 어울리는 것을 만류하지 않으셨던 것입니다.

지금도 왜 아버님이 제가 서양 천주당에 드나드는 것과 영세를 받는 것을 말리지 않으셨는지 궁금할 때가 있습니다. 아버님은 제가 천주교의 제자가 되는 것을 그리 대수롭지 않게 여기셨는지도 모르겠습니다. "젊은 혈기에 서양의 새로운 종교에 한때 빠질 수도 있겠지. 여기는 세계에서 가장 번화하고 온갖 문물이 경쟁하고 선을 보이는 대국의 심장 북경이 아닌가? 한양에서는 전혀 상상도 할 수 없었던 것을 북경에서 보니 한때의 기분에 휘둘려 저럴 수도 있는 거겠지? 오십이 다 되어 가는 나도 북경에 오니 가슴이 설레는데 저 젊은것의 마음이야 오죽할까? 한때 지나가는 바람 같은 것일 게야." 이렇게 말입니다.

제가 설명을 드린다고 드렸지만 아버님께서는 영세의 의미를 잘 모르셨을 수도 있습니다. 물로 몸을 씻는 영세는 단순히 천주교에 입교하는 의식에 불과한 것이 아니라 주님 안에서 새로 태어나는 것이라는 것을, 영세 전과 영세 후는 전혀 다른 사람이 되는 것이라는 것을 유학자인 그분이 이해하기는 어려웠을 것입니다.

아버님이 어떤 생각에서 집안의 장자인 제가 영세를 받고 그 도의 무리가 되는 것을 허락하셨는지 알 수는 없지만 부친의 허락을 받으니 한결 마음이 가벼워졌습니다.

제가 한 달 남짓 속성으로 교리 공부를 했던지라 영세를 받을 때 천주교의 모든 교리를 깊이 이해했던 것은 아니었습니다. 천주가 천지만물을 창조하시고 그 삶과 죽음을 친히 주재하신다는 것, 처음으로 태어난 사람이 큰 죄를 지은 탓에 인류에게는 선행과 덕이나 힘으로는 결코 씻을 수 없는 원죄가 있다는 것, 그 원죄를 씻어 주고 온 인류를 구원하기 위해 예수께서 사람의 몸을 입어 성모 마리아에게서 태어나셨고 3년의 공생애公生涯를 사시다가 인류의 죄를 대신하여 자신을 희생 제물로 바치셨다는 것, 돌아가신 지 사흘 만에 죽은 이들 가운데서 다시 살아나 하늘에 오르셨다는 것을 이해하기에도 부족한 시간이었습니다.

저는 신부님의 가르침 중에 나 이외에는 우상을 섬기지 말라는 말이 나왔을 때 얼핏 조상에 대한 제사는 어찌해야 하는가 하는 생각을 했습니다만 핵심적인 교리를 절대적으로 믿으면 작은 차이나 갈등은 영세를 받은 이후에 좀 더 심도 깊은 공부를 통해 해결될 것이라 믿었습니다.

사랑하는 신부님! 제가 영세를 받을 자격이 있는지를 두고 북경의 신부님들 사이에 많은 말들이 오갔다는 것을 저도 알고 있습니다. 학습 기간이 짧아 천주교 교리에 대한 이해가 깊지 않다는 것, 서양 종교에 대한 이해가 거의 없으면서 먼저 신부를 찾아와 스스로 영세를 청한 의도가 분명치 않다는 것이 세례를 반대한 신부님들의 이야기였습니다.*

대부분의 북당 신부님들이 제게 세례를 주는 것에 반대했을 때 신부님만이 저를 강력히 옹호하고 응원해 주셨습니다.

"저 젊은이는 하느님이 골라서 보낸 사람입니다. 하느님의 깊은 뜻과 인도하심이 없고서야 어떻게 오지 중의 오지인 조선에서 저 청년이 5,000리 길을 걸어 여기 북경 천주교 성당에 올 수 있었겠습니까? 여러분 중에 누가 조선에 가 보셨습니까? 누가 조선에 대해 제대로 들어 본 사람이 있습니까? 우리들 중 단 한 사람이라도 조선에 가서 하느님의 가르침을 선포하고 저 불쌍한 형제자매들을 위해 헌신하겠다는 생각을 한순간이라도 한 사람이 있습니까?

저 역시 조선에 대해 알지 못합니다. 제대로 들어본 적조차 없습니다. 저 청년을 만나기 전에는 단 한 번도 거기에 주님의 믿음의 씨앗을 뿌리겠다고 생각해 본 적이 없습니다. 그런 우리들에게 조선 청년 이승훈이 왔습니다. 자기 발로 찾아왔습니다. 자기 입으로 주님의 제자가 되기를 간절하게 요청하고 있습니다.

교리를 제대로 아는 것은 물론 중요합니다. 성인들의 가르침을 알고 앞서간 성인들의 행적에 대해 많이 아는 것도 중요합니다. 그러나 지금 우리에게 세례를 청하는 이 조선 청년은 단순히 한 명의 예비 신도가 아닙니다. 한 명 이상의 의미가 있습니다. 저 청년은 지금까지 단 한 톨의

---

* 세례 당시 이승훈의 교리 지식에 대해서는 기록이 엇갈리나 한 달 정도의 교육으로 교리에 대해 충분히 이해하기는 어려웠을 것이다. 이승훈 본인은 1789년 북경에 보내는 편지에서 천주교 교리에 잘 모르는 상태에서 세례를 받았다고 말하고 있다.

신앙의 씨앗도 뿌려진 적이 없는 조선 선교의 밀알이 될 사람입니다.

지금은 한 알의 밀알이지만 나중에는 30배, 60배의 열매를 맺을 것입니다. 그것이 주님의 뜻이라고 저는 확신합니다. 그렇기 때문에 다른 사람에게 요구하는 것과 똑같은 것을 저 청년에게 요구할 수는 없습니다. 우리가 만약 저 조선 청년에게 영세를 주지 않고 이대로 이 성당에서 내보낸다면 조선의 복음화는 10년, 20년 아니 100년이 늦어질지도 모릅니다."*

존경하는 그라몽 신부님! 나의 신부님, 나의 스승님!

영세를 받기 며칠 전에 신부님이 제 눈을 똑바로 보시면서 말씀하셨습니다.

"세례를 받을 때 당신에게 베드로라는 세례명을 주려고 합니다. 베드로 사도를 모르지는 않겠지요? 예수님의 수제자로 교회의 반석이 되신 성인입니다. 십자가에 거꾸로 매달려 순교하시고 초대 교황으로 추대받은 분입니다. 승훈! 당신은 조선 천주교회의 반석이 되어야 합니다. 그대는 조선의 첫 신자로서 천주교가 조선 땅에 깊고 확고하게 뿌리내릴 수 있도록 책임을 다해야 합니다.

조선 사람 가운데 첫 영세자가 된다는 것은 더할 수 없는 영광이자 축복인 동시에 영원히 벗을 수 없는 짐을 진다는 뜻이기도 합니다. 나는 베드로 당신을 믿습니다. 당신을 내게 보내 주신 주님의 깊은 뜻을 생각할 때마다 온몸이 떨리는 전율을 금할 수가 없습니다. 당신을 믿고 또 당신

---

* 그라몽 신부가 1790년에 동료 신부인 르통달 신부에세 보내는 편지에서 자신이 이승훈에게 세례를 준 사실을 전하고 있다. 이 편지에서 조선에 선교사를 보내야 한다는 의견을 제시하기도 했지만 본문의 그라몽 신부 발언 내용은 필자가 당시 상황을 재구성한 것이다.

을 보내 주신 주님의 능력을 나는 결코 의심하지 않습니다. 당신을 통해 조선 교회를 시작하려는 주님의 깊고 큰 뜻을 한시도 잊어서는 안 됩니다. 당신에게 베드로라는 본명을 주는 지금 이 말을 잊지 말아야 합니다."

신부님은 이렇게 말씀하시고 금색 비단 위에 '백다록伯多祿'*이라는 제 한자 세례명을 정성스럽게 써 주셨습니다. 저는 그 비단 조각을 아직도 소중하게 간직하고 있습니다. 신부님이 그리워지고 제가 맡은 일이 힘들고 어렵게 느껴질 때마다 "당신은 주님이 맡겨 주신 조선 복음화라는 사명이 있는 사람입니다. 이 땅의 첫 영세자로 조선 교회의 반석이 되어야 합니다"라던 신부님의 당부를 생각하면서 힘을 내고 있습니다.

신부님의 주장이 마침내 받아들여져 저는 영세를 받을 수 있게 되었습니다. 저의 세례를 반대하셨던 다른 신부님들도 한마음으로 제가 새로 태어나는 것을 기뻐해 주시고 축복해 주셨습니다. 이 자리를 빌려 다시 한번 북당에 계시는 신부님들에게 감사의 말씀을 드리고 안부의 말씀도 함께 올립니다.

저는 제 부족함을 너무 잘 알고 있었기에 영세 이후 더 분발해서 충실하고 온전한 주님의 제자가 될 것을 거듭거듭 맹세했습니다. 세례식에서 제가 약속했던 것들은 결코 빈말이 아니었습니다. 저는 어떤 박해가 밀려온다 해도 결코 주님을 버리지 않을 것이며 주님의 가르침대로 오직 지금의 아내만을 사랑하고 다른 여인을 취하지 않을 것입니다. 조선 조정이 아니라 왕이 직접 나서 제게 믿음을 버리라 한다 하더라도 차라리 죽을지

---

* 베드로의 한자어 표기다.

언정 주님을 외면하거나 모른다 하지 않을 것입니다.*

신부님! 신부님은 제게 조선에 돌아가면 평신도 선교사의 역할을 할 것을 주문하셨습니다. 교우들에게 세례를 주고 천주교의 가르침을 널리 알리라고 당부하셨습니다.** 신부님의 그 당부에 따라 지난 가을 조선의 천주교회는 명례방 어느 신도의 집에서 첫 모임을 가졌습니다. 양반도 있고 평민도 있습니다. 남성도 있고 여성도 있습니다. 나이 든 사람도 있고 젊은 사람도 있습니다. 지극히 작고 연약하고 초라한 시작입니다. 부디 저희를 위해 기도해 주십시오. 매일매일 두렵고 힘이 들고 가야 할 길이 보이지 않습니다. 저만 쳐다보는 교우들을 보면서 저의 부족함을 실감합니다. 그러나 천주께서 저희와 함께하신다는 것을 믿고 오늘도 다시 용기를 내 한발 앞으로 나섭니다.

존경하는 신부님! 베드로 사도가 그랬던 것처럼 제가 박해와 고난 때문에 주님을 모른다고 하지 않을까 걱정하지 않으셨는지요? 베드로 사도는 우리 주 예수께서 유대교 지도자들에게 붙잡혀 가 재판을 받을 때 세 번이나 주님을 모른다고 했습니다. 예수님께서는 본격적인 수난을 당하기 전에 베드로에게 "네가 나를 모른다고 할 것이다. 그것도 한 번이 아니라 세 번이나 그럴 것"이라고 예언하셨지요. 베드로 사도는 "주님! 저는 절대로 그러지 않을 것입니다. 이 세상 모든 사람들이 주님을 모른다고 할지라도

---

* 방타봉 신부의 1784년 편지에 이승훈이 이런 취지로 말했다는 기록이 있다.
** 북경 교구에서 이승훈이 다른 교우들에게 세례를 베풀어도 좋다는 허락을 하거나 권한을 주었다는 기록은 없다. 다만 귀국 후 이승훈이 세례를 베푼 것을 보면 평신도 지도자 역할을 당부하면서 그 권한을 용인했을 가능성은 있다.

저만은 결코 주님을 모른다고 하지 않을 것입니다. 저는 마지막까지 주님의 제자이자 종으로 남을 것입니다"라 다짐했습니다. 그러나 베드로 사도는 주님이 예언하신 것처럼 세 번이나 주님을 모른다 했습니다.

신부님! 저는 베드로 사도가 새벽에 혼자 어느 골목길에서 네가 나를 모른다고 하리라는 주님의 말씀을 떠올리며 슬피 우는 모습을 가끔 상상해 봅니다. 베드로 사도는 얼마나 후회스럽고 한탄스럽고 자기 자신을 저주했을까요? 자신의 인간적 한계를 꿰뚫어 보신 주님의 날카로운 예지력에 얼마나 온몸이 떨렸을까요?

베드로 사도 이야기는 인간의 어쩔 수 없는 나약함을 보여 주고 있습니다. 저는 베드로 사도의 맹세와 배신, 눈물의 후회가 제게 주는 경고라고 생각하고 있습니다. '이승훈 베드로! 너 역시도 나를 세 번, 아니 그 이상으로 모른다고 하고 나를 부정할 것이다'라는 주님의 말씀으로 들립니다.

그러나 신부님! 저는 어떤 일이 있어도 주님을 배신하거나 주님의 가르침을 외면하지 않을 것입니다. 이것만큼은 저를 굳게 믿으셔도 됩니다. 저는 주님의 가르침이 뿌리를 내리지 못한 이 조선 땅에 제 붉은 피를 흘릴 각오가 되어 있습니다. 제 피를 흘려 이 땅에 복음이 온전히 퍼질 수만 있다면 저는 제 모가지쯤은 기꺼이 주님의 제단 앞에 바칠 수 있습니다.

신부님에게 세례를 받고 새로운 사람으로 태어나는 순간 저는 주 예수 그리스도를 위해서라면 기꺼이 순교하겠노라고 다짐했고 신부님에게 굳게 약속했습니다. 그 다짐과 약속은 지금까지 단 한 치도 흔들림이 없다는 것을 신부님에게 보고 드립니다. 그것이 주님에게 돌리는 가장 큰 영광인 동시에 제게 새로운 세상을 보여 주시고 믿음을 가르쳐 주신 신부님에 대한 보은이라고 믿습니다.

# 나의 베드로 형제에게—그라몽 신부의 답신

## | 분열과 갈등의 현장에서 씁니다 |

찬미 예수님! 베드로 형제가 지난해 보낸 편지를 이제야 받았습니다. 며칠 전 로N. J. Raux(중국명 羅廣祥, 1754~1801) 신부님이 북경 귀환 선물 이라며 이 편지를 전해 주셨습니다. 베드로 형제의 편지를 받고 먼저 주 님께 깊은 감사 기도를 드렸습니다. 조선의 밀사가 지난해 말 북경 북당 을 찾아와서 내게 전해 달라며 이 편지를 맡겼다고 들었습니다.*

베드로 형제가 무사하다는 것, 조선 선교에 큰 성과를 거두고 있다는 것, 그럼에도 불구하고 여러 가지 어려움이 있다는 당신의 편지를 읽고 많 은 생각을 했습니다. 우선 당신이 무사하고 신앙을 굳게 지키고 있다는 것 만으로도 참으로 기쁩니다. 베드로 형제가 질문한 구체적인 교리 문제, 임 시성직제도 문제, 제사 문제, 조선의 선교 방향 등 모두 37가지 항목에 대 해서는 내가 답할 일은 아닌 듯합니다.** 그 문제에 대해서는 북경 교구를 책임지고 있는 구베아 주교님과 로 신부님이 답을 주실 것으로 압니다.

---

* 교황청의 예수회 해산 조치로 그라몽 신부는 1785년 북경 북당 관할권을 라자로 수도 회의 로Raux 신부에게 넘기고 광주廣州로 떠났다가 5년 후인 1790년 다시 북경으로 복 귀했다. 그라몽 신부가 북경을 떠난 사실을 몰랐던 이승훈은 1789년 임시성직제도 문 제 등을 묻는 편지를 밀사 윤유일을 통해 북경 교구에 보내면서 그라몽 신부에게도 편 지를 썼다. 그 편지는 남아 있지 않다. 북경으로 돌아온 그라몽 신부는 이승훈의 편지를 로 신부에게 전달받았다. 〈나의 베드로 형제에게〉는 이승훈의 편지를 받아 본 그라몽 신부가 답장을 썼을 것으로 상정하고 쓴 글이다.

** 이승훈을 비롯한 조선 교회 지도부는 북경에 보내는 편지에서 교리 등과 관련해 37개 항 목의 질문을 했고 이에 대한 답은 로 신부가 작성해 보냈다.

5년 전 1784년 말 베드로 형제의 편지를 받고 답장을 보냈는데 그 편지는 국경의 검문검색에 걸려 베드로 형제에게 전달되지 못했다고 들었습니다. 우리가 멀리 떨어져 있다는 것, 이 지상에서 얼굴을 다시 보기 어려운 상황이라는 것에 힘입어 당신에게 솔직하게 나의 이야기를 하고자 합니다. 마치 고해소에서 죄를 고백하고 용서를 구하는 심정으로 쓰고자 합니다.

　　먼저 간단하게 근황을 전합니다. 약 5년 동안의 광주 생활을 끝내고 얼마 전에 북경으로 돌아왔습니다. 1785년 봄에 북경에서 광주로 떠났었는데 내가 속해 있는 예수회가 강제 해산되면서 북경을 떠날 수밖에 없는 상황이었습니다.

　　1784년 베드로 형제가 북경을 떠나면서 매년 연락을 하겠노라고 약속했지만 정말 당신의 편지를 받을 것이라고는 생각하지 못했습니다. 일 년에 한두 차례 조선 사절이 중국에 오가는 것이 조선이 외부와 소통하는 거의 유일한 방법이지만 이때도 국경에서 수행단의 소지품을 일일이 확인한다고 들었습니다.

　　조선에서 북경으로 편지를 쓴다는 것은 목숨을 거는 일입니다. 더구나 그 편지를 받는 사람이 서양 천주교 신부라면 더 말할 것이 없습니다. 지금 조선에서 천주교는 사교邪敎라고 불리고 있다지요? 천주교의 전파는 물론이고 천주교 관련 서적을 반입하거나 읽거나 전달하는 일체의 행위가 금지되어 있다지요? 학문 연구 차원에서 조선 사절들이 북경에서 구입해 간 책들도 조정의 명으로 압수되어 모두 불태워졌다고 들었습니다.*

---

* 정조는 을사추조 사건과 정미반회 사건을 거치면서 서학이 확산되자 조선 사신들이 관

그런 상황을 뚫고 베드로 형제가 쓴 편지를 받으니 말로 표현하기 어려울 정도로 감격스럽습니다. 다시 한번 주님께 감사드립니다.

베드로의 편지를 받지 못할 것이라고 생각했던 것은 내 사정도 있었습니다. 1784년 2월 북경에서 베드로 형제와 헤어질 때 나는 이미 북경을 떠나기로 결정된 상태였습니다.

1765년에 프랑스를 떠나 중국으로 온 이후 20년 세월을 동양의 대도시에서 보내고 있었습니다. 북경은 봄이면 눈을 뜨기 힘든 누런 먼지가 날리고 겨울이면 살을 에일 듯 삭풍이 매섭습니다. 그 탓인지 제 건강은 그때 많이 좋지 않았습니다.

처음에는 중국 사람들과의 소통에 어려움이 적지 않았고 갈등과 오해도 있었습니다. 그러나 힘을 합해 일하면서 중국에 오기 전 가졌던, 동양은 무서운 곳, 우리와는 완전히 다른 사람들이 사는 곳이라는 편견과 오해를 조금씩 깰 수 있었습니다. 이목구비가 다르고, 생각하는 방식이 다르고, 사는 방식이 다르고, 살아온 역사가 다르더라도 모든 사람은 주님의 위대한 창조물이자 한 자녀라는 것을 깨달을 수 있었습니다. 중국 생활 20년은 그런 깨우침을 줬습니다.

우리 예수회 선배인 마테오 리치 신부님이 1601년 북경에 도착한 것을 시작으로 유럽 가톨릭의 중국 선교가 본격화되었습니다. 물론 그 이전에도 경교라는 이름의 기독교 계통 종교가 당나라 시대에 크게 유행한 적

---

행적으로 받아 오던 서학 서적의 반입을 금지하고 1791년에는 규장각 등에 보관하던 27종의 서학 서적까지 불태웠다.

이 있었고 원나라 시대에도 많은 선교사들이 이 거대한 용의 후예들의 나라에 기독교를 전하기 위해 노력했습니다.

소위 종교개혁 이후 우리 가톨릭교회가 아시아와 남미 전교에 더욱 힘을 쏟으면서 서양 선교사들의 중국을 향한 발길이 좀 더 분주해졌습니다. 종교개혁으로 유럽 대륙에서 상실한 가톨릭의 영향력을 신대륙과 아시아에서 만회하자는 선교 전략이 있었던 것입니다.

서양에서 온 위대한 공자라는 말을 들었던 마테오 리치 신부님과 그 동료들이 중국 궁정과 지식인들 사이에서 이름을 얻고 자리를 잡아 나가자 다른 수도회에서도 경쟁적으로 중국으로 진출했습니다. 우리는 예수회, 프란치스코회, 도미니코회, 교황청 포교성성 등의 이름을 달고 이 위대한 제국에 왔습니다.*

북경에는 동당, 서당, 남당, 북당이라는 이름의 성당 네 곳이 있습니다. 우리 예수회는 북경 북당에 근거를 두고 있었습니다. 이 성당은 우리 선배 수사인 쟝 드 퐁타네Jean de Fontaney 신부님이 중국 강희 황제의 학질을 고쳐 준 공로로 하사받은 땅에 1703년에 지었습니다. 주교좌 성당인 남당에는 포르투갈 신부들이, 동당에는 주로 스페인 신부들이 있습니다. 교황청 포교성성布敎聖省 소속의 서당에는 이탈리아 출신 신부들이 많이 있습니다.

중국은 서양 신부들이 중국에 오는 것을 적극적으로 막지 않았습니다. 어떤 사람, 어떤 종교, 어떤 문화, 어떤 학문이 와도 중국이라는 거대한

---

* 중국에 진출한 예수회, 프란치스코회, 도미니코회 등 유럽 수도회는 선교 관할권, 제사 허용 문제 등을 두고 한 세기 넘게 갈등했다.

문명은 다 품어 내고 녹여 낼 수 있다는 자신감이 있었습니다.

전혀 다른 문화와 역사, 지적인 전통을 가진 사회에 가톨릭 신앙을 전파하기 위해서는 그 사회 특유의 문화를 존중하고 거기에 맞게 가톨릭의 믿음을 설명해야 한다는 것이 우리 예수회의 생각이었습니다. 예를 들면 조상에 대한 제사는 중국의 오랜 전통이었고 효의 표현일 뿐 우상 숭배와는 무관한 것이라고 여겼습니다. 가톨릭 신앙을 믿는다고 해서 제사를 중단하거나 공자 등 성인에 대한 존중의 예절을 금지할 필요는 없다고 본 것입니다.

그러나 우리 예수회보다 다소 늦게 중국에 진출한 프란치스코회나 도미니코 수도회 등은 우리와는 생각이 달랐습니다. 그분들은 가톨릭 교리의 핵심 가운데 하나가 우상 숭배 금지라고 봤습니다. 죽은 사람에게 절을 하면서 복을 구하고 유교 성인들에게 제사를 드리는 것은 결국 귀신을 섬기는 것으로 교회에서 절대로 허용해서는 안 된다는 것입니다.

양보 없는 원칙의 고수는 선교사들에게 무기가 되기도 했지만 때로는 우리 스스로를 찌르는 흉기가 되었습니다. 우리는 그 문제를 두고 사이가 벌어졌고 수만 리 고향을 떠나 모든 것이 낯선 동양의 한 국가에서 서로를 불신하고 비난했습니다. 교황청에 누구 의견이 더 옳은지를 물었고 이 과정에서 서로에 대한 비난과 음모가 횡행했습니다. 교황청은 교황청대로 어느 한 편의 손을 들어 주는 것을 주저했습니다.

수도회 간의 갈등과 분열은 깊어졌고 암투는 치열해졌습니다. 우리들 사이의 그런 싸움이 100년 가까이 지속되고 있었고 당신이 오기 직전 결국 북경 선교사 사회는 파국을 맞았던 것입니다.

제사 문제와 함께 우리 사이를 어렵게 만든 것 가운데 하나는 누가 중국, 특히 북경 선교의 주도권을 가질 것인가 하는 점이었습니다. 처음에는 당연히 우리 예수회가 주도권을 행사했지만 이후에는 교황청 입장과 각국의 이해관계 때문에 선교 관할권 문제는 갈수록 복잡해졌습니다.

당신이 중국에 온 1784년은 북경 선교사 사회의 분열이 최고조에 이른 시기였습니다. 내가 속해 있던 예수회에 대해 교황 성하는 당신이 북경에 오기 11년 전인 1773년에 해산을 명령했습니다.

교황청의 수도회 해산 명령은 정말 충격이었습니다. 1540년 로욜라 신부님이 주도해서 창립된 이후 교황청으로부터 정식으로 승인을 받을 당시 예수회 회원은 불과 스무 명이었습니다. 교황 클레멘스 14세가 이 충성스럽고 열정적인 주님의 종들에게 해산을 명령한 1773년 당시 전 세계 곳곳에 2만 3,000명의 예수회원들이 주님의 복음을 전하기 위해 노력하고 있었습니다. 230년 동안 우리 조직은 1,000배 이상 커졌습니다. 우리는 충직한 교황의 군대였습니다.

소위 종교개혁 이후 우리 예수회만큼 앞장서서 전 세계를 상대로 복음을 전한 선교단체가 또 있다는 말을 나는 들은 적도 본 적도 없습니다. 도대체 우리 예수회가 뭘 얼마나 잘못했기에, 무슨 죽을죄를 지었기에 교황 성하에 대한 복종을 최우선시해 온 우리들에게 해산 명령을 내린 것인지 이해할 수 없었습니다.

우리는 교황 성하의 명령 한마디로 한순간에 교회에서 뿌리 뽑힌 존재가 되었습니다. 고향 프랑스도 아니고 멀고 먼 중국에서 나는 근거지를 잃고 광야를 헤매는 사제가 되었습니다. 교회에서 쫓겨난 것은 아니지만 차라리 교회에서 파문되는 것이 낫다고 생각했습니다.

수도회가 없는 수도자는 소속 부대를 잃은 패잔병 같은 존재입니다.

중국을 떠나 고향으로 돌아가고 싶은 마음이 굴뚝 같았습니다. 그러나 선교지에서 죽겠다고 서원한 처지에 중국을 떠날 수 없었고 중국 황제가 이를 허락할 리도 없었습니다. 나는 선교사이기도 했지만 황제로부터 녹봉을 받는 흠천감의 관리이기도 했습니다. 떠날 수도 남을 수도 없는 길 잃은 사제가 된 것입니다.

## | 제게 당신은 주님의 선물이었습니다 |

1785년 초 북경 북당 관할권이 라자로 수도회로 넘어가는 것으로 최종 정리되면서 북경을 떠나게 됐습니다. 지친 심신을 달래고 나빠진 건강을 회복하기 위해 광주廣州로 가기로 했습니다. 내가 베드로 형제를 만난 1783년 말은 광주행을 결정한 직후였습니다.

1783년 연말은 어수선했습니다. 늘 즐겁고 들뜬 상태에서 맞던 성탄절도 그 해만은 그리 즐겁지 않았습니다. 곧 이 성당을 떠나야 한다는 생각이 우리 뒷목을 짓누르고 있었기 때문입니다. 10년이 넘는 길고 복잡한 예수회 해산은 일단 마무리되기는 했지만 그 후유증은 쉽게 가시지 않았습니다. 이사를 앞둔 어수선함, 불투명한 앞날에 대한 두려움이 우리를 지배하고 있었습니다. 낙오자, 패잔병, 추방된 난민 같은 심정으로 성탄절을 준비하고 있을 때 베드로 형제가 내게 왔습니다.

조선 사신들이 우리 성당을 찾은 것은 당신 일행이 처음은 아니었습니다. 그전에도 구경 삼아 서양 성당을 찾는 조선 사신들이 종종 있었습니다. 조선의 고관들과 여러 차례 이야기를 나누기도 했습니다. 또 서양 사

람들을 조선으로 초청하고 싶다는 이야기도 들은 적이 있습니다.[*]

　스물여덟 살의 베드로, 당신은 당당했습니다. 한겨울 두 달이 넘는 긴 외국 여행에 지칠 법도 했건만 당신의 눈빛은 살아 있었습니다. 당신의 조선 동료들이 처음 보는 웅장한 서양식 건물과 높은 천정, 화려한 스테인드글라스 장식, 주님과 성모님 성화, 망원경, 오르간을 비롯한 서양 물건 앞에서 벌린 입을 다물지 못하고 있을 때 베드로 당신 역시 서양의 진귀한 물건과 건물에 감탄하면서도 눈은 다른 무언가를 찾고 있었습니다. 지나가는 손님의 자세가 아니었습니다. 처음 보는 성당에서 영원한 것, 고귀한 것, 거룩한 것을 찾는 표정이었습니다. 지상의 것이 아닌 천상의 것을 찾는 눈빛이었습니다.

　베드로 형제가 이틀 후에 다시 다른 사람의 눈빛을 피하는 듯한 몸짓으로 성당을 찾아왔을 때 그렇게 놀라지 않았습니다. 혼자 성당을 찾은 당신은 비밀을 품은 밀사의 표정이었습니다. 그 비밀이 무엇인지는 분명하지 않지만 일어날 일이 일어나고 있다고 생각했기에 기다렸다는 듯 당

---

[*] 그라몽 신부는 1790년 6월 23일 르통달 신부에게 보낸 편지에서 이렇게 말하고 있다. "제가 북경에 있을 때 조선의 선비들과 이야기를 나눌 기회가 여러 번 있었습니다. 그 선비들 중에는 조선의 재상도 있었습니다. 그들은 저를 만날 때마다 늘 자기 나라에 하루빨리 유럽 사람들을 맞아들이고 싶다는 뜻을 열렬하게 표시하곤 했습니다. 뿐만 아니라 그들은 자기 나라로 떠나가기에 앞서 일부러 저를 찾아와서는 자기 나라에 유럽 사람들을 데리고 갈 수 있는 귀한 기회를 꼭 마련해 달라고 저에게 신신당부하기도 했습니다. 그들이 이와 같은 의사를 표시했기 때문에, 저는 당시 신부님이 소속된 파리외방전교회의 파리 신학교에 머물고 있던 뒤가Dugad 신부님께 조선 사람들의 이런 호의적인 뜻을 전달했습니다. 뒤가 신부님은 (조선에 보낼) 선교사들을 물색해 볼 것이라는 답을 제게 보내왔습니다. 하지만 그다음 해(1786) 뒤가 신부님은 그만 세상을 뜨고 말았습니다"(고을희, 〈정조대代 서양 선교사와 洋舶영입시도〉,《교회사 연구》25집 중 재인용).

신을 성당 안으로 받아들였습니다.

그날 이후 당신이 북경에 머물러 있던 한 달여 동안 우리는 20여 차례 이상 만났습니다. 이틀에 한 번 꼴로 만난 것입니다. 당신과의 만남과 대화, 당신에 대한 교육이 내 평생에서 가장 중요한 일이 될 것이라는 것을 직감하고 있었습니다.

첫 번째 만남에서 수학과 천문학에 관심이 있다던 당신은 두 번째 만남에서 바로 속내를 밝혔습니다. 천주님을 만나고 싶다고.

처음에는 당신이 정치적 망명자가 아닐까 생각했습니다. 내가 알고 있던 조선과 조선 사람에 대한 상식에 비추어 보면 천주교에 대한 당신의 태도가 너무나 확고했기 때문이었습니다.

나는 20년 동안 중국에 살면서 조선이라는 나라에 대해 몇 번 들은 적이 있습니다. 예수회는 16세기 후반 동아시아 선교를 시작할 때부터 조선에 대한 관심을 가지고 있었습니다. 일본 선교의 문을 열었던 프란치스코 하비에르 신부님을 비롯해서 몇몇 선배 신부님들이 조선 선교에 의욕을 보였습니다.

1592년도에 시작된 조선과 일본의 전쟁 때에는 세스페데스 신부가 조선에 일 년 정도 머무르기도 했습니다. 독실한 가톨릭 신자였던 고니시 유키나가小西行長 장군이 병사들의 사기를 북돋우기 위해 스페인의 세스페데스 신부를 조선으로 부른 것입니다. 고니시 유키나가* 부대에는 1만 5,000명의 가톨릭 신자가 있었다고 합니다.

---

* 고니시 유키나가는 일본 천주교회의 상징적 인물이기도 하다. 세례명은 아우구스티노.

임진왜란 중 일본으로 끌려간 조선 사람 중에 세례를 받고 가톨릭 교도가 된 사람이 수백 명에 이르고 이들이 일본 나가사키에 조선인 천주교회 성당을 건축하기도 했고 일본 도쿠가와 막부의 가톨릭 박해정책으로 성녀 줄리아를 비롯한 조선인 신도 몇 명이 순교했다는 것은 잘 알려진 일입니다. 그러나 그것은 어디까지나 조선 밖 일본 땅에서 이루어진 일입니다. 일본과 중국에서 활약하고 있던 스페인과 포르투갈, 프랑스 선교사들이 꾸준히 조선에 복음의 씨앗을 뿌릴 방법에 대해 관심을 갖고 있긴 했지만 실제로 조선에 들어가지는 못했습니다. 입국을 시도했다는 기록도 없습니다.

우리가 당신을 만나기 전까지 조선에 가톨릭이 태동했다는 소식을 듣지 못한 것은 말할 것도 없거니와 그럴 작은 기미조차 찾을 수 없었습니다. 베드로 당신을 만났을 때 조선이라는 아시아의 작은 나라는 천주의 믿음으로부터 완전히 배제된 불행한 국가였습니다. 어찌 보면 주님조차 외면한 저주받은 나라가 아닐까 하는 생각이 들 정도였습니다. 그러니 당신이 어느 날 문득 아무런 예고 없이 우리를 찾아 왔을 때 마치 하늘에서 느닷없이 뚝 떨어진 선물을 만나는 것 같지 않았겠습니까?

당신의 북경 체류 시간은 정해져 있었기에 우리에게 주어진 시간은 길어야 달포가량이었습니다. 나는 짧은 시간에 많은 것을 가르쳐야 했기에 마음이 바빴습니다. 하나라도 더 가르쳐서 당신을 온전한 교리와 신앙으로 무장한 평신도 선교사로 만들어 조선으로 보내야 했습니다. 그래서 나는 당신이 좀 더 성실하게 교리 학습에 임하기를 원했습니다.

우리 사이에는 언어라는 커다란 장애물이 있었습니다. 이 장애물은 짧은 시간에는 극복할 수 없는 근본적인 한계였습니다. 한자를 통해 의사 표현은 가능했지만 우리 주님의 심오하고 정교한, 때로는 너무 복잡하고 추상적이고 형이상학적인 가르침을 그림 같은 형상의 중국 문자로 제대로 전달하기는 어려웠습니다. 더구나 내 한문 실력은 당신에 비하면 한참 못 미쳤고 복잡한 의사 표현을 문자에만 의존하는 것이 내겐 버거운 일이었습니다.

때때로 애가 탔습니다. 답답해서 가슴이 터질 것 같기도 했습니다. 어쩌다 당신이 내 말을 이해할 수 없다는 눈빛으로 나를 쳐다볼 때는 교리 교사로서 내 재능이 부족한 것이 아닐까 자책하기도 했습니다.

그런 나의 태도에 비해 베드로 당신은 좋게 말하면 여유가 있었다고나 할까요, 약간 태평스러워 보였습니다. 당신은 영세를 받겠다는 목표가 확고했고 그 목표만 달성하면 된다고 생각하고 있었습니다. '우선 영세를 받게 해 주세요, 일단 핵심 교리만 알려 주세요, 나머지 필요한 공부는 신부님이 주시는 책으로 조선에 돌아가서 시간을 가지고 제대로 공부하면 되는 거 아닌가요? 뭐 이런 태도였습니다.

그런 당신의 태도가 나와 함께 당신의 교리 학습을 담당하고 있던 나의 동료 신부들을 불안하게 만들기도 했습니다. 심지어 어떤 동료 신부는 당신이 우리를 찾아온 것이 다른 의도가 있는 것 아니냐고 의심하기도 했습니다.

나 역시 때로는 당신의 태도가 아쉽고 불안해 보였지만 베드로 당신의 존재만으로 모든 것이 충분하다고 확신했습니다. 나와 당신의 만남이 하느님의 섭리와 의지 안에서 이루어지고 있다고 굳게 믿었기 때문입니다. 그 믿음은 지금도 한 치 흔들림이 없습니다. 그런 절대적인 믿음이 있었기에 당신에게 영세를 주는 문제를 논의할 때 나는 단호하게 당신에게 세례를 주자고, 반드시 줘야 한다고 말할 수 있었습니다.

나는 지구 반 바퀴를 돌아 22개월 만에 9만 리 길을 주파해 북경으로 왔고 당신은 5,000리 넘는 길을 걸어 여기로 왔습니다. 왜 하필이면 당신이 남당도 아니고 서당도 아니고 동당도 아닌, 내가 있는 북당으로 왔는지, 수많은 좌절과 실패로 사제의 소명을 잊고 스스로 주저앉기 직전이던 나를 찾아왔는지 절대자의 뜻이 아니면 이 모든 것을 이해할 수 없었습니다.

우연일 수 없습니다. 이런 것이야말로 기적이라고 불러 마땅합니다. 주님은 당신과 당신의 나라 조선에 믿음의 씨앗을 뿌린 것만이 아니라 길을 잃고 방황하던 프랑스의 한 사제를 구하셨습니다. 나를 구원하기 위해 베드로 당신을 보내셨습니다. 나를 구원하기 위해 5,000리 넘는 그 험한 길을 걸어 베드로 당신이 온 것입니다. 왜 당신이 나를 구했는지를 말씀드리겠습니다.


## | 혁명이 아니라 폭동입니다 |

지난해 내 고국 프랑스에서는 상상할 수 없는 대사변이 벌어졌습니다. 농민들과 부르주아들이 들고 일어나 국왕을 타도하고 권력을 잡았다고 합니다. 파괴와 약탈은 현재진행형입니다. 이를 두고 누구는 대혁명이라고 부른다는데 내가 보기에 지금 프랑스에서 벌어지고 있는 일은 하느님이 역사가 시작되기 이전부터 정해 놓은 아름다운 질서와 균형을 악의 세력이 파괴하는 폭동이자 반란에 지나지 않습니다.

지금 내 조국에서 벌어지는 일은 결코 주님의 뜻에 합당한 일이 아닙니다. 폭도들은 성당을 습격하고 성상을 파괴하는 것은 물론 교황청 폐지까지 검토하는 등 온갖 방법으로 가톨릭교회를 탄압하고 있습니다.* 교회 재산이 약탈당하고 사제들이 살해당하는 일까지 벌어지고 있습니다. 폭도들은 십일조를 폐지하는 것은 물론 교회 재산을 모두 국유화했습니다. 일부 고위 사제들은 프랑스를 떠나 영국 등으로 피신했다고 들었습니다.** 폭도들은 가톨릭교회를 구체제의 핵심으로 보고 교회의 파괴를 혁명의 주요 목표로 삼고 있음에 틀림없습니다.

프랑스 대폭동의 여파는 우리들에게 당장 영향을 주고 있습니다. 고국에서 꼬박꼬박 전해지던 선교 지원금이 뚝 끊겼고 새로운 선교사들이 오지 않고 있습니다. 어떻게 내 조국 프랑스에서 이런 해괴하고 통탄할 만한 일이 벌어지고 있는지, 주님은 교회가 폭도들에 의해 불타고 성직자들이 쫓겨나고 박해 받는 상황을 왜 지켜만 보고 계시는지 알 수가 없습니다. 이 글을 쓰면서도 그 상황을 생각하면 온몸이 부들부들 떨립니다.

심지어는 사제들에게 주님과 교황 성하가 아닌 새로 수립된 프랑스라는 국가에 먼저 충성을 다짐할 것을 요구하는 법을 만들고 이를 성직자들에게 강요하고 있다고 합니다. 조국 프랑스가 이런 실정이니 내가 자유롭게 중국을 떠날 수 있다 하더라도 고향으로 돌아가기는 쉽지 않습니다. 여러 가지 사정이 최악이었고 그 상황은 지금도 크게 다르지 않습니다.

북경 교구로 소속이 바뀐 뒤에도 우리 예수회 신부들의 주거지는 북당

---

\* 교황청 폐지는 1796년 보나파르트 나폴레옹 집권기에 검토되었다. 교황 비오 6세는 1799년 프랑스로 압송되는 수모를 당하기도 했다.
\*\* 프랑스혁명 정부는 성직자 공민헌장聖職者公民憲章을 통해 교회 재산의 국유화를 비롯한 교회 특권의 폐지, 성직자들의 국가에 대한 충성 맹세 등을 제도화했다.

이었습니다. 교황청과 북경 교구는 예수회 해산 조치 이후에도 우리가 당분간 북당에 머물 수 있도록 배려해 주었습니다. 겉으로는 배려였지만 사실은 수도회 해산에 따른 재산 처리 문제 때문에 북경에 붙잡혀 있었다고 말하는 것이 정확한 표현일 겁니다.

북경 교구장인 구베아 주교님*은 온화한 분이셨지만 포르투갈 출신으로 우리와는 출신 국가가 다르기도 했고 중국 선교에 대한 입장도 차이가 있었습니다. 솔직히 그분이 우리의 친구인지 적인지 분간이 잘 되지 않습니다.

우호적이던 중국 선교 상황도 의례 문제에서 가톨릭교회가 원칙론을 고수하면서 점차 나빠지기 시작했습니다. 가톨릭 포교를 인정했던 강희제와는 달리 그 후계자인 옹정제는 가톨릭 선교를 금지했습니다.

조상에 대한 제사는 미신이라는 가톨릭의 입장을 두고 자존심 강한 중국 사람들은 자신들을 미개인 취급하는 것이냐며 불쾌함을 숨기지 않았습니다. 중화문명에 대한 자부심이 하늘을 찌르는 중국인들은 제사에 대한 자신들의 전통과 관례를 서구와 가톨릭이 무시한다고 여겼습니다.

너희들에게 여기에 와서 선교를 할 수 있도록 허락해 준 것은 물론 성당을 짓게 해 주고 여러모로 배려하는 것에 대해 감지덕지해야 할 판에 우리의 전통과 관례를 미신이라고 폄하해? 청나라 조정은 그 불쾌함을 숨기지 않았고 그 불쾌함은 서양 선교사에 대한 추방과 구속으로 이어졌

---

* 구베아 주교Alexandre de Gouvea(중국명 湯士選(탕사선)), 포르투갈 출신 주교로 수학박사이기도 하다. 1785년 북경 주교로 부임해 초기 조선 교회에 큰 영향을 미쳤다.

습니다. 교회 내부의 분열에 중국 조정의 포교 금지와 선교사 탄압이 겹치는 말 그대로 내우외환의 위기를 맞고 있었습니다.

조국 프랑스의 불안한 정정, 중국 선교의 어려움보다 더 큰 문제는 내가 사제 생활에 회의를 느끼고 있었다는 점입니다. 사제 생활 30년, 중국 선교사 생활 20년이 되면서 나는 무력감에 시달리고 있었습니다.

모든 것을 쏟아부었지만 눈에 보이는 결과는 많지 않았고 내 손 안에 잡히는 성과는 적었습니다. 우리의 선교 활동은 끝이 보이지 않게 광활한 모래밭에 작은 물뿌리개 하나를 들고 물을 뿌리는 작업 같았습니다. 중국 대륙은 우리의 피와 눈물을 한없이 빨아들이기만 할 뿐이었습니다. 우리의 노력으로 중국의 무엇이 달라졌는지 알기 어려웠습니다. 20년의 중국 선교를 뒤돌아보니 남은 것이라곤 병들고 약해진 몸뿐이었습니다.

언젠가부터 사제직에 대한 회의가 내 안에서 자라나고 있었습니다. 결정타는 예수회 해산이었습니다. 모든 것을 버리고 오직 주님의 복된 소식을 이방인들에게 전하겠다는 소명 하나로 몇 만 리 길을 멀다 하지 않고 왔는데 결국 남은 것은 무엇인가, 모든 것을 버리고 왔다는 선교사들 사이의 암투, 피눈물 나는 노력에도 불구하고 마치 모래밭에 물만 붓고 있는 것 같은 절망감, 사제로서 신도들에게 존중 받지 못하고 주님에게 충실하지도 못하다는 무력감, 날로 악화되는 건강 등이 사제 생활에 대한 회의를 불러온 것입니다.

프랑스에서 중국에 오는 길은 하나의 행성에서 다른 행성으로 건너오는 일이었습니다. 힘들고 멀고 고통스런 여정이었습니다. 프랑스 보르도 항구를 출발해 지중해를 건너 아프리카 서쪽 해안을 북에서 남으로 따라 내려가 아프리카 남단 희망봉을 거쳐 오는 이른바 인도 항로는 유럽과 아시아를 최단 거리로 잇는 당시로서는 혁명적인 바닷길이었지만 결코 쉽게 올 수 있는 길은 아니었습니다.

희망봉을 돌아 인도양을 건너고 파도 높은 안다만 바다를 건너는 동안 힘든 항해를 이겨내지 못하고 숨진 사람이 한둘이 아닙니다. 《직방외기》라는 지리서를 제작한 예수회 선배 줄리오 알레니 신부님이 1609년 리스본을 떠나 제가 왔던 같은 항로를 통해 마카오에 도착했을 때 그분의 동료 신부 24명 가운데 7명은 질병과 사고 등으로 도중에 숨져 선교지에 이르기 전 하늘나라로 먼저 가야 했습니다.

사제 생활의 위기에 빠져 있던 내게 베드로 형제의 맹목적이고 단순하고 앞뒤 가리지 않는 모습은 절대 주권자를 대하는 인간의 모습이 어떠해야 하는가를 보여 주었습니다. 지극히 작은 인간의 눈으로 무한 권능을 갖고 계신 하느님을 이해한다고 자랑하고 때로는 평가하고 심지어는 수단으로 이용하려는 것이 얼마나 어리석고 교만하고 건방진 일인가, 나는 형제의 모습을 보면서 깨달을 수 있었습니다.

그것은 내 모습이었습니다. 인간의 지혜로 절대자를 판단했고 인간의 눈으로 주님의 뜻을 헤아렸고 사람의 손과 발을 통해 이룬 일만으로 하느님이 하시려는 일을 가늠하기도 했습니다. 사람의 지혜로 만든 교리에 스스로 매여 있었고 사람이 만든 교리로 신을 묶어 둘 때도 있었습니다. 어려움이 닥쳤을 때 사람의 힘으로 극복하려 했고 사람의 힘으로 어려움을 극복하지 못했을 때 좌절했습니다.

명색이 사제로 30년 가까이 살아왔지만 나는 여전히 하느님의 능력이 아니라 사람의 능력을 더 믿고 있었고 어느새 사람이 할 수 있는 능력의 최대치를 신의 능력의 전부인 양 받아들이고 있었습니다. 인간 능력의 한계를 신의 능력의 한계로 착각했습니다. 참으로 오만하고 어리석은 생각이었습니다. 더 무서운 것은 그런 오류에 빠져 있다는 사실조차 잊고 있었다는 것입니다.

우리 삶에서 정말로 중요한 것이 무엇인가라는 질문에 베드로 형제의 단순한 말과 우직한 행동은 한동안 잊고 지내던 정답을 일깨워 주었습니다. 오직 주님에게 매달리는 것, 주님의 은혜를 청하는 것, 영세를 통해 주님의 자녀로 거듭나기를 간구하는 것. 이것이야말로 우리가 절대 잊어서는 안 되는 지혜였습니다. 눈앞에 간단한 답을 두고 나는 이리저리 엉뚱한 곳을 헤매고 다녔습니다. 때로는 해답이 아니라 핑곗거리를 찾아 다녔습니다.

## | 서양이 결코 천국은 아닙니다 |

당신은 세상에 대한 분노가 컸습니다. 그 분노는 당신이 살고 있는 조선 사회를 향한 것이었습니다. 당신은 집권자들이 당파의 이익에만 몰두한 채 좀처럼 변할 줄 모른다고 열변을 토했습니다. 당신의 분노는 당신과 정치적 입장과 견해를 달리하는 경쟁 당파의 인사들을 향하기도 했고 어떤 때는 당신보다 나이가 많은 윗세대 전체를 향한 것이기도 했습니다.

다만 국왕에 대한 분노를 표현하지 않는 것이 조금은 의아해 보였습니다. 국왕에 대한 불만이 없는 것인지 아니면 불만을 자제하는 것인지 알기 어려웠습니다. 당신의 분노는 때때로 모호해 보였고 이해가 되지 않기도 했습니다. 조선의 정치 사정을 잘 알 수 없었기에 그랬을 것입니다. 당신은 조선 사회에 대한 반감을 격렬한 단어로 표시하곤 했는데 그럴 때 당신은 대단히 충동적이고 파괴적으로 보였습니다. 당신의 분노는 정치적 좌절감과 조선 사회에 대한 불만이 뒤섞인 것이었습니다.

조선에서는 중국과 마찬가지로 국가 시험을 통해 관료를 선발한다고 들었습니다. 양반이라 불리는 귀족들도 이 시험을 통해야 정치적으로 성장할 수 있다고 하는데 당신은 4년 전에 1차 관문을 우수한 성적으로 통과했지만 아직 최종 관문은 통과하지 않았다고 했습니다. 출세에 대한 욕망과 세상에 대한 분노가 당신에게는 반반씩 있었습니다. 세상에 대한 분노는 세상에 대한 관심의 크기에 비례하는 법입니다. 세상에 대한 욕망이 없으면 분노가 있을 리 없습니다.

당신은 천주교를 통해 영적인 구원을 원한다고 말했습니다. 영세를 받고 주님의 자녀로 거듭나면 한양 생활을 정리하고 가족을 데리고 조용한 시골로 내려가 기도에 전념하며 영혼 구원을 추구하며 살겠노라고 했습니다.*

도회지를 떠나 한적한 시골로 가서 영혼 구원만을 추구하는 것이 천주교 신자의 바람직한 삶의 방식도 아닐 뿐더러 당신은 그럴 수 없는 사람이라는 것을 직감으로 알 수 있었습니다. 당신은 결코 세상을 떠나 살 수 있는 사람이 아니었습니다.

베드로 형제! 당신은 서양이 어떤 사회인지, 거기에는 어떤 사람들이 사는지, 그곳의 산과 들과 강과 바다는 어떤지를 알고 싶어 했습니다. 성경 공부보다 서양 이야기 듣기를 더 좋아하지 않았습니까? 나도 당신에게 고향 이야기를 들려주면서 향수를 달래곤 했습니다.

---

* 달레의 《조선천주교회사》에 이승훈이 이런 취지의 말을 했다는 기록이 남아 있다.

아득히 먼 곳에서 고향을 그리워하는 사람의 눈은 하늘을 향하기 마련이고 그 사람이 말하는 고향은 아름답게 색칠되어 실제보다 훨씬 근사하게 전달되기 십상입니다. 내가 당신에게 말해 준 유럽, 서양도 그렇게 추억으로 포장되고 그리움으로 색칠된 것이라는 것을 이제야 말씀드립니다.

나는 주님의 복음이 먼저 전해진 서양이 주님의 축복을 먼저 받은 곳이라고 설명하고자 했을 뿐 서양을 천국이라고 말하려던 것은 아니었습니다. 주님의 신앙이 당신이 사랑하는 나라 조선에 전파되면 서양처럼 부강해질 수 있다는 점을 알려 주려고 했던 것은 맞지만 그렇다고 그 사회가 곧바로 천국이 되지는 않는다는 것도 말하고 싶었습니다. 그런데 당신은 내 말의 앞부분만을 새겨듣는 듯하더군요.

서양은 분명히 당신이 매료될 여러 가지 요소를 갖추고 있습니다. 중국 못지않은 문화가 있고 과학기술의 발전이 눈부시고 왕부터 평민까지 누구나 다 교회를 다니는 곳입니다. 당신은 서양에서는 누구나 하느님을 믿는다는 내 이야기에 흥미로워했고 관심을 보였습니다.

하느님을 믿어서 서양이 축복받은 것이냐고 물었을 때 살짝 답을 망설이다가 그렇다고 대답했습니다. 당신에게 천주교 신앙을 전도해야 하는 입장에서 그렇다고 말했지만 유럽이, 서양이 천국은 아닙니다.

솔직히 말하자면 서양은 여기보다 훨씬 난폭한 문명이 지배하는 곳입니다. 거칠고 이해 다툼이 잦은 곳입니다. 돈과 권력을 둘러싼 다툼은 여기나 거기나 큰 차이가 없습니다. 특히 최근 들어서는 주님의 자리를 돈이 대신하는 것이 아닌가 하는 걱정이 들 정도로 부를 추구하는 것이 미덕이 되고 있습니다.

만약 주님의 복음이 뿌리 내린 사회가 천국이라면 앞에서 말한 것처럼 내 조국 프랑스에서 벌어지고 있는 약탈과 살육과 파괴는 어떻게 설명해야 될까요? 이런 부분에 대한 질문에 대해 뭐라고 말해야 할지, 답을 모르겠습니다.

당신에게 베드로라는 세례명을 주었습니다. 베드로 사도처럼 믿음의 불모지 조선에서 당신이 든든한 믿음의 초석이 되기를 바라는 마음을 담아 정한 세례명이었습니다. 당신은 베드로라는 세례명을 아주 흡족하게 여겼습니다. 믿음의 초석이라는 뜻도 좋아했고 베드로가 예수님의 수제자였다는 것도 마음에 든다고 했습니다.

당신은 '으뜸'과 '첫'이라는 단어를 좋아하더군요. 세례 의식을 치를 때 당신 얼굴에는 감동이 넘쳤습니다. 그 사이사이에 자랑스러움과 우쭐함이 간간이 묻어 나기도 했습니다. 세례는 하느님의 자녀로 다시 태어나는 의식인데 당신은 마치 대관식을 치르는 것처럼 그 의식을 받아들였던 것 아닌가요? 내 눈에는 그렇게 보였습니다만 그것도 좋게 봤습니다.

당신의 세례식을 주관하면서 무척 기쁘고 행복했지만 한편으로 당신이 앞으로 걷게 될 수난의 길이 눈앞에 그려져 마음이 무겁기도 했습니다. 당신이 가고자 하는, 기꺼이 가겠노라고 제게 몇 번이나 다짐했던 신앙인의 길이란 수난과 고통의 길이 될 수밖에 없었습니다. 그 길이 꽃으로 장식된 비단길이 될 리는 만무합니다.

베드로 사도가 그랬던 것처럼 당신은 고난을 받게 될 것이고 주님의 첫 제자이자 으뜸 사도가 그랬던 것처럼 때로는 예수를 부인하고 배신할 수도 있을 것이었습니다.

굳이 당신의 앞날이 힘들고 어려울 것이라고 말하고 싶지는 않았습니다. 미리 걱정하고 위로한다고 해서 주님이 이미 정해 놓은 당신의 미래가 달라지지는 않을 것이기 때문이지요. 다만 베드로 사도가 몇 번의 우여곡절 끝에 결국 주님에게 돌아왔던 것처럼 당신 역시 마지막 순간에는 주님의 충직한 제자로 남을 것이라고 믿고 있습니다.

나의 사랑하는 베드로 형제! 이제 이 편지를 마무리할 때가 되었습니다. 당신은 지금 기적을 만들고 있습니다. 당신이 여기에서 세례를 받고 조선에 돌아간 이후 5년여 만에 1,000명이 넘는 사람들이 주님을 영접했다고 들었습니다. 사람의 힘만으로는 할 수 있는 일이 아닙니다. 주님이 당신과 함께 계신다는 증거입니다.

조선 정부의 지속적인 금지와 박해 속에서 이룬 성과라는 점에서 더욱 경이롭습니다. 소리 높여 주님께 찬양을 올리고 당신에게는 찬사를 보냅니다. 이 기적이 앞으로도 지속되도록 계속 기도할 것입니다. 나를 포함한 북경에 있는 선교사들은 당신의 영세와 조선 교회의 출범으로 크게 고무되어 있습니다.

판지 신부님은 제게 조선 선교에 투신할 것을 권했습니다(1790년 11월 판지 신부 편지 중). 나는 이 권고를 신중하게 검토 중이며,* 얼마 전 파리 외방전교회 마카오 주재 대표인 르통달 신부님에게 조선 선교에 대한 관심을 촉구하는 편지를 보냈습니다.

언제쯤이면 그들에게 선교사를 파견할 수 있을까요? 로 신부님은 하느님

---

* 그라몽 신부는 판지 신부의 권유를 받고 관심을 보였지만 조선 선교에 직접 개입하지는 않았다. 해산된 예수회 소속 신부라는 점 때문에 조선 파견 대상자에서 제외된 것으로 보인다.

의 손길이 이 새로운 선교 사업에 함께하고 계시다는 것을 느낄 수 있다고 말씀하셨습니다. 그리고 조선의 왕이 유럽 사람들을 높이 평가하고 있기 때문에 수학자 선교사와 화가 선교사를 파견한다면 조선의 왕은 기꺼이 그 선교사를 받아들일 것이라고 덧붙여 말했습니다(그라몽 신부의 1790년 편지).

어쩌면 본격적인 시련은 이제부터일 것입니다. 중국이 그러했듯이 조선 정부의 탄압은 더욱 거세질 것입니다. 시련 속에서 신앙을 버리는 사람들이 나올 것입니다. 교우를 배신하는 지도자도 있을 것입니다. 우리 선교사들이 북경에서 그랬듯 좋은 뜻을 가진 사람들끼리 불화할 수 있을 것이고 좋은 생각이 너무 많아서 오히려 문제가 될 때도 있을 것입니다. 선의가 부족해서가 아니라 선의가 넘쳐서 힘들 때도 분명히 있을 것입니다.

당신의 두 어깨에 조선 천주교의 미래가 달려 있다는 것을 명심하시고 언제나 주님만을 의지하며 오직 앞으로만 나아가십시오. 그래서 마지막 순간에 바오로 사도가 말했던 것처럼 당신 역시 이렇게 고백할 수 있기를 기원합니다.

나는 훌륭하게 싸웠고 달릴 길을 다 달렸으며 믿음을 지켰습니다. 이제는 정의의 월계관이 나를 기다리고 있을 뿐입니다(《디모테오 후서》 4장 7~8절).

ALEXANDRE HOANG A L'EVÊQUE
1801

# 서른 살 청년
# 이승훈의 공생애

가족들의 압박 – 첫 번째 배교
아아, 이벽 형님

1785년 봄, 서학 집회가 열리고 있던 명례방 김범우 집에 형조의 나졸들이 들이닥쳤다. 순찰을 돌던 나졸들은 김범우 집에서 떠들썩한 소리가 나는 것을 수상히 여겼다. 마치 투전판이라도 벌어진 듯했다. 나졸들이 현장을 급습했을 때 예기치 못한 풍경이 눈앞에 펼쳐졌다. 푸른 옷을 입은 이벽이 모임의 한가운데 자리 잡은 가운데 몇 십 명이 주문을 외우고 있었다. 알아듣기 어려운 주문이었다.

나졸들의 눈에 그 광경은 참으로 기괴했다. 처음 보는 그림이 벽에 걸려 있었고 책이 펼쳐져 있었다. 당초 의심했던 투전판은 아니었지만 뭔가 수상쩍은 모임이었다. 나졸들은 모임의 참석자들을 전원 형조로 연행했다.

취조 결과 이들은 서학 신도들로 정기 모임을 갖고 있었다. 참석자들은 서학 집회에 참여하고 있었다는 사실을 부인하지 않았다. 소문으로만 나돌던 천주교 집회가 처음으로 확인된 것이다. 이제 서학은 학문에서 신앙으로 진화해 있었다.

서학을 경계하는 목소리가 없지는 않았지만 그때만 해도 서학이 국법으로 금지된 것은 아니었다. 수사를 담당했던 형조판서 김형진은 철없는 사대부 자제들이 서학에 빠진 것을 개탄하면서도 이들을 훈계 방면하는 선에서 사건을 마무리지으려 했다. 십자가와 성화, 서적 등은 압수했다. 당국이 이 모임에 놀랐던 것은 서학 모임에 도성의 내로라하는 양반 자제들이 참석하고 있다는 점이었다. 모임을 이끈 이벽을 비롯해, 진사 이승훈, 권일신, 정약용, 정약전 등은 남인 명문가 자제들이었다.

훈방 조치로 풀려난 지 얼마 되지 않아 권일신을 앞세우고 모임의 참석자들이 형조를 다시 찾아왔다. 이들은 대담하게도 성화와 서적 등 압수한 물품을 돌려 달라고 요구했다. 김형진을 비롯한 조정 관리들은 이들의 행동을 방자하다고 여겼지만 크게 문제삼지는 않았다. 모임 참석자들의 이름 역시 공개하지 않았다. 이승훈을 비롯한 참석자들은 형조에서 몇 차례 조사를 받았으나 처벌은 받지 않았다. 조정의 이런 관대한 조치는 이들이 양반가 자제라는 점을 고려했기 때문이었다. 그렇다고 압수한 물품을 돌려주지는 않았다.

다만 모임의 장소를 제공한 김범우에게는 엄히 책임을 물었다. 형장을 치고 단양으로 유배 보냈다. 김범우는 양반이 아니라 역관 출신 중인이었다. 김범우는 그다음 해 유배지에서 죽었다. 김범우는 이승훈에게 세례를 받았고 세례명은 토마스였다. 조정의 박해 때문에 희생당한 최초의 천주교인이었다.

1785년에 벌어진 이 사건은 조선 천주교회가 겪은 최초의 시련이었다. 조정은 김범우를 유배 보내는 것으로 사건을 마무리했지만 그 여파는 만만치 않았다. 사건을 보고 받은 정조는 서학을 사교로 규정하고 국법으로 서학 집회와 전도를 금지했다. 서학 관련 책과 성물을 자발적으로 관에 제출하도록 했다. 이에 응하지 않고 서학 책을 읽고 보관하거나 유포하다가 적발된 경우에는 엄벌하겠다는 교지를 내렸다. 이제 서학은 국법으로 금지되었다.

## 가족들의 압박―첫 번째 배교

이승훈이 명례방 집회에 참석한 것으로 알려지자 평창 이 씨 집안은 발칵 뒤집혔다. 집안의 장자인 이승훈이 서학에 빠져든 것은 집안이 망할 징조라고 문중 어른들이 들고 일어났다. 아버지 이동욱은 승훈이 북경에서 영세 받는 것을 묵인했었다. 이동욱은 영세를 받는 것의 의미를 새로운 학문을 받아들이는 정도로만 이해했다.

그런데 이제 서학은 멸문지화를 자초할 수 있는 위험천만한 것이 되었다. 서학은 단순히 서양의 기술과 과학을 공부하는 학문이 아니라 아버지를 부정하고 국왕을 부정하는 무군무부無君無父*의 사악한 종교였다. 무엇보다 주상이 엄중하게 서학 금지를 명령한 것이다. 이동욱은 등에 식은 땀이 흘렀다. 비상한 결단과 행동을 보여 주지 않으면 안 되었다.

이승훈이 조사를 받기 위해 형조에 출석하기 하루 전날, 이동욱은 모

---

* 천주교는 임금에 대한 충성과 부모에 대한 효도를 부인하는 종교라는 것이 반대파가 천주교를 공격한 대표적 논리였다.

든 문중 인사를 집으로 불러들였다. 지나가는 사람이 모두 보고 들을 수 있도록 대문을 활짝 열어 두었다.

집안을 샅샅이 뒤져 서학 관련 책을 찾아내 마당에 쌓았다. 거기에 불을 붙였다. 천주교와 관련된 그림이며 고상이며 십자가도 서학서와 함께 불태웠다. 이동욱은 평창 이 씨 집안은 앞으로 어떤 경우에도 서학과 관련된 글을 읽거나 찬동하는 행동을 금지한다고 선언했다.

이동욱은 집안의 장자인 이승훈의 두 눈을 바라보며 마치 망치로 못을 박듯 서학 절대 엄금이라는 여섯 글자를 강조했다. 이동욱은 평창 이 씨 집안은 절대 서학을 배우지도 따르지도 않겠다는 내용의 글을 먼저 지었다. 승훈에게도 서학을 배척하는 글을 지으라고 말했다. 붓을 잡기를 망설이는 승훈에게 동생 치훈이 울며 반강제로 붓을 쥐어 주었다. 승훈이 붓을 잡고 글을 지었다.

> 하늘과 땅의 윤리, 동과 서로 갈라지니 天經地紀限西東
> 저문 골짝 무지개 다리 구름 속에 잠겼어라 暮壑虹橋晻靄中
> 한가닥 마음의 향불 책과 함께 불사르고 一炷心香書共火
> 저 멀리 조묘 바라보며 문공께 제사드리노라 遙瞻朝廟祭文公
> ─ 《조선왕조실록》 권33, 정조 15년)

서학을 배척한다고 지은 글이지만 무엇을 말하는지 종잡기 어려웠다. 읽는 이에 따라서는 전혀 다른 뜻으로 해석하기도 했다. 이승훈의 친구였다가 서학 때문에 원수가 된 이기경은 이 글이 "서양 선교사를 사모하고 간절히 사모하며 못 잊어 하는 글"이라고 주장했다(이만채 엮음, 《벽위편》).

홍낙안도 "그 소위 벽이문闢異文이라고 하는 것은 더욱 통탄스럽고 깜짝 놀랄 글로서 도리어 천주교를 은근히 두둔하고 찬양하는 글이다. 그가 믿는 천주교를 위해 깃발을 높이 세우기 위한 것으로 보이지 결코 그것을 깨트리고 공격하는 것으로 볼 수 없다"고 주장했다(이만채 엮음, 《벽위편》).

이동욱이 승훈에게 지은 글을 큰소리로 읽게 했다. 아들의 가슴에 서학 절대 금지라는 여섯 글자가 제대로 새겨지지 않으면 평창 이 씨 집안의 미래는 없을 것이라고 이동욱은 생각했다.

승훈은 서학을 부인하는 글을 짓고 소중한 서학 책을 불태웠지만 그렇다고 그의 가슴에서 예수가 사라진 것은 아니었다. 오히려 불타오르는 서학 책의 불꽃처럼 그의 마음속 믿음은 더욱 불타올랐다. '나의 운명이 한때 주님을 모른다 했던 베드로 사도의 그것과 닮았구나.' 이승훈은 그리 생각했을 것이다.

이승훈은 1785년에 교회를 떠났다. 그의 첫 번째 배교였다. 그의 배교는 아버지 이동욱의 강요에 따른 것이었고 부친을 살리기 위한 행동이기도 했다. 자신이 서학 배척을 선언하지 않으면 아버지 이동욱이 무슨 곤욕을 치를지 몰랐다.

서학 책을 불태우는 아버지 이동욱 뒤에 서 있는 승훈의 표정은 비굴한 배교자가 아닌 처연한 피해자의 모습이었다. 그는 가문의 일원으로 책임감이 강한 남자였다. 가족의 압력을 받아 일시적으로 교우들을 떠나야 할 때도 영세가 중단될 것을 걱정하고 있었다.

박해가 일어나서 우리 가족은 어느 가족보다도 고통을 받아야 했습니다. 그래서 나는 예수 그리스도 안의 형제들을 떠나야 했습니다. 하지만 영세를 중단시키지 않기 위해 다른 두 사람으로 하여금 그것을 대신하게 했습니다(이승훈의 1789년 북경에 보내는 편지 중).

그의 첫 번째 배교는 오래가지 않았다. 그 해가 다 가기 전에 그는 교회로 돌아왔다. 진심으로 배교한 적이 없기에 교회 복귀가 부끄럽거나 쑥스러울 이유가 없었다. 동료 교우들도 당연한 일인 것처럼 그의 복귀를 받아들였다. 배교자의 낙인 같은 것은 남아 있지 않았다. 그 역시 자신이 서학 서적을 태우고 배교를 다짐하는 글을 지었다는 사실을 애써 머릿속에서 지웠다.

조선에서 천주 신앙을 품고 사는 일이란 가시밭길을 걷는 일이었다. 예수의 수난과 초기 교회 시절 신자들이 겪었던 고통을 그라몽 신부가 강조해서 말한 이유를 이제야 깨달을 수 있었다. 신앙의 불모지인 조선에서 천주교인으로 산다는 것은 수난의 길이 될 수밖에 없었다.

내가 세상에 화평을 주러 온 줄로 생각하지 말라. 나는 화평이 아니오, 검을 주러 왔노라. 내가 온 것은 사람이 그 아버지와, 딸이 그 어머니와, 며느리가 시어머니와 불화하게 하려 함이니라. 사람의 원수가 자기 집안 식구이니라(〈마태복음〉 10장 34~36절).

성경의 이 구절은 자신과 아버지와의 갈등을 예고하고 있었다. 복음서의 이 말씀이 남의 이야기가 아닌 자신의 이야기였다. 그것은 화해나 타협이 불가능한 갈등이었다. 믿음은 호기심이나 한순간의 충동, 우연한 사건으로 시작될 수 있지만 신앙을 지키고 지속하는 것은 목숨을 거는 일이었다.

이때부터 이승훈은 기도하는 사람이 되었다. 절박한 상황에서 그가 의지할 수 있는 방법은 기도하고 기도하는 것이었다. 박해와 억압을 통해 자신을 더욱 단련시켜 달라고 천주 하느님께 기도했다. 환난 속에서 기뻐할 수 있는 신앙인이 되기를 간절히 원했다. 아버지와 집안의 강력한 반대와 서학을 포기하라는 집요한 종용에도 불구하고 복음의 씨앗을 조선에 뿌리는 것이 천주께서 자신에게 부여한 소명이라고 확신했다.

박해는 이승훈을 단련시켰다. 천주께서 아직은 견딜 수 있는 고난을 주었고 그 고난은 그를 더욱 성장시켰다. 이런 고난은 예수가 1,800년 전 신앙의 선구자는 누구나 겪는 일이 될 것이라고 가르쳐 주신 것이기도 했다. 여기에서 꺾이면 안 된다, 이 어려움을 견디고 이겨 내면 그 고난의 끝에 부활의 영광이 있다고 이승훈은 믿었다.

청년 예수가 서른 살에 공생애의 길에 나선 것처럼 서른 살 조선 청년 이승훈도 을사년 고난을 계기로 본격적인 선교사의 삶을 걷기 시작했다. 이승훈의 내면에서 믿음의 불꽃이 솟구쳤다. 두려움도 없었고 주저함도 없었다. 모든 것을 주님께 맡기고 그는 거침없이 앞으로 내달렸다. 그는 과거 공부를 사실상 중단했다.* 성균관 유생의 신분을 유지하긴 했지만 유학 공부는 더이상 그에게 의미가 없었다.

세속적 출세 따위는 더이상 승훈의 관심사가 아니었다. 대신 천주교 포교에 주력했다. 신자들에게 영세를 주었고 임시성직제도 도입을 주도

---

* 1784년 이후 이승훈이 과거 시험을 본 기록은 확인되지 않는다.

했다. 신앙에 눈을 뜬 그에게 세속의 명예나 권력이나 부는 오히려 거추장스러운 것이었다. 이승훈의 열정이 이제 막 첫발을 뗀 조선 교회를 뜨겁게 달구고 있었다. 정약용 형제를 비롯한 적지 않은 친구들과 지인들이 승훈이 설파하는 복음에 귀를 기울였다. 그들은 목숨을 걸어야 하는 그 길을 승훈과 함께 걷겠다고 다짐했다.

서학 책을 모두 태우고 부자가 천주교를 경계하고 비난하는 글을 지었다는 이승훈 집안의 일은 장안의 화제가 되었다. 그러나 이승훈 집안의 이야기는 이벽 집안에서 벌어진 일에 금세 가려졌다.


## 아아, 이벽 형님

이벽은 기골이 장대하고 목소리가 걸걸한 전형적인 무골이었다. 경주 이씨 집안의 선조들 가운데는 무반으로 이름 높은 사람이 많았다. 이벽의 아버지는 자신과 큰아들이 그랬던 것처럼 둘째 아들인 이벽도 무신의 길로 들어서길 바랐다.

그러나 이벽은 나이 스물 이전부터 세속적 출세나 벼슬에 대한 관심은 접었다. 칼과 활을 잡기보다는 책을 잡았다. 그런데 그 책이 과거와는 거리가 먼 서학 책이었다. 그의 관심은 영원한 것, 죽고 사는 것, 죽음 이후의 세상 등에 있었다. 그의 눈길은 이 세상 너머 본향을 향하고 있었다.

그런 이벽에게 가장 명확하고 논리적인 답을 준 것이 서학이었다. 이 사내는 《천주실의》, 《칠극》 등의 서학서를 통해 자신의 의문에 대한 답을 찾아갔고 마침내 이보다 더 위대한 가르침은 지상에 존재하지 않는다는 결론을 내렸다.

　부친과의 갈등, 문중 인사들의 못마땅해 하는 시선에도 불구하고 이 벽은 서학에 대한 공부를 멈추지 않았고 마침내 서학을 학문이 아닌 신앙 으로 받아들였다. 세례는 이승훈이 먼저 받았지만 자신을 천주교인으로 자각한 사람은 광암 이벽이 18세기 조선에서는 처음이었다. 아버지를 수 행해서 북경에 가는 이승훈에게 북경에 있는 가톨릭 성당을 찾아 영세를 받고 서학 관련 책과 성물을 받아 올 것을 당부한 이도 이벽이었다. 그는 1784년 가을 이승훈으로부터 세례자 요한이라는 이름으로 영세를 받은 뒤 조선 천주교회의 지도자로 활약하고 있었다.

　아들이 서학의 우두머리라는 사실을 알게 된 이벽의 아버지 이부만은 눈앞이 캄캄해졌다. 조정이 이번에는 서학 관련자들을 훈방하고 엄히 경 고하는 수준에 그쳤지만 서학은 두고두고 집안의 화근이 될 일이었다. 더 구나 아들이 사교의 지도자라면 집안이 결딴날 수 있는 일이었다. 무슨 일이 있어도 아들을 사학이라는 구렁텅이에서 건져 내야 했다. 그것이 아 들을 살리고 집안을 구하는 일이었다.

　서학을 버리고 벼슬길을 준비하라는 아비의 간곡한 당부와 집요한 호 소에도 불구하고 아들은 세상을 구하고 영생의 기쁨을 얻을 수 있는 길은 오직 서학에 있다며 소신을 굽히지 않았다. 계속 서학을 믿고 따르면 부 자의 인연을 끊겠다고 했을 때도 아들은 "제게는 아버님보다 더 큰 아버 님이 계십니다. 아버님에게는 불효인 줄 알지만 저는 더 큰 천주 아버님의 뜻을 따르지 않을 수 없습니다"*라고 말했다.

모든 수단이 아들에게 통하지 않자 아버지는 극단적인 선택을 했다. 1785년 초여름 이부만은 남들 다 보란 듯 대청마루 들보에 목을 맸다. 천만다행으로 일찍 발견돼 목숨을 건졌다. 급히 달려온 아들에게 이부만은 말했다. "네가 서학을 버리지 않으니 그 죄를 내 목숨으로 갚겠다." 무슨 일이 닥쳐도 한 치 흔들림이 없을 듯했던 천하의 이벽도 아버지의 자결 시도 앞에서는 무너졌다. 아들 때문에 아비가 죽는 일이란 상상할 수 없는 일이었다(달레, 《조선천주교회사》 중).

아비를 목을 매게 한 아들은 살아도 산 목숨이 아니었다. 가족에 의한 압박 중에서 이부만의 자결 시도만큼 강력하고 효과적인 것은 찾을 수 없었다. 조선은 효의 질서를 바탕으로 유지되는 가부장적 국가였다. 충보다 효가 앞서는 사회였다.

아버지 이부만이 자살 소동을 벌인 뒤 이벽은 교회와 인연을 끊었다. 외부와 모든 접촉을 중단했다. 가족들과도 최소한의 이야기만 나눴다. 스스로를 유폐한 것이다.

이러한 끊임없는 공격에 이벽은 글로는 표현할 수 없는 상태 속으로 던져졌다. 그는 기운이 없고, 말이 없고, 침울한 사람이 되었다. 낮이고 밤이고 눈물이 그칠 줄 몰랐고 시시각각으로 그의 신음 소리가 들려 왔다. 그

---

* 대군대부大君大父. '천주는 가장 높은 임금, 가장 높은 아버지'라는 뜻으로 초기 천주교에서 내세운 핵심 논리.

는 더이상 옷을 벗지 않았으며 잠은 멀리 달아났다(다블뤼 신부 비망기).

그러다 이벽은 죽었다. 그가 죽을 무렵 역병이 돌기도 했지만 이벽의 정확한 사인은 확인되지 않는다. 달레의《조선천주교회사》에는 그의 죽음이 페스트 때문이라 적고 있지만 당시 사료에 페스트가 발병했다는 기록은 없다. 일부에서는 가족들에 의해 타살되었을 것이라는 주장도 제기하지만 이 주장은 근거가 뚜렷하지 않아 믿기 어렵다. 분명한 것은 그가 교회와 연락을 끊은 뒤 극히 상심했다는 것, 이것이 그의 죽음과 무관치 않다는 것이다. 교회를 떠난 지 불과 100일이 안 되어 벌어진 일이었다. 이벽의 죽음은 믿는 일의 어려움을 무섭게 일깨워 준 일이었다. 자신의 신앙이 누군가를 죽일 수도 있다는 것을 승훈은 새삼 깨달았다. 아버지를 죽일 수도 있고 친구를 죽일 수도 있고 나아가 자신을 죽일 수도 있는 것이 믿는 일이었다.

# 화양연화
# 시절

조선에 내리는 믿음의 폭우
아니 되네 아니 되네 서학만은 아니 되네
두 번째 배교 – "이것이 우리 당의 화근이 될 것입니다"
모든 것의 뿌리는 서학 책
유항검의 도전 – "당신의 행위는 독성죄입니다"
조선에서, 북경 선교사들에게
이 책임을 면해 주소서
관직의 길, 십자가의 길
세 번째 배교, 최후의 배교

## 조선에 내리는 믿음의 폭우

이벽이 황망하게 이 세상을 떠난 뒤 이승훈은 조선 천주교회의 유일 지도자가 되었다. 그는 북경에서 서양 신부에게 정식으로 세례를 받았고 미사를 비롯한 각종 천주교 전례에 직접 참례한 경험을 갖추고 있었다. 짧은 기간이지만 교회 조직이 어떻게 구성되고 운영되는지도 보고 들었다. 귀국 후 이벽과의 집중 학습을 통해 교리에도 밝았다.

권일신과 정약전·정약종·정약용 삼형제, 최창현, 유항검, 이존창 등 당시 교회의 핵심 인물들은 모두 이승훈에게 영세를 받았다. 세례를 받은 사람은 세례를 베푼 사람의 제자였다. 이승훈은 교회의 지도자인 동시에 핵심 신자들의 스승이었다.

이승훈의 영향력은 1호 세례신자라는 것과 북경 경험만으로 형성된 것이 아니었다. 이승훈만큼 열심히 교회를 챙기고 열성적으로 전도에 힘쓰는 사람을 찾기 어려웠다. 과거를 준비하는 게 본분인 성균관 유생 신분이었지만 앉아도 천주, 누워도 천주, 서 있어도 천주 생각뿐이었다. 과거 공부와 교회 일을 동시에 챙기던 정약용과 이런 점에서 결정적으로 비교되었다.

이 시기 그에 대한 신도들의 신뢰와 존중은 다른 사람과 비교할 바가 못 되었다. 그는 스스로에게 다짐한 것 이상으로 교회 조직을 위해 헌신했다. 조선 교회 신자가 불과 수 년 만에 1,000명으로 늘어난 것은 이승훈의 헌신과 노력이 없었다면 불가능했다.

그의 나이 30대 초반이었다. 열다섯 살이 되면 호패를 차고 성인 대접을 받던 조선 사회였지만 서른 살이라는 나이는 젊었다. 육체적으로나 정신적으로 인생에서 절정을 구가할 나이였다.

그의 친구들 역시 청년들이었다. 정약용 24세, 최창현 27세, 이존창 34세, 유항검은 이승훈과 동갑으로 서른 살이었다. 이 조선의 청년들이 새로운 세상을 꿈꾸면서 새로운 세상을 만들어 나가고 있었다. 조선이 우물 안 개구리라는 것은 그 당시 청년 사대부들은 누구나 알고 있었다. 그 무렵 연행사로 중국을 다녀온 박지원이 조선과 마주하고 있는 청나라 국경 도시 책문을 보고 쓴 글은 조선 청년들에게 큰 화제였다.

거리에는 사람을 태운 수레, 짐을 실은 수레가 왔다 갔다 한다. 벌여 둔 그릇들이 모두 그림을 그린 사기그릇이다. 일반 풍물이 어디로 보나 시골티라고는 조금도 볼 수 없다. 예전에 내 친구 홍대용에게서 중국 문물의 성대한 규모와 세밀한 수법들은 들은 적이 있지만 오늘로 보아 책문은 중국의 맨 동쪽 끝 벽지임에도 불구하고 오히려 이 정도인데 앞으로 더욱 변화할 것을 생각하니 갑자기 기가 꺾여서 여기서 그만 발길을 돌릴까 하는 생각에 온몸이 화끈거린다(박지원, 《열하일기》 중).

겨우 청나라의 국경 도시를 보고도 이렇게 기가 죽을 정도였으니 북경을 보고 나면 모두 할 말을 잃었다. 그런데 서양의 도시들은 북경보다 더하다는 것 아닌가?* 그럼에도 조정은 좀처럼 달라질 줄 몰랐다. 유교의 본향 중국이 내려놓은 성리학이 조선에서는 날이 갈수록 흥성했다.

정조의 적극적인 남인 기용 노력에도 불구하고 조정은 여전히 노론의 세상이었다. 청년 문사들의 정치적 좌절감은 시간이 갈수록 커져 갔다. 신분제의 벽에 막힌 중인과 평민들에게 조선은 희망 없는 세상이었다. 여성들은 여전히 존재하지만 보이지 않는 조선의 절반이었다.

이런 사람들에게 서학은 전적으로 새로운 세상을 펼쳐 보이고 있었다. 아주 멀고 먼 곳이긴 하지만 우리와는 전혀 다르고 우리보다 훨씬 앞선 세상이 있다는 것을 알려 주는 것만으로 서학은 충분히 의미 있는 종교였다. 이들에게 이승훈은 이렇게 말했을 것이다.

"내가 아주 멀고 먼 곳에서 온 도인 같은 사람에게 직접 세례를 받았습니다. 내가 분명히 그 사람에게 들었습니다. 서양은 중국에 못지않게 크고 발전한 곳이라고, 서학을 믿으면 누구나 주님의 자녀가 될 수 있고, 우리 모두가 서학을 믿으면 조선도 서양처럼 주님의 축복을 받을 수 있고, 죽으면 천국에서 영생 복락을 누릴 수 있다고."

---

* 1800년 무렵 북경 인구 100만, 런던 70만, 파리 50만 명 정도로 추산된다. 유럽 도시들이 북경보다 더 크지는 않았지만 북경에 버금가는 도시들이 있다는 것만으로 조선 선비들은 충격이었을 것이다.

마치 마른 초원에 불길 번지듯 천주교는 번져 갔다. 재능 있는 젊은 사대부들이 모두 서학에 빠졌다는 말이 공공연히 나돌 만큼 조선, 특히 한양 도성 안에서 서학 열풍은 강렬했다. 그런 서학의 움직임을 조정은 날카롭게 주시하고 있었다.

신부가 없는 교회는 오래 지속될 수 없었다. 일주일에 한 번씩 모여 기도문을 외우고 복음서를 돌려 읽는 것만으로는 신앙의 성장과 유지는 어려웠다. 북경에서 본 웅장하고 아름다운 성당은 짓지 못하더라도 교인들을 인도할 수 있는 교회 조직은 갖춰야 했다. 승훈은 주교가 있고 신부가 있고 평신도가 있는 북경 북당 교회를 떠올렸다.

권일신, 정약전, 정약용 등 신앙의 동료들에게 교회 조직을 갖추려는 자신의 계획을 설명했다. 동료들은 승훈의 계획에 찬성했다. 주교를 둘 것인지, 누구를 신부로 삼을지, 신부를 둔다면 몇 명을 둘지 등등 결정할 것이 한두 가지가 아니었다. 의견도 분분했지만 마지막에는 승훈의 제안이 대부분 받아들여졌다.

> 1786년 가을에 이 모임에서 내가 미사성제를 드리고 견진성사를 드리도록 결정되었습니다. 나는 교우들의 이러한 권유에 응하고 다른 10명에게 미사를 드릴 권한을 주었습니다(1789년 이승훈의 북경에 보내는 편지 중).

이승훈이 제1 신부로 추대되었다.\* 주교는 두지 않고 이승훈 신부가 견

---

\* 이승훈이 제1 신부라는 공식 기록은 없다. 제1 신부라는 명칭은 다른 신부들을 지명하고

진성사도 집전할 수 있는 권한을 갖기로 했다. 이승훈은 신자들 가운데 9명을 그의 동료 신부로 지목했다. 권일신(34세), 최창현(27세), 홍낙민(35세)이 신부로 추대되었다. 이름이 확인되지는 않지만 정약용(24세), 정약전(28세) 형제도 틀림없이 신부로 지명되었을 것이다. 충청도의 이존창(34세), 호남의 유항검(30세)도 해당 지역을 대표하는 신부로 지명되었다.

조선 천주교회에 모두 10명의 신부가 탄생했다. 우리 역사에서 가성직제도 또는 임시성직제도라고 불리는 조선 천주교회 조직이 만들어졌다. 그 중심에 30세 이승훈 베드로 신부가 있었다.

교단 체계를 갖추면서 승훈은 더 바빠졌다. 신부로서 신도들에게 영세를 주고 고해성사를 집전했다. 신도들의 모임에서 교리를 가르치고 강론을 했다. 교회 조직은 세워졌지만 교회 건물을 마련할 형편은 아니어서 모임은 남의 눈을 피해 신자들의 집을 돌아가며 가졌다. 비밀 조직은 숨 막히는 긴장과 감시의 눈길 속에서도 급속히 성장했다. 신자 수는 교회 조직이 갖추어진 지 3년 만에 1,000여 명에 육박했다.

이승훈이 주도했던 임시성직제도는 일종의 지하당 같은 것이었다. 서열이 있고 조직 특유의 의례가 있고 조직 내 기율이 강조되었다. 보안과 기밀의 준수는 아무리 강조해도 지나치지 않았다. 고립되고 폐쇄적인 종교 집단은 외곬수가 되어 가기 십상이었다. 교리 면에서도, 조직 운영 면에서도 그랬다.

회개하고 다시 교회로 복귀한 1786년부터 1790년까지 5년은 이승훈

---

견진성사 집전 권한을 갖고 있는 이승훈의 위상을 필자가 '제1신부'라고 표현한 것이다.

의 삶에서 꽃이 피던 시절이었다. 주님의 은총이 자신에게 쏟아지는 것을 매 순간 느꼈고 주님의 사랑을 주위 사람들과 나누지 않고는 배길 수 없었다. 주님을 부르는 자신의 기도에 온 우주의 절대자가 응답하시는 것을 확신하던 시기였다. 살아계시는 주님이 항상 자신과 함께하신다는 것을 단 한순간도 의심하지 않았다. 자신을 통해 역사하시는 주님이 눈에 보이고 손으로 잡히던 시절이었다. 9만 리 길을 멀다 않고 천주 신앙을 증거하기 위해 동방으로 온 그라몽 신부의 심정이 이해가 되던 시절이었다.


## 아니 되네 아니 되네 서학만은 아니 되네

1787년 성균관 입구에 있는 반회 마을* 김태석**의 집에서 이승훈과 정약용은 며칠째 숙식을 함께하고 있었다. 이 모임은 서학 교리를 집중 공부하기 위한 것이었다. 특히 일 년 전부터 실시하고 있던 임시성직제도에 대한 문제 제기로 교회 안에서 치열한 논쟁이 진행 중이었다. 교회 지도자로 이승훈은 교리에 대한 보다 정교한 이해가 필요하던 시점이었다.

이승훈은 북경에서 세례를 받고 돌아온 직후 이벽과 함께 집중적으로 교리 공부를 했던 것처럼 학문적 역량을 인정받고 있던 정약용과 함께 심

---

* 반회 마을은 명륜동 인근에 있었다. 성균관 유생들을 지원하는 일을 하는 사람들이 주로 살던 마을이다.
** 김태석은 성균관 유생으로 이승훈, 정약용의 가톨릭 교우였다. 반회 모임이 열린 김태석의 집은 천주교 비밀 교회로 추정된다.

화학습에 나선 것이었다. 주변에는 과거 공부를 위한 합숙이라고 둘러댔다. 두 사람은 서학 교리에 대한 집중 토론을 벌이면서 때에 맞추어 미사도 드렸다.

두 사람이 합숙을 하며 과거 준비에 몰두한다는 소문은 친구들에게 금세 알려졌다. 이 소식을 들은 이기경이 두 사람을 격려하기 위해 예고도 없이 김태석의 집을 찾았다.

느닷없는 친구의 방문에 승훈과 약용은 당황하는 빛이 역력했다. 게다가 몇 날 며칠 동안 과거에 대비해 글을 지었다는데 정작 완성된 글은 두 편에 불과했다. "아니, 자네들 과거에 대비하고 있다더니 지은 글이 겨우 두 편인가? 글은 안 짓고 지금껏 도대체 무얼 하고 있었던 겐가?" 이기경이 물었다. 두 사람은 제대로 답을 못했다. 뭔가를 숨기고 있었다.

이기경에게 짚이는 것이 있었다. "자네들 과거 공부가 아니라 다른 공부를 하고 있었던 거 아닌가? 혹시 서학 공부를 하고 있었던 건가?" 두 사람은 말이 없었다. 성균관 유생인 두 사람이 나라가 금지하고 있는 서학 책을 보는 것은 그것만으로 크게 문제가 될 일이었다.

더구나 반회 마을은 공자의 사당이 있는 성균관에서 지근거리에 자리잡고 있었다. 공자를 제사 지내는 성균관 한복판에서 서양 사교를 공부하고 서양 귀신에게 제사를 지내고 있었다는 것은 상상할 수 없는 일이었다 (이기경, 《벽위편》 중).

이기경은 두 사람이 과거 공부가 아니라 서학 공부에 몰두하고 있었다는 것을 직감할 수 있었다. 당시 장안에는 재주 있는 젊은 사대부들이 서양의 사교에 빠져 있다는 소문이 파다했다. 소문은 사실이었다. 자신의 절친인 두 사람이 다른 곳도 아닌 성균관 인근에서 '그 짓'을 하고 있다는 것을 두 눈으로 목격하고 이기경은 아연실색했다. 다른 사람들이라면 당연히 의금부나 포도청에 고발하거나 상소를 통해 국왕과 조정에 알려야 될 일이었다. 알리지 않는 것도 죄가 될 일이었다.

그러나 이기경은 이 사실을 조정에 알리지 않았다. 아직은 법보다는 우정이 한참 앞에 있었다. 나라의 법이 아니라 우정의 힘으로 잘못된 길에 빠져든 친구를 구해야 한다는 생각뿐이었다.

이기경은 1756년 생으로 승훈과 동갑이었다. 승훈과 마찬가지로 뿌리 깊은 남인 집안 출신이었다. 이승훈은 열두 살 되던 해 어머니를, 같은 해 이기경은 아버지를 여의었다. 어려서 부모를 잃은 상처를 공유했다. 이기경은 22세에, 이승훈은 25세에 사마시*에 합격해 성균관에 들어갔다. 이승훈의 사돈이자 절친인 심유가 이기경과 사촌형제였다. 멀긴 하지만 핏줄과 혼사로도 이어진 사이였다.

이기경과 이승훈은 성균관에서 함께 과거를 준비하며 속내를 털어 놓곤 했다. 점잖은 양반들이 하기 어려운 돈 이야기도 스스럼없이 나눌 정도로 허물없는 관계였다. 1783년 가을 연행사 일원으로 북경에 가게 됐을 때 이승훈은 그에게 돈을 빌려 달라고 부탁했다. 북경에 가면 서학 책을 사 오고 싶은데 혹시 돈을 빌려 줄 수 있느냐고 물어 본 것이다. 이기경이 그럴 여유가 없다고 거절해 금전 거래는 이뤄지지 않았지만 두 사람은 그만큼 가깝고 편한 관계였다.

친구의 변신은 친구가 가장 먼저 알아 봤다. 승훈과 약용은 언제부터인

---

* 조선 시대 성균관에 입학할 자격을 부여하는 시험. 이 시험의 합격자가 진사·생원이다.

가 눈빛부터 달라졌다. 이기경은 간곡하게 친구들을 타이르고 권고했다.

"자네들 지금 무엇을 생각하고 있는가? 다른 것은 모르지만 서학만은 아니 되네. 그것은 진리도 아닐뿐더러 국법이 금지하는 사교일세. 자기 한 몸을 망치는 것에 그치지 않고 가문을 망치고 나라를 어지럽게 만드는 일이네. 정신 차리시게."

어떻게 해서든지 서학의 구렁텅이에서 친구들을 구해 내려는 이기경의 노력은 절실했다. 그러나 이기경의 호소는 두 사람에게 전혀 들리지 않았다.

이기경은 성격이 불같고 급한 사람이었다. 자존심도 강하고 속이 깊었고 무엇보다 올곧은 사람이었다. 이승훈이 서학 책을 봤다는 이유로 곤경에 처했을 때 서학 책이라면 나도 읽은 적이 있고, 그것이 문제라면 자기역시 문제가 될 것이라고 당당하게 밝혔다. 서학이라면 너나 할 것 없이 손사래를 치는 상황에서 이기경의 이런 태도는 그의 성정이 어떤지를 잘 보여 주었다.

이기경 역시 한때 서학에 큰 관심을 보였다. 정약용에게 서학 책을 빌려 이를 베껴 가며 열심히 공부하기도 했다(정약용, 〈자찬묘지명〉 중). 그러나 이기경은 서학은 과학과 기술적인 측면에서는 유용하지만 학문으로서는 받아들일 것이 못 된다고 결론을 내렸다. 종교로서는 거론할 가치도 없었다.

이기경이 서학을 배척해야 한다고 판단한 가장 큰 이유는 서학이 임금과 부모에 대한 절대적인 충성과 효도를 부인하거나 소극적으로 주장한다는 점 때문이었다. 천주교에서 가르치는 십계명에는 왕에 대한 충성이 언급조차 되어 있지 않고 부모에 대한 효도는 네 번째로 언급되어 있는데 충효가 최고의 가치인 조선 선비에게 이는 어불성설이었다. 1785년 이후

정조 대왕이 서학을 국법으로 금지한 것 역시 이기경이 서학을 멀리한 이유 중의 하나였다.[*]

조선의 지적·사상적 전통의 적자임을 자부하는 성균관 유생이 보기에 서학은 조선 사회에 맞지 않는 가르침이었다. 하느님의 아들이 십자가에 못 박혀 죽었다가 다시 살아났다는 이야기는 황당했고 천국과 지옥이 있다는 말은 불교의 윤회설 이상으로 허황되게 들렸다. 조상과 성인에 대한 경배와 존경의 표현을 우상 숭배라고 매도하며 배척하는 것도 용납하기 힘들었다.

두 친구, 특히 이승훈이 서학에 빠진 정도가 아니라 서양 사교에 미쳐 있다는 것이 며칠 후에 거듭 확인되었다. 정조는 한 달에 한 번 성균관 유생들을 상대로 시험을 봤다. 그 무렵 정조가 제시한 시험 과제는 한나라 유방을 모시는 사당에 대해 글을 짓는 것이었다.

그런데 이승훈의 시험을 치르는 태도가 영 미심쩍었다. 시험 시간 내내 두 눈을 감고 깊은 생각에 빠져 있는 것 아닌가? 답안을 제출할 때 유심히 보니 이승훈의 답안지는 백지였다. 저 무슨 짓이란 말인가? 곰곰 생각하니 짚이는 것이 있었다. 제사와 관련된 것이라고 답안 작성을 거부한 것이 틀림없었다. 공자 같은 성현을 존숭하고 흠모하는 것조차 우상 숭배라고 보는 서학의 교리 때문이었다.

---

[*] 초기 조선 천주교회는 10주마다 한 번씩, 연간 5회에 걸쳐 나라와 국왕을 위한 기도를 바쳤다(조광, 〈조선 후기 천주교사 연구의 기초〉). 적어도 초기에 천주교회는 국왕에 적대적이지 않았다. 가이사의 것은 가이사에게 돌리라는 성경의 가르침에 따라 국왕에 대한 충성과 존경을 강조했다.

"승훈의 서학 병이 깊고도 깊구나." 이기경은 고민에 고민을 거듭했다. 더이상 우정이라는 이름으로 방관하거나 외면할 일이 아니었다. 자칫 잘못하면 친구를 망치는 것을 넘어 나라의 큰 화근이 될 것이라고 그는 판단했다. 그러나 아직 두 사람을 고발하려는 생각을 행동으로 옮길 정도는 아니었다.

당시 이승훈은 모든 죽은 이는 귀신이며 천주가 아닌 다른 신들을 인정하는 것은 배척해야 된다고 확신하고 있었다. 유교의 비조 공자에 대한 존숭 역시 우상 숭배일 뿐이었다. 그것이 이승훈이 그 시점에서 이해하고 있는 천주교의 올바른 교리였다.

조선 천주교회의 젊은 영수 이승훈은 광신과 맹신의 언저리를 헤매고 있었다. 어느 시대나 나라가 박해하고 다수가 손가락질 하는 소수파의 신념은 강성으로 치닫기 십상이었다. 적절한 지도와 조언이 없는 상태에서 이승훈의 신앙은 외곬수로 흐르고 있었다.

초기 조선 천주교는 박해 받는 자들의 신앙이었고, 감시자들의 눈을 피해야 하는 지하 신앙이었다. 박해의 강도에 비례해서 신앙의 열정은 커져 갔지만 자신들이 어디로 가는지, 어디로 가야 할지 제대로 알지 못했다.

원칙론과 강경론이 대세를 장악하기 십상인 상황에서 누군가 이들을 바로 이끌어 줘야 했지만 조선 팔도 안에 그럴 조직이나 사람은 없었다. 유교 성인에 대한 흠모의 글을 짓는 것조차 우상 숭배라 여기는 맹신의 늪에 이승훈은 빠져 있었다.

이기경은 눈물을 흘리며 이승훈을 밤새 설득했지만 이승훈은 들은 척도 하지 않았다. 정약용을 두 번이나 찾아갔지만 얼굴조차 볼 수 없었다. 정약용이 자신을 피하는 것이 명백했다. 이기경이 우정과 국법 사이에서 고민하는 사이 성균관 동료 유생 홍낙안*이 이를 눈치채고 이기경에게 다가왔다. 같은 남인이면서도 서학에 비판적인 의견을 갖고 있던 홍낙안이 다 알고 있다는 표정으로 물었다.

이승훈과 정약용이 과거 공부를 빙자해 성균관에서 서학을 공부했다는데 사실입니까? 그 광경을 직접 보셨다면서요? 이승훈은 제사와 관련된 글을 짓는 것조차 우상 숭배라며 거부했다지요?(이기경,《벽위편》중).

이기경은 자신이 보고 들은 것을 있는 그대로 말했다. 홍낙안이 흥분했다. 이 사안은 수수방관할 일이 아니라며 주상과 조정에 당장 알려야 한다고 주장했다. 그러나 이기경은 여전히 망설였다.

두 사람 모두 평소에 친하게 지내던 사람들이라 지금 갑자기 크게 벌려서 거사를 할 수 없습니다. 나의 어리석은 의견으로는 다시 상의하여 그들을 이끌어 내고 힘써 말리는 것이 좋을 것 같습니다. 그래도 어찌 할 수 없을 때 공격해도 늦지 않을 것입니다(이기경,《벽위편》중).

홍낙안은 이에 반론을 폈다.

---

* 조선 후기 천주교 배척에 앞장선 인물로 이기경과 함께 공서파의 핵심 인물이다. 정미반회 사건, 신유박해 당시 이승훈과 정약용에 대해 적대적 입장을 보였다.

형님과 절친한 두 사람은 저도 우정이 깊은 사람입니다. 제가 어찌 사사로이 두 사람이 미워서 고발하자고 하는 것이겠습니까? 저들의 소굴이 이미 완성이 되었고 천주교가 널리 퍼진 상태이니 나무라고 논쟁하고 사학을 포기하도록 권하는 데 힘을 다하지 않으면 형님이 지난날 눈물을 흘리며 말하던 일이 모두 허사가 될 것입니다.

지금 할 일은 대중의 힘을 모아 저들의 죄를 성토하는 것입니다. 같은 남인이라고 어물쩍거려서는 안 됩니다. 우리가 임금께 이 사실을 모두 아뢰지 않는다면 우리들이 입술이 타고 혀가 마르도록 떠들어도 모두 헛수고일 뿐입니다(이기경, 《벽위편》 중).

홍낙안은 지금은 우정을 말할 때가 아니며 잘못된 서학의 실상을 알려야 한다고 판단했다. 이기경이 끝내 마음을 정하지 못하고 망설이자 혼자 정조에게 상소를 올렸다. 1785년 을사년 이후 조정이 서학을 사교로 규정하고 서학서의 유포를 강력히 금지했음에도 불구하고 서학서가 유행하고 있으니 특단의 대책이 필요하다고 강조했다.

홍낙안은 상소문에서 이승훈과 정약용의 이름을 실명으로 거론하지는 않았지만 그가 두 사람을 겨냥하고 있다는 것을 누구나 알 수 있었다. 홍낙안이 적극적으로 서학을 공격하고 나섰지만 이기경은 아직 전면에 나설 생각은 없었다. 그에게 이승훈은 여전히 친구였다.

홍낙안의 상소에 대해 정조는 성리학의 밝은 뜻이 잘 알려지면 서학은 저절로 종식될 것이라는 입장을 밝혔다. 서학서를 물에 던져 버리거나 불태워 버리고 이에 따르지 않는 자는 법대로 엄히 심문할 것을 거듭 지시했지만 이것은 1785년 입장의 재확인에 불과한 것이었다.

누가 서학서를 유포하고 있는지, 서학에 빠진 자들이 누구인지를 조사하여 밝히라는 지시를 내리지도 않았다. 서학에 대해 정조는 여전히 유화적이었고 관대했다. 정조의 유연한 자세로 이승훈과 정약용은 서학 관련 혐의로 조사를 받는 일은 피할 수 있게 되었다. 그러나 이 사건으로 이승훈과 정약용 두 사람이 서학의 핵심 인물이라는 사실은 누구나 알게 되었다.

이승훈은 이번 사건이 이기경의 입에서 시작되었다고 판단했다. 상소를 올려 이 문제를 공론화한 홍낙안은 말할 것도 없이 명백하게 적이 되었지만 이기경 역시 더이상 친구가 아니었다.

이기경은 친구를 보호하기 위해 말을 아끼며 나름대로 애썼지만 이승훈에게 그런 이기경의 모습은 눈에 들어오지 않았다. 지하 조직의 총수였던 이승훈에게는 그런 것까지 살필 정신적 여유가 없었던 것이다. 자신과 의견을 조금이라도 달리하는 사람은 모두 그의 적이자 원수였다.


## 두 번째 배교－"이것이 우리 당의 화근이 될 것입니다"

이기경, 홍낙안과의 악연은 1791년 진산 사건을 통해 더욱 깊어졌다. 윤지충과 권상연이 부모의 제사를 지내지 않고 신주를 불태운 사건은 두 사람의 처형으로 마무리되지 않았다. 이 사건의 불똥은 이승훈에게까지 튀었다.

이번에도 홍낙안이 먼저 나섰다. 그는 서학의 유행은 이승훈이 1784년 북경에 가서 수백 권의 서학 서적을 사 와서 젊은 사람들에게 전파하면서 시작되었다고 주장했다. 홍낙안은 한발 더 나아가 이승훈이 책을 중국에서 구입한 것에 그치지 않고 국내에서 간행하여 대량으로 유포하는 것에도 관여하고 있다고 주장했다. 한마디로 서학 전파의 원흉이 이승훈이라고 고발하고 나선 것이었다.

승훈은 자신이 성균관 유생이라는 점을 악용하여 그 부형을 속이고 널리 무리를 모아 천주교를 전도하고 강론을 하고 있는데 좌의정께서는 지금 이승훈을 용서하려는 것입니까? 승훈이 하려는 것은 그 교리를 널리 선포하여 천하를 바꾸어 놓은 다음에야 끝날 일인데 (이를 두고 보겠다는 것입니까?)(홍낙안, 〈채제공에게 보내는 편지〉 중).

이기경도 이번에는 침묵하지 않았다. 이기경은 서학의 폐단을 근절해야 한다며 조정에 이승훈에 대한 처벌을 강력히 촉구하고 나섰다. 4년 전에는 그래도 우정이 남아 있어 홍낙안은 정약용과 이승훈의 실명을 거론하는 것은 자제했고 이기경은 공격의 일선에 나서는 것을 피했지만 이제 두 사람은 서학을 상대로 진검승부에 나섰다. 진산 사건을 보고 이기경은 이제 서학은 뿌리 뽑지 않으면 안 될 사교라고 확신하게 된 것이다.

진산 사건의 충격은 규모 9 정도의 초대형 강진이 조선 사회를 강타한 것에 비견할 수 있을 만큼 컸다. 부모의 제사를 지내지 않고 위패를 불사른다는 것은 이전에는 상상할 수도 없는 일이었다.

정조도 이제는 서학에 대해서 더이상 유화적인 자세를 보일 수 없었다. 서학과 관련해 이승훈의 실명이 거론된 만큼 조사는 불가피했다. 평택현감으로 재직 중이던 이승훈은 의금부로 소환됐다.*

서학 사건과 관련해서 조정의 분위기는 1785년 을사추조 사건 때나, 1787년 정미반회 사건 때와는 사뭇 달랐다. 서학을 일부 청년 사대부들의 있을 수 있는 일탈로 보던 정조 역시 진산 사건은 조선의 국기를 흔들 수 있는 일로 바라보고 있었다. 이승훈은 자칫하면 목이 떨어질 수 있겠다는 위기감을 느끼며 진술을 시작했다.

홍낙안이 저에 대해 주장한 것이 크게 세 가집니다. 서학 책을 중국에서 구입했다는 것, 그 이후 국내에서 서학 책을 간행했다는 것 그리고 성균관에서 서학 관련 공부를 했다는 것입니다.

첫 번째 주장에 대해 말씀드립니다. 북경에서 사신의 뒤를 따라 서양인이 거처하는 집에 갔습니다. 그들이 선물로 《천주실의》라는 책을 나누어 주었습니다. 평소 수리에 관심이 있어 별자리 운동과 같은 서양의 천문 관측법을 물어 보았더니 서양인이 《기하원본》, 《수리정온數理精蘊》, 시원경(망원경), 지평표 등을 선물로 주었습니다. 한양으로 돌아온 후에 받아 온 책을 보고 점점 그 글을 좋아했던 것은 사실입니다.

그러나 1785년 을사년에 조정에서 서학을 금지하자 저의 부친이 모든 문중 인사들을 모아 놓고 그 책들을 불태웠고 저 역시 서학을 배척하는 글을

---

\* 이승훈은 평택현감으로 부임하면서 공자 사당에 배례하지 않았다는 이유로 현지 유생들로부터 고발당해 조사를 받았다. 그러나 조사를 담당한 사람이 이승훈 인척이어서 처벌받지 않고 넘어갈 수 있었다. 공자 사당을 배례하지 않은 것을 보면 이때까지 이승훈은 신앙을 유지하고 있었던 것으로 보인다.

지었습니다. 그 이후로 저는 서학과 절연했습니다. 그럼에도 홍낙안은 이미 재가 된 수십 권의 책을 수백 권의 요서라 하고, 스스로 구한 물건이 아닌데도 마음을 써서 책을 구입했다고 날조하고, 서학을 배척하는 글을 지은 저에 대해 다른 사람을 속이고 꾀어 그 교를 널리 편다고 모함하고 있습니다.

제가 서학을 공부했다는 1787년 정미년 겨울은 이미 책을 불태운 뒤라서 저희 집에는 서학 책이 한 권도 없었습니다. 그런데 제가 반촌에 서학 책을 가지고 갔다는 것은 밀가루가 없는데 수제비를 만들었다고 하는 격입니다《조선왕조실록》정조 15년 11월 8일).

이승훈은 자신이 서학에 빠졌다는 주장의 핵심 증인으로 제시된 이기경을 격렬하게 비난했다.

홍낙안의 주장을 뒷받침하는 증인이 이기경인데 그는 공정한 증인이 될 수 없습니다. 이기경의 글에는 마음씀이 음험한 데가 있어 허망한 말을 함이 홍낙안보다 열 배나 더합니다. 이기경이 이미 홍낙안의 절친한 친구가 되는데 어찌 저와 절친한 벗이 될 수 있겠습니까? 이기경이 저를 벼루를 같이 사용하는 절친한 벗이라 한 것은 본심에서 나온 말이 아닙니다.

그의 속마음은 길 가는 사람도 모두 알 것이고 다리와 손바닥 사이에서 우롱하고자 하니 진실로 한 웃음거리도 되지 못합니다. 그들이 수컷이 부르고 암컷이 화답하듯이 서로 증거를 만들어 저를 얽어 매려고 모의한 것입니다.

제가 반촌에서 설법했다고 그들이 말하는 것은 그곳이 공자에게 제사 지내는 막중한 땅이므로 제 죄를 더욱 무겁게 하고자 한 것입니다. 그러나 반촌은 남의 눈과 귀를 가리기 어려운 곳입니다. 그런 곳에서 어찌 팔을 걷고 공공연히 설법할 수 있겠으며, 제가 설법을 했다면 이기경 한 사람 외에 한 사람도 본 사람이 없고 홍낙안 외에 한 사람도 말한 사람이 없겠습니까?

지금까지 나라에서 무엇을 금했는지 잘 알기 때문에 제가 척사의 설을 편 것입니다. 평소에 서학을 미워하는 것을 원수 보듯 했는데 어떻게 이러한 일을 하여 스스로 화를 재촉하겠습니까? 저의 부자와 숙질이 보기 드문 깊은 은총을 입어 번성했으니 무리들의 노여움과 시기를 당한 것입니다. 제가 마땅히 검소하고 삼가 다툼이 없어야 하는 것인데, 제가 천한 성품 때문에 성급하고 편협하며 시새우고 미워함이 매우 심하여 교류하는 사이에도 혹 청탁을 보이고 접대할 사이에도 인정 있고 관대하게 대하지 못하여 (이기경과 홍낙안에게) 독에 쏘이듯 모함을 당했습니다(《조선왕조실록》 정조 15년 11월).


이승훈에 비해 정약용은 냉정하고 침착했다. 자칫하면 이번 일로 큰 위기에 빠질 수 있다는 것을 직감하고 정약용은 타협안을 제시했다. 정약용은 이승훈의 동생 이치훈을 통해 이승훈에게 반회 마을에서 서학 책을 본 사실 정도는 인정하자고 제안했다. 자신들에게 우호적인 정조 임금과 채제공이 권력을 장악하고 있을 때 서학 책을 본 사실을 털고 가야 한다는 게 정약용의 생각이었다. 자신들이 서학 책을 본 사실을 이기경이 목격했는데 이를 마냥 부인하는 것은 오히려 화근을 키우는 것이라고 판단한 것이다.

지금 명철한 임금이 위에 계시고 재상이 정치를 잘 보좌하고 있으니 이런 때에 곪은 종기를 터트리는 것이 좋지 않겠습니까?(정약용, 〈자찬묘지명〉 중).

정약용은 대쪽 같은 성격의 이기경과 계속 대립하는 것이 부담스러웠다. 정미년 당시 이기경이 자신과 이승훈을 보호하기 위해 나름대로 애쓴 것을 알면서도 이승훈이 이기경에게 인간적으로 모멸감을 주는 것이 영 마음에 걸리기도 했고, 무엇보다 이승훈의 반박은 객관적 사실과는 거리가 멀었다. 더구나 이기경은 정약용에게 편지를 보내 조정의 심문 과정에서 대답을 가려 했다는 사실까지 밝히며 이 문제를 원만히 해결하자고 제안하기도 했다.

그러나 이승훈과 그의 동생 치훈은 이 제안을 일축하고 서학 서적을 본 것을 비롯한 모든 혐의를 부인했다. 이승훈에게 이기경은 적이자 천주 신앙을 공격하는 악마일 뿐이었다. 이런 자와 타협해 서학 책을 본 사실을 인정하면 더 큰 공격을 받을 것이고 조정의 조사가 진행되면 천주교회 지도자로서 자신의 행적이 드러날 수 있다고 판단했다.

이승훈은 이기경과 홍낙안의 주장을 전면 부인하고 이들에게 강력한 반격을 가하는 것 외에 다른 선택은 생각할 수 없었다. 자신의 목숨을 구하고 신앙을 지키기 위한 불가피한 선택이라고 생각했을지 모르지만 이기경에 대한 이승훈의 비난은 잡아떼기와 억지와 모함과 뒤집어씌우기의 전형이었다.

홍낙안은 결코 만만치 않았다. 그는 이승훈 주장의 허점을 날카롭게 파고들었다.

서양 사람이 이승훈의 친척이 아닌데 어찌 한 번 만나고 이런 선물을 주겠습니까? 이승훈이 북경 체류 시간 중 거의 절반 이상을 서양인 집에 있으면서 세례와 기도 전례 등을 배웠고 마음으로 받들면서 눈물을 흘리며 서학서를 받은 것입니다. 이승훈이 자신이 가져 온 것이 《천주실의》, 《기하원본》, 《수리정온》 3종이라고 하는 것은 이런 책은 이전에도 조선에 반입된 적이 있다는 이유를 들어 죄가 되지 않을 책만을 이야기하는 것입니다. 그가 가져 와서 본 책이 이 책이 전부라면 그는 수리에 정통한 사람일 뿐입니다. 그렇다면 그가 무엇 때문에 을사년에 서학을 비난하고 배척하는 시와 글을 지어 가며 형조에서 변명하기 급급했겠습니까? 그 책이 수학에 관계된 것에 그쳤다면 그의 부친과 숙부가 무엇 때문에 겁을 내어 친척을 모아 놓고 유용한 수학책을 태웠겠습니까? 형조에 출두할 때 화를 입을 기운이 눈앞에 있고 숨길 수 없게 되자 그의 부친은 가슴을 치며 말하고 그 동생은 눈물을 흘리며 따라가 붓을 쥐게 하여 억지로 부르고 받아쓰도록 한 정황은 전하지 않는 이가 없어서 귀가 있으면 모두 들은 이야깁니다 (이기경, 《벽위편》).

홍낙안은 차분하고 논리적으로 이승훈의 주장을 반격했다. 이기경은 그런 냉정함을 유지할 수가 없었다. 자신의 음흉함이 홍낙안의 열 배나 된다는 이승훈의 말에 이기경은 온몸이 떨렸다. 이승훈의 주장대로라면 자신은 잘 나가는 친구를 시샘하여 모함을 일삼는 소인배 중의 소인배였다.

이기경은 관직에 있는 동안 세 차례나 유배를 다녀왔다. 세 번 모두 왕을 비롯한 정권의 최고 권력자에게 직언을 하다 미움을 받은 결과였다. 그만큼 강직하고 소신이 굳은 인물이었다. 자존심이 유난히 강한 인물이었는데 이승훈의 진술은 그의 자존심을 깡그리 짓밟는 말이었다.

4년 전 반촌에서 이승훈과 정약용이 서학 공부를 하는 것을 두 눈으로 목격했지만 자신은 친구 이승훈을 지키기 위해 침묵했다. 4년 후 조정에서 이 문제를 재조사할 때도 자신의 유불리를 따지기 보다는 옳고 그름을 가려 진술하려고 애썼다. 관계가 예전 같지 않아 채제공에게 이승훈의 처벌을 요구한 것은 사실이지만 마음 한편에는 여전히 이승훈은 친구로 남아 있었다.

저와 이승훈, 홍낙안은 함께 공부한 절친한 친구들입니다. 서학 책을 본 것이 죄가 된다면 저 역시 승훈과 크게 다르지 않습니다. 저 역시 그 책을 보았습니다. 그 책은 간혹 좋은 곳도 있지만 이치에 어긋나고 윤리를 해치는 곳도 많이 있기 때문에 힘을 다해 배척하고 승훈에게도 많이 경계시켰습니다.

이에 대해 홍낙안에게 이야기한 적이 있지만 이는 증거를 서 준 것이 아니라 단지 친구 사이의 절차탁마하는 의리에 불과한 것입니다(《조선왕조실록》 정조 15년 11월, 이기경 상소).

그런 이기경에게 이승훈의 진술은 말 그대로 적반하장이었고 은혜를 몽둥이로 갚는 격이었다. 그는 더이상 참을 수 없었다. 당시 모친상 중이었지만 이기경은 장문의 상소를 올렸다. 우선 반회 사건의 전말을 일시와 장소, 관련 인물들을 상세히 들어가며 설명했다. 이승훈과 정약용을 비롯한 관련자들의 실명을 공개한 것은 물론이다. 그의 상소문에는 우정을 배신한 이승훈에 대한 분노가 넘쳐흘렀다.

정약용을 통해 이승훈이 북경에서 구입해 온《천주실의》,《성세추요盛世蒭蕘》 등의 책을 보고 정약용과 서학에 대해 논의했습니다. 때로는 그 신기한 면을 인정하기도 하고 그 허황함을 배척한 것이 비일비재 했습니다. 정미년 10월 사이에 이승훈의 무리들이 천학을 숭상한다는 말이 들려 이승훈에게《진도자증眞道自證》3권을 빌려 보았습니다. 이때 이승훈이 '서학을 믿지는 않으면서 책만 볼 것인가?'라고 제게 말했습니다(《조선왕조실록》정조 15년 11월, 초토신草土臣(상중에 있는 신하) 이기경 상소).

홍낙안의 반격은 날카로웠고 이기경의 주장은 사실에 어긋남이 없었지만 정조는 이승훈의 손을 들어 줬다. 정조는 조정의 심문 결과가 나오기 이전에 이미 홍낙안이 근거 없는 소문만으로 조정을 시끄럽게 하고 있다는 심증을 굳히고 있었다.

정조는 서학서 사건은 이미 1785년 이승훈과 그 아버지가 책을 불태우는 것으로 정리된 일이었는데 이를 홍낙안 등이 다시 문제삼는다고 판단했다. 1787년 반회 사건 당시 침묵하던 이기경이 4년이 지나 새삼스럽게 이 사건을 들고 나온 것도 정조가 보기엔 불순한 정치적 의도가 있는 것이었다.

이미 불타 버린 책을 가지고 재가 된 묵은 연기를 들추어 낸다는 것은 사실에 합당하지 못하다. 법으로 헤아려도 금령이 내리기 전과 금령이 내린 후와 구별이 있으니 따로 물어 볼 필요가 없을 것이다. 이기경과 같이 보았다는 말이 증거가 될 듯하나 이기경의 말이 이랬다저랬다 하는 것을 믿을 수 있겠는가?(《조선왕조실록》정조 15년 11월).

정조는 무엇보다 상중인 이기경이 근신하지 않고 상소를 올린 것 자체가 마음에 들지 않았다. 또 이기경이 상소문에 오랑캐들이나 사용하는 영세라는 단어를 쓴 것과 '천주가 부모보다 더 크고, 천주의 주재가 임금의 다스림보다 더 크다'와 같이 입에 담아서는 안 될 말을 상소문에 적었다고 크게 질책했다.

정조는 이기경이 이런 입에 담을 수 없는 표현까지 사용하며 상중에 상소문을 올린 것은 이승훈을 질투하고 음해하려는 것이라고 판단했다. 정조는 이기경에게 찬바람이 이는 답을 내렸다.

네 행동이 가증스러워 두고 보기 어렵구나. …… 이처럼 부끄러움을 모르고 법을 무시하는 자를 무거운 법으로 처벌하지 않으면 조정의 맑은 관원들을 모두 진흙탕 속에 빠트리고 말 것이다. 이기경을 무기한 경원부에 유배하고 절대 사면하지 말라(《조선왕조실록》 정조 15년 11월).

이기경에 대한 유배 조치는 4년 후에 겨우 풀렸을 만큼 그에 대한 정조의 분노는 깊었다.* 조선의 역대 왕 중에서 손꼽히는 현명한 군주였지만 정조 역시 때때로 객관적인 사실을 보기보다는 자신의 감정에 휘둘리고 편견에 사로잡히곤 했다. 1791년 재판이 대표적인 경우였다. 이승훈

---

* 정조는 이기경을 무기한 유배 조치에 처했지만 정약용이 1795년 적극적으로 이기경의 사면을 주장해 4년 만에 유배에서 풀려났다. "이기경이 비록 마음씨는 나쁘지만 1791년 재판만 보자면 진 일이 억울할 것입니다. 한때의 통쾌함이 우환이 될 터이니 임금께 아뢰어 석방시키는게 낫겠습니다"(정약용, 〈자찬묘지명〉 중).

은 석방되었다. 다만 서학서 구입에 대한 책임을 물어 평택현감에서 해직
됐다.

이기경은 정조의 처분을 도대체 이해할 수 없었다. 홍낙안도 그 사건
으로 벼슬을 잃었다. 왕에 대한 불만을 대놓고 떠들고 다닐 수는 없었지
만 그는 정의가 땅에 떨어졌다고 생각했다.

나는 주상의 조치도 온당치 않다고 생각하네. 직언을 하는 사람은 벌주고
거짓말을 일삼는 자들에게 벼슬을 주고 옹호하다니 그게 일국의 왕으로
할 일인가?(이기경, 《벽위편》 중).

이기경의 더 깊은 분노는 이승훈과 정약용에게 향했다. 자신의 두 눈
으로 똑똑히 본 사실조차 뻔뻔히 부인하는 두 사람을 보며 이를 갈았다.
서학에 빠진 저 두 놈은 이미 선비로서의 기본을 잊은 자들이었다. 거짓
을 일삼고 간교한 언사로 왕의 눈과 귀를 멀게 한 간신들이요, 나라의 엄
중한 법을 세 치 혀와 몇 줄의 글로 농락하는 자들이었다. 저 자들은 더이
상 친구가 아니었다. 이제는 원수일 뿐이었다.

이승훈은 비록 평택현감에서 해직되었지만 천주교 지도자로서의 행적
이 드러나지 않은 것만으로도 천만다행이었다. 진산 사건에서 비롯된
1791년 조정의 서학 관련 조사는 1785년 배교를 선언한 이후에도 자신이
천주교 신부로서 교회를 주도적으로 이끌어 온 사실과 북경 천주당과 연
락한 사실이 드러날 뻔한 위험천만한 순간이었다. 더구나 성균관 인근에
서 서학을 공부하는 현장을 목격했던 이기경의 고발로 자신의 정체가 탄
로날 수 있는 위기였다. 진산 사건은 이승훈에게도 큰 충격이었다. 이 사

건을 계기로 이승훈은 교회와 관계를 완전히 끊는 것을 고심하고 있었지만, 교회 지도자로서 자신의 과거 행적이 드러나는 것은 별개의 문제였다.

남인 영수 채제공의 비호, 이기경의 태도에 대한 정조의 분노, 무엇보다 이기경의 공격을 자신에 대한 모함으로 뒤집어씌운 방어 전략이 주효해 위기를 벗어났다고 이승훈은 판단했다. 이기경이 찬바람 부는 경원에 무기한 유배된 것은 이번 싸움에서 뒤집기 한판승을 거둔 것이었다. 이승훈은 이것으로 모든 것이 정리되었다고 판단했다.

그러나 정약용은 생각이 달랐다. 정조의 비호를 받아 일단 위기를 넘기긴 했지만 자존심 강하고 성격이 올곧은 이기경과 척을 지게 된 것은 두고두고 부담이 될 것이었다. 이기경으로서는 최대한 우정을 지키려고 했지만 이승훈은 그 배려에 보답하기는커녕 뒤통수를 친 격이었다.

이기경 입장에서 보면 이승훈은 간악한 천주교도이자, 비겁한 거짓말쟁이에 우정을 헌신짝처럼 버린 배신자였다. 지금은 정조의 분노가 커 이기경을 무기한 유배하라고 지시했지만 언젠가 이기경은 다시 조정으로 돌아올 인물이었다. 이기경이 조정으로 돌아오면 이 문제는 원점에서 거론될 사안이었다.

더구나 이번 건을 계기로 천주교도에 대한 반감을 갖는 세력이 공서파攻西派라는 이름으로 정파를 형성하기 시작했다. 이기경의 유배로 자신의 정체가 완전히 숨겨질 수 있게 됐다며 이승훈은 안도의 숨을 내쉬었지만 정약용은 두려움을 떨칠 수가 없었다. "우리 당의 화근이 여기에서 비롯될 것이다"(정약용, 〈자찬묘지명〉 중).

정약용의 이 예측은 틀리지 않았다. 10년 뒤 이기경은 이승훈과 정약용에게 복수의 칼날을 들이댄다.*

## 모든 것의 뿌리는 서학 책

서학의 요서妖書들이 너의 집에서 나온 뒤로 도성 안팎이 이에 혹하여 사학에 물드는 자가 해마다 늘어나고 있는 것은 누구나 아는 일이다. 그럼에도 너는 서학을 경계하고 비난하는 글을 지었다는 뻔한 답으로 네 죄를 부인하고 있다. 구태여 묻지는 않았다만 네가 서학을 배척하며 지었다는 글이 과연 배척하는 글인지 의심스럽다. 네가 정녕 살아서 여기를 나가고 싶으면 서학서를 전파한 혐의를 솔직히 자백하고 성상의 자비를 구하라!(《추안급국안推案及鞫案》 1801년 2월 10일 심문).

1801년 재판에서 심문관의 이 추궁은 거듭거듭 반복되었다. 서학서를 전파한 혐의를 인정하라는 것이었다. 이승훈은 미리 준비한 답을 읽어 내려가듯 같은 대답을 반복했다.

지난 1783년 가을, 제가 북경에 갔을 때 아버지를 비롯한 사절들을 따라

---

* 정약용은 이때 일로 이기경에게 오랫동안 마음의 빚을 갖고 있었던 듯하다. 이기경의 유배 기간 동안 그의 아이들을 찾아 돌봤고, 그의 모친상에 적지 않은 부조를 냈다. 〈자찬묘지명〉에는 이런 기록이 남아 있다. "이기경이 조정으로 돌아와 벼슬하게 되었는데 그와 어울려 말하는 사람이 아무도 없었다. 오로지 나만이 안부를 묻고 평소처럼 지냈다."

서양 천주당에 구경 간 적이 있습니다. 그때 서양인이 선물이라며 준 서학책을 아무 생각 없이 여행 짐에 넣어 온 것은 사실입니다. 서양인의 북경천주당은 중국에 가는 조선 사절이라면 누구나 구경 삼아 다녀오는 곳입니다. 저만 간 것이 아닙니다. 제가 선물로 받아 온 《천주실의》와 같은 서학 책들은 이미 조선에 널리 알려진 것들입니다. 정조 대왕께서도 이 책은 규장각에도 있는 책이라고 말씀하신 적이 있습니다.

제가 한때의 호기심으로 서양인이 선물로 준 책을 훑어 본 적이 있으나 서학에 입문한 적은 없습니다. 북경에서 서학서를 돈을 주고 구입한 적은 더욱 없습니다. 사정이 이러함에도 단지 제가 한때 서학서를 보았다는 이유만으로 이리도 혹독하게 형장을 때린다는 것이 과연 합당한 일이겠습니까? 결단코 저는 나라가 서학을 금한 이후로는 서학서를 읽은 적이 없고, 천주교인들과 연락을 하거나 함께 모임을 하거나 그 교를 다른 사람들에게 전파한 적도 없습니다. 이미 몇 차례나 확인된 일로 형장까지 가하는 일은 참으로 온당치 않습니다(《추안급국안》 1801년 2월 10일 심문 기록).

이벽에게 처음 《천주실의》를 빌려 읽은 것이 불행의 시작이었다. 18세기 후반 선비들이 돌려보는 책 중에서 빠지지 않는 것이 서학서였다. 대표적인 것이 이탈리아 출신 예수회 신부 마테오 리치가 한문으로 지은 《천주실의》였다. 《천주실의》는 천주교의 논리를 유학의 언어를 빌려 설명한 책이었다. 이 책은 천주교가 유교와 어긋나지 않으며 오히려 유교를 보완해 준다는 보유론補儒論을 주장하고 있었다.

1786년 조정에서 《천주실의》를 금서로 지정해야 한다는 논의가 있었지만 정조는 이 책은 궁궐 내 규장각에도 있는 책이라며 《천주실의》를 금서로 지칭하자는 제안을 받아들이지 않았다.* 정조는 1786년 조선의 부국강병을 위하여 서양 선교사들을 초빙하자는 박제가의 제안에 대해 부정적인 반응을 보이지 않아 내심으로는 서양과의 교류를 염두에 둔 것 아니냐는 말까지 나올 정도로 서학에 대해 열린 자세를 보였다.**

조선에 서학서가 처음으로 들어온 것은 17세기 초반이었다. 당시 중국에서 활동하던 마테오 리치를 비롯한 서양 선교사들은 한문으로 천주교에 대해 책을 쓰기 시작했다. 서양 선교사들은 선교의 한 방법으로 서양의 과학기술을 적극적으로 활용했다. 서학은 천주교라는 의미와 서양 과학기술이라는 이중적 의미를 동시에 담고 있는 말이었다.

그러다 18세기 후반에 들어서면서 서학은 천주교라는 의미로 받아들여지고 있었다. 18세기 서학 서적은 일종의 유행이었다. 안정복의 《천학고天學考》에 나오는 말이다.

서학서는 선조 말년부터 이미 우리나라에 전래되었는데 저명한 벼슬아치나 큰 유학자들도 보지 않은 사람이 없었으며, 이를 보기를 제자백가나 불도의 책처럼 여겼으며 서재의 완성품처럼 여겼다.

양반 사대부의 지적 사치품 정도로 여겨졌던 서학 서적은 1784년 조선

---

* 1781년 정조 5년에 편찬된 《규장총목》을 보면 당시 규장각에 17종의 서학서가 소장되어 있었다.
** 서학에 대한 정조의 태도는 고을희의 〈정조대 서양 선교사와 양박 영입 시도〉(《교회사연구》 25집, 2005)를 참조했다.

천주교회가 성립된 이후 급속히 일반 대중에게 확산되었다. 홍낙안의 아래와 같은 언급은 한글 서학서가 어느 정도로 확산되었는지 보여 준다.

1787년과 1788년에 걸쳐 충청도 일대에서는 거의 집집마다 외우고 전하기에 이르러서 아래로는 부녀자나 아이들에게까지 이르렀다(〈홍낙안, 서학 대책문〉).

1788년 《승정원일기》에 나오는 한 관리의 보고는 한글로 번역된 서학서가 얼마나 큰 유행이었는지를 보여 준다.

서울에서부터 먼 시골에 이르기까지 돌려가며 서로 속이고 유혹하여 이르지 않은 바가 없게 되었습니다. 비록 지극히 어리석은 농부와 무지한 시골 아낙네라 하더라도 그 책을 언문으로 베껴 신명神明처럼 받들면서 혹은 일을 그만두고서는 외우고 익혀서 죽는다 해도 후회하지 않는 데 이르렀습니다(《승정원일기》 87권, 정조 12년 8월 2일).

한문 서학서들이 한글로 번역되면서 서학 서적은 평민들과 여성들에게 급속히 퍼져 갔고, 서학서의 확산은 천주교인 증가로 직결되었다. 1801년 신유사옥 당시 조정이 압수한 천주교 서적은 모두 120종에 199책이었고 이 가운데 한글 서적은 83종 128책이었다. 서학서의 종류가 다양했고 대부분의 한문 서학서가 한글로 번역되었던 것이다.

천주교 확산의 직접적인 계기가 된 한글 서학서 번역의 일등 공신 가운데 한 명이 이승훈이었다. 이승훈은 최창현, 정광수, 정인혁 등과 함께 천주교 서적의 한글 번역과 보급에 앞장서고 있었다. 이때 번역된 대표적 서적이 《성경직해》였다. 이 책은 신약 성경의 4복음서 일부를 번역한 책으로 예수 수난기를 포함한 4복음서 내용의 30퍼센트가 수록되어 있었다.

이 한글 서학서들은 초기에는 주로 필사를 통해 보급되었다. 서학 서적에 대한 수요가 늘어나자 필사본을 전문적으로 제작해서 돈을 받고 판매하는 사람들이 등장했다. 천주교도가 아니지만 전문 필사자들을 고용해서 큰 돈을 버는 사람들까지 있었다.*

필사본 서학 서적은 귀한 만큼 비쌌다. 당시 미곡 1석의 가격이 5냥이었는데 필사본 한글 서학서 한 권 값이 1냥 7전이었다.** 귀하기도 하고 비싸기도 했던 만큼 신자들은 천주교 서적을 자기 목숨만큼이나 아꼈다. 서학 책을 내놓으라는 고을 수령의 추궁에 신유사옥 당시 순교한 한 신자는 이렇게 말했다.

저는 교우들이 많이 있지만 그들을 알려드리면 저와 같이 취급하실 것이기 때문에 알려드릴 수 없습니다. 제 책으로 말씀 드리면 너무나 귀중한 것이기 때문에 사또께 드릴 수 없습니다(달레, 《조선천주교회사》 중).***

---

* 1798년 쓰인 《눌암기략》에는 "사서邪書가 크게 유행하여 '임서자賃書者'가 큰 이득을 얻게 되었다"라는 기록이 나온다. 임서자는 전업 필사자를 뜻하는 말이다.
** 청나라 강희제 무렵 출판된 수리·천문학 책인 《율력연원律曆淵源》의 경우 70~80냥을 호가했다. 당시 1냥이 현재 화폐가치로 대략 5만 원이었다.
*** 충남 예산에서 1801년 7월 순교한 김광옥 안드레아의 이야기다.

한글 서학서의 폭발적인 인기는 이 책을 필사하는 것으로 수요를 감당할 수 없는 단계에 이르렀다. 1791년 홍낙안의 글은 천주교의 확산과 함께 한글 서학서가 필사 단계를 넘어 인쇄되고 있음을 시사한다.

이전에는 나라의 법이 무서워 골방에서 모이던 자들이 지금은 밝은 대낮에 제멋대로 다니면서 공공연히 전파하며, 예전에는 깨알처럼 작은 글씨로 써서 겹겹이 싸서 상자 속에 넣어 두었는데 지금은 제멋대로 간행하여 경외에 반포한다고 했습니다《조선왕조실록》정조 15년 11월).

서학서가 인쇄된다는 말은 대량 보급된다는 뜻과 함께 천주교회가 조직적으로 서학서 보급에 나서고 있다는 의미였다. 홍낙안은 한글 서학서 간행의 주도자로 이승훈을 지목했다. 이승훈은 홍낙안의 말을 들은 뒤에야 책이 간행되는 사실을 알았다고 잡아뗐다. 그러나 교회의 핵심 인물로 서학서를 반입하고 번역하는 데 주도적인 역할을 한 그가 서학서 인쇄를 모르거나 이와 무관했다고 볼 수는 없다.

조정이 서학 확산의 가장 큰 원인으로 서학서 대량 보급을 꼽은 것은 정확한 진단이었다. 조정은 한문 서학서가 조선에 들어오는 것을 철저히 막고 이미 들어온 서적은 수거해 불태우면 서학의 기세도 꺾을 수 있을 것으로 판단했다. 조정은 1786년 1월부터 모든 서학서의 반입을 정식으로 금지했다. 국경을 오가는 연행사 일행의 짐에 대한 검색도 대폭 강화됐다. 연행사절이 서학 서적이나 교역이 금지된 비단을 가져 오는지 단속하기 위해 암행어사를 파견하기도 했다. 연행사절이 선물 등의 명목으로 받아 오던 서학서도 반입을 금지했다.

정조는 양반이 서학서를 갖고 있거나 읽다가 적발되면 평민으로 신분을 강등시키는 조치까지 취했다. 1791년에는 국가기관인 규장각과 홍문관에 소장되어 있던 서학서까지 찾아내 불태웠다.* 이쯤 되면 서학서와의 전면전이라고 해도 지나치지 않았다.

서학은 조선 성리학 사회에 대한 도전이었기에 이를 저지하려는 조정의 노력은 시간이 갈수록 치밀하고 철저해졌다. 이런 노력에도 불구하고 서학 서적은 오히려 불티나게 보급되었고 천주교도 더 확산되었다. 서학서는 단순한 책에 그치지 않았다. 선교사였고 교리 교사였고 상징이었다.

이승훈은 그 책을 조선에 들여왔고, 한글로 번역했고, 대규모로 보급했다. 서학서 반입은 물론 한글 번역과 인쇄까지 주도하면서 이승훈의 교회 내 권위는 더욱 공고해졌다.


## 유항검의 도전 - "당신의 행위는 독성죄입니다"

1786년부터 이승훈을 비롯한 10인의 신부들은 정기적인 회합을 갖고 교회를 이끌어 가고 있었다. 조선 천주교회는 한양에 적어도 두 곳의 비밀교회를 운영하고 있었다. 한 곳은 난정동蘭亭洞으로 지금의 회현동 부근에, 또 한 곳은 반동으로 성균관이 있던 반회 마을로 추정된다.** 이곳에

---

* 1791년 12월 규장각에 보관 중이던 천주교 관련 서적 27종이 소각 처리되었다.
** 이승훈과 정약용이 천주교를 공부한 곳이 반동 지하교회로 추청된다.

서 사제단은 정기적인 비밀 회합을 갖고 있었다.

이 비밀 조직 지도부의 총수는 이승훈이었다. 이 모임에서 임시성직제도가 과연 교리에 맞는 것이냐는 문제가 제기되었다. 처음으로 문제를 제기하고 나온 사람은 호남 지역 천주교 조직을 총괄하고 있던 유항검柳恒儉이었다. 그는 호남의 사도로 불리던 덕망 높고 신실한 신자였다.

그는 주교로부터 정식으로 서품을 받아야만 신부가 될 수 있는데 지금 우리들이 주교로부터 승인을 받은 적이 있느냐며 임시성직제도의 근거를 따져 물었다. 유항검은 이승훈을 비롯한 교회 지도부에 편지를 보내 이 문제를 정식으로 논의할 것을 제안했다.

지난번 모임에서 많은 토론 끝에 내가 미사성제를 거행하고 또 견진성사를 집행하도록 결의되었습니다.* 나는 여러분의 명령에 따르고자 했습니다. 그러나 집에 돌아와 우리 성교의 여러 책들을 열심히 진지하게 읽어 보고는 공포에 떨게 되었습니다. 왜냐하면 사제직은 인호를 박아 주므로 인호가 없는 사람은 그 어떠한 직무도 이행하려 해서는 안 된다고 여러 책에 쓰여 있기 때문입니다.** 그러므로 그라몽 신부님으로부터 이 인호를 받지 못한 당신은 우리를 사제직에 올릴 수 없습니다(〈1789년 유항검의 편지〉).

임시성직제도를 실시하자고 이승훈이 처음 제안했을 때부터 유항검은

---

* 견진성사를 주재할 수 있는 권한은 이승훈에게만 부여되었다.
** 인호印號라는 말은 견진, 영세, 신품 등의 성사를 통해 받는 보이지 않는 표징을 뜻하는 말이다.

신중론자였다. 다만 신도들의 믿음을 키우고 교회 조직을 유지하기 위해서는 선교사가 올 때까지 임시로 성직제도를 도입하자는 이승훈의 의견에 대놓고 반대하지는 않았다. 이승훈을 비롯한 지도부 대다수가 임시성직제도가 필요하다는 데 찬성했기 때문이었다.

지난번 모임에서 이 중대한 인호 문제가 거론되지 않았습니다. 그래서 나는 문제를 잘 모르고 경솔하게 모든 사람의 결정에 응하게 되었습니다. 그것이 내가 통회해야할 엄청난 죄였음을 누가 생각했겠습니까? …… 지난 모임에서도 나의 의견은 인호를 수락하는 것이 아니라 그것에 관한 나의 의견을 말하려는 것이었습니다. 그러나 당신들은 모두가 란동과 판쿠의 모임에서 나의 의견을 조금도 논의하지 않았습니다(〈1789년 유항검의 편지〉).*

내부에서 논란을 야기하지 말고 일치 단합하여 외부의 박해와 탄압을 이겨내야 한다는 주장도 강했고 이승훈의 권위에 감히 도전하기 어려운 분위기도 유항검의 반발을 억누르고 있었다.

나는 누구에게도 나의 의견을 같이 하도록 강요하지 않고자 나의 장상으로 여기는 당신 의견에 양보해야 한다고 생각하고 당신과 의견을 같이했

---

* 이 편지는 라틴어로 번역된 유항검 편지를 다시 한글로 재번역한 것이다. 이 때문에 란동과 판쿠가 어디를 뜻하는지 불분명하나 정민은 란동은 회현동 일대, 판쿠는 반회 마을 일대를 뜻하는 것으로 해석하고 있다.

던 것입니다. 다만 인호를 부여할 권한이 확실하지 않기 때문에 이 권리를 침범하는 것이 결코 좋지 않다는 말을 덧붙였던 것입니다(〈1789년 유항검의 편지〉).

그러나 생각하면 할수록 임시성직제도는 심각한 문제를 안고 있었다. 좋은 게 좋은 것이라고 적당히 넘길 일이 아니었다. 반드시 바로잡아야 할 사안이었다. 사제단 전체 모임에서 유항검은 이 문제를 거듭 제기했다. 임시사제단의 존립 근거를 따지는 유항검의 주장은 시간이 갈수록 집요해지고 그 논리는 정교해졌다.

…… 지난 모임에서 나는 (내가 신부로서) 미사를 드릴 수 있다고 생각했었습니다. 그러나 은신처에 틀어박혀 그것을 철저하게 검토하던 중 내가 무슨 짓을 하고 있는지 문득 깨닫게 되었습니다. 왜냐하면 교황 성 그레고리오에 의해 제정되어 천여 년 동안 준수되어 온 예절을 감히 첨가하거나 삭제하는 것이 한 개인에게 허용될 수 없는 것이기 때문입니다.
뿐만 아니라 다른 책들을 보면 사제품을 받지 않고 거룩한 인호가 없는 사람은 누구나 축성을 할 수 없습니다. 그러므로 우리에게 사제품을 인정한 당신과 또 당신으로부터 그 권한을 받은 우리는 독성죄를 면할 수 없을 것입니다(〈1789년 유항검의 편지〉).

유항검은 즉시 모든 성사의 집전을 완전히 중단하고 북경 교구에 밀사를 보내 죄를 고백하자고 주장했다. 이 문제 제기는 1784년 교회 성립 이후 겨우 안착하고 있던 조선 천주교회를 뒤흔들었다.

유항검의 주장은 시간이 갈수록 힘을 얻어 갔다.* 사제직은 주님의 분명한 뜻과 이를 구체적으로 이어받은 주교의 서품에 의해 결정되는 것으로 교회 지도자가 자의로 임명할 수 있는 자리가 아니었다. 충성심이 강하다고, 믿음이 좋다고, 책임감이 투철하다고 맡거나 맡길 수 있는 자리도 아니었다. 유항검은 이승훈으로부터 신부로 지명 받은 9인 가운데 1인이었지만 이제는 교회 안에서 이승훈의 권위에 정면으로 도전하고 있었다.

유항검은 단순히 10명의 신부 가운데 한 명이 아니었다. 유항검은 전북 김제와 금구, 전남 영광 일대에 거대한 농장을 소유한 만금지부萬金之富였다.**

굶주림과 추위를 면할 수 있는 사람이 겨우 10여 명에 불과했던 가난한 조선 천주교회의 재정을 그가 사실상 책임지고 있었다. 유항검은 1790년 윤유일이 북경에 밀파되었을 때 은 400냥을 댄 것을 비롯해 모두 10차례의 북경 밀사들의 자금을 실질적으로 부담했다.

이종사촌인 윤지충으로부터 천주교에 대해 처음 들은 그는 1785년 무렵 경기도 양근에 살던 권일신 사베리오를 찾아가 서학 교리를 공부했다. 전주에서 양평까지 멀고 험한 길을 마다하지 않은 그는 적극적이고 열정적인 사람이었다. 그가 10인의 신부 중의 한 명으로 지명된 것은 그의 막대한 재산, 신앙에 대한 열정과 함께 호남 전주에 근거지를 두고 있

---

* 임시성직제도를 둘러싼 조선 천주교회 내부의 논란은 1787년 초부터 시작되어 적어도 2년 이상 계속된 것으로 보인다.
** 그의 재산 규모는 유항검 방계 후손의 재산 찾기 노력 등을 담은 위텔 문서 등을 통해 볼 때 1,500마지기 규모로 초기 신자 중 가장 부자임이 틀림없다.

다는 지역적인 요소도 고려된 것이었다.*

이승훈에게 세례를 받고 신부로 지명되었지만 임시성직제도에 대한 의견이 엇갈리면서 유항검은 이승훈과 대립하는 것을 마다하지 않았다. 1801년 신유사옥 당시 그의 일가 7명이 순교했을 정도로 가족과 측근이 모두 열성적인 천주교 신자였다. 교회 조직 안에서 그의 영향력은 이승훈, 권일신에 버금갈 정도였다.**

그가 이승훈에게 쓴 편지를 보면 천주교 신자로서 자부심이 넘쳐난다. 그는 말만이 아니라 행동으로 신앙을 실천하고 교리를 연구하는 사람이었다. 천주교의 진리를 접한 뒤에 그는 자식, 형제와 조카 등 가족은 물론 집안의 하인과 소작인들에게 이 진리를 알리기를 주저하지 않았다. 그의 막대한 재산은 호남은 물론 조선 교회를 유지, 확대하는 데 큰 힘이 되었다.

그는 아들 유중철이 이순이 루갈타와 동정부부로 살겠다고 했을 때 이를 기꺼이 허락했다. 그의 아들과 며느리는 4년간 동정부부로 지낸 뒤 1801년 나란히 순교했다. 집안의 대가 끊어질 수도 있는 일이었지만 당시 남녀를 불문하고 동정을 지키는 것을 최고의 미덕으로 여기던 교회의

---

* 유항검의 출신 성분에 대해서는 여러 주장이 있지만 주명준의 〈전라도의 천주교 수용 —1784년에서 1801년까지〉, 〈전라도에 천주교를 전한 유항검의 후손에 대하여〉 등을 주로 참조했음을 밝힌다. 주명준은 유항검 집안이 진주 유 씨 소제공파素齊公派로, 경기도 여주와 양근 등지에 살다가 5대조 이후 벼슬이 끊기자 그의 선대조에 전주로 이주한 남인 계열 집안이라고 주장한다. 이런 인연으로 경기도 양근에서 권일신 문하에서 천주교를 배우고, 남인 계열인 윤지충 집안과 혼인을 맺을 수 있었다는 것이다.

** 1794년 입국한 주문모 신부가 지방에 있는 신도 중 직접 방문한 사람은 전주 유항검이 유일했을 만큼 그의 교회 내 위치는 확고했다.

가르침을 실행하도록 도운 것이다.

신유박해 당시 조정의 기록을 보면 그와 관련되어 처벌을 받은 사람이 순교자 7명을 포함해 무려 29명이나 된다. 유항검 주변 사람들 대다수가 천주교 신자였다는 뜻이다. 신유박해 이전 직계 가족이나 하인 중에 천주교 신자로 처벌 받은 사람이 없던 이승훈과는 대비되는 부분이다. 이승훈에 대한 유항검의 반발은 이런 자부심을 근거로 한 것이었다.

유항검의 주장은 조선 사람 최초로 영세를 받은 것을 근거로 교회를 이끌고 온 이승훈의 권위를 뿌리부터 흔들었다. 논쟁이 이승훈 대 유항검의 구도로 흘러가면서 이 문제는 두 사람의 교회 내 주도권 다툼 양상을 띠기 시작했다. 최초의 영세자, 제1신부로 절대적 권위를 자랑하던 이승훈에 대한 미묘한 견제 심리가 발동되지 않았다면 유항검이 이 문제를 반복적으로 제기하기는 어려웠다.

유항검의 주장은 교리에 관한 문제인 동시에 교회 지도자 이승훈에 대한 도전이라는 성격도 있었다. 사제단의 다수는 여전히 이승훈을 지지하고 있었지만 막대한 재력에 독실한 신앙심까지 갖춘 유항검의 문제 제기에 귀를 기울이는 사람들도 적지 않았다. 유항검의 스승인 권일신 등이 유항검의 손을 들어주기 시작했다. 이 문제로 신흥 종교 조직은 분열의 조짐까지 보이고 있었다. 조선 천주교회 성립 이후 처음으로 맞는 내부 위기였다.[*]

---

[*] 임시성직제도를 둘러싼 논쟁에서 권일신이 유항검 주장을 지지했다는 기록은 없으나 권일신이 유항검의 스승이라는 점, 권일신이 이승훈과는 별도로 1790년 북경에 보내는 편지를 작성한 점 등을 보면 권일신의 입장이 이승훈과 달랐을 가능성이 크다. 권일신의

유항검의 지적은 임시성직제도를 구상할 때 이승훈도 고민하던 내용이었다. 조선에 선교사가 오기 힘든 상황에서 어쩔 수 없는 선택이라 할지라도 신자들끼리 임의로 교회 지도자를 선정하는 것은 분명히 문제가 있었다. 아이들 장난하듯 너는 주교 되고 나는 신부 되어 교회를 이끌어가자 할 일이 아니었다.

교회 지도부는 1786년 가을부터 계속 이 문제를 논의했지만 결론은 나지 않았다. 북경 주교에게 의견을 구하자는 데는 모두 동의했지만 북경에서 답이 오는 동안 임시사제들이 성사를 계속 집전할지를 두고 의견이 갈렸다.

성사를 중단하면 신자들의 열정이 급격히 식을 것이니 성사를 계속하면서 답을 기다리자는 게 다수 의견이었지만 유항검은 즉시 미사를 중단해야 한다는 소신을 굽히지 않았다. 자격이 없는 신부들이 주재하는 미사에는 계속 참석하기 힘들다며 교회를 떠날 수도 있다는 뜻을 내비쳤다. 조선 천주교회가 갈라질 수도 있는 중대 위기였다.

치열한 논의에도 불구하고 결론이 나지 않자 9명의 동료 신부들이 이승훈에게 이번 건에 대한 모든 권한을 위임했다. 이승훈은 고심 끝에 유항검의 제안을 받아들였다. 최대한 이른 시일 안에 밀사를 북경에 파견해 북경 주교에게 이 문제를 보고하고 답을 구하기로 했다.

밀사 파견의 가장 큰 어려움이었던 자금 문제는 유항검이 책임지고, 밀사 선발은 권일신에게 맡겼다. 북경 교회의 답신을 기다리지 않고 임시

---

편지는 남아 있지 않아 그 내용을 알 수 없다.

성직제도는 즉시 중단하기로 했다. 2년 이상 유지해 왔던 임시성직제도는 철폐되었다. 이승훈을 포함한 10명의 신부들은 다시 평신도의 자리로 돌아왔다. 미사와 고해성사 등 모든 전례가 중단되었다. 조선 교회는 사제가 없고 신도만 있는 1786년으로 다시 돌아갔다.

이승훈은 임시성직제도는 당장 신부가 올 수 없는 조선이라는 특수한 지역에서 불가피한 것으로 북경 주교도 용인할 것이라고 주장할 수도 있었다. 북경 주교의 명확한 지침이 있을 때까지 한시적으로 시행하자고 할 수도 있었다. 가성직제도를 중단할 경우 신부였던 사람이 하루아침에 평신도가 돼야 했다. 당장 임시사제들이 집전한 미사와 고해성사, 축성 등의 효력이 문제가 되었다.

교회와 신자들의 혼란은 이 새로운 종교 조직이 감당하기 힘든 일이었다. 신자들의 혼란을 막기 위해서라도 임시성직제도의 유지를 주장할 수도 있었다. 더구나 당시 이승훈과 정약용은 정미반회 사건 등으로 서학에 반대하는 공서파의 집요한 공격을 받고 있었다. 유항검의 주장은 외부의 공격을 받는 상황에서 내부의 혼란을 부추기는 교회 소수파의 행동이라고 몰아붙일 수도 있었다.

이 결정은 이 제도를 제안하고 주도한 이승훈 본인의 오류를 전적으로 인정하는 것이었다. 제1신부로 교회를 이끌어 온 그의 위상에 큰 타격을 주는 결론이었다.

그러나 이승훈은 신자들이 서로를 임의로 사제로 지명하는 것은 독성죄에 해당한다는 유항검의 주장이 맞다고 인정했다. 무엇보다 이 문제를 둘러싼 논쟁이 계속될 경우 조선 교회가 분열될 수 있다는 점을 걱정했다. 시간이 갈수록 유항검의 주장에 동조하는 신부들이 늘어나는 것도 이승훈이 임시성직제도 전면 철폐라는 결단을 내린 한 이유가 되었을 것이다.

임시성직제도의 철폐는 교회 내 논쟁에서 이승훈이 치명적인 패배를 당한 것이었다. 이 사건 이후 교회에서 그의 위상은 다시는 회복되지 못했다. 이승훈이 교회를 떠나는 결정적인 계기가 된 것도 사실이었다.

그러나 이 결정은 이승훈이 천주교 신자로서, 교회 지도자로서 내린 가장 빛나는 결단이었다. 이승훈은 자신이 주도한 일이 오류라고 지적을 받았을 때 이를 자신의 권위에 대한 도전이나 반항이라고 생각하지 않았다. 다른 사람의 의견에 귀를 기울였고 긴 고민 끝에 자신이 잘못 판단했다는 것을 깨달았을 때 이를 인정하고 반성했다. 자신의 거의 모든 것을 내려놓는 결단을 주저하지 않았다. 자신의 자존심이나 체면, 권위를 내세우기 이전에 집단의 지도자로서 책임 있는 결정을 내렸다.

임시성직제도라는 교리상 문제가 있는 제도의 실시로 조선의 초기 천주교는 자칫 사교 집단의 오명을 뒤집어쓸 수도 있었지만 그의 결단으로 스스로 잘못을 고쳐 나갈 수 있는 자정 기능을 갖춘 종교 집단으로 성장할 수 있었다.

미사와 고해성사를 비롯한 모든 성사의 급작스런 중단은 일반 신도들에게 날벼락 같은 일이었다. 교회는 불안과 혼돈 속으로 빠져들었다. 교회 지도부가 이 문제를 오래 논의해 온 사실을 알지 못하는 일반 신자들은 이승훈에게 비난을 쏟아부었다.

그는 지도자로서 회복하기 힘든 상처를 입었다. 그렇다고 교회 안에서 지도자로서의 이승훈의 역할이 완전히 끝난 것은 아니었다. 혼란을 수습하고 새로운 길을 제시하는 것까지는 이승훈이 맡아서 처리해야 할 일이었다. 북경에 밀사를 보내 조선에서 벌어진 일을 설명하고 임시성직제도

철폐 이후에 대한 의견을 구하는 일이 남아 있었다. 이승훈은 북경 천주당에 편지를 썼다. 교회 안팎의 공격에 처한 이승훈은 북경 천주당에 구원의 손길을 청했다. 자신의 힘으로, 조선 교회의 힘으로는 극복할 수 없는 혼란이자 도전이었다.

조정의 탄압은 더욱 강도가 높아지고 서학 단속의 그물은 촘촘해지고 있었다. 1787년 성균관 부근에서 서학 모임을 갖다 적발된 반회 사건 이후 이승훈은 일단 대외적으로 배교자를 가장하며 위기를 넘기고 있었다. 그러나 이승훈을 서학의 괴수로 보는 시선은 사라지지 않고 오히려 강해지고 있었다. 서학 지도자로서 그의 정체가 드러나는 것은 시간문제였다.

이승훈은 길 잃은 양들에게 길을 가르쳐 달라고 북경 천주당을 향해 엎드려 눈물로 호소했다. 북경에는 그의 영원한 스승 그라몽 신부가 있었다. 이승훈은 그라몽 신부에게 손을 내밀었다.


## 조선에서, 북경 선교사들에게*

1789년 말 북경 북당에 남루한 행색의 조선 청년이 찾아들었다. 이 조선 청년은 그라몽 신부를 찾았다. 그라몽 신부를 비롯한 예수회 신부들은 교황청의 예수회 해산 조치에 따라 5년 전 북경에서 철수한 상태였다. 북당

---

\* 이승훈은 1789년 말 북경 북당으로 편지를 썼다. 윤유일이 그의 밀사였다. 이때 보낸 편지가 라틴어로 번역되어 교황청에 보관 중이다. 이 편지는 최석우 신부가 라틴어 번역본을 한글로 다시 번역한 것이다.

은 프랑스에서 새로 파견된 라자르파派 수도회에서 관리하고 있었다. 그라몽 신부가 북경을 떠난 지 이미 오래됐다는 말에 청년의 표정이 실망으로 일그러졌다. 이 청년이 단순한 성당 관광객이 아니라는 것이 분명했다.

성당을 관리하고 있던 로Raux 신부가 이 청년을 내실로 인도했다. 눈매 단정한 이 청년은 붓을 들어 자신을 조선 천주교회에서 파견한 윤유일 바오로라고 소개했다. 로 신부도 조선 천주교회에 대해 들은 바가 있었다. 5년 전 북경 북당을 인계받을 때 그라몽 신부가 언젠가 조선 교회에서 사람이 올지도 모른다고 말했다. 그라몽 신부가 말한 사람이 이제야 자신의 눈앞에 나타난 것이었다.

경기도 여주 출신인 윤유일은 권일신 사베리오의 인도로 천주교인이 되었다.* 윤유일은 세 번이나 북경을 오가며 조선 교회와 북경 천주당의 연락책 역할을 성공적으로 해 낸 인물이었다. 1789년과 1790년 두 차례에 걸쳐 연행사절단의 마부로 신분을 위장하고 이승훈의 편지를 가슴에 품고 북경을 다녀왔다. 두 번 다 목숨을 건 일이었다.

윤유일은 두꺼운 겉옷의 솔기를 뜯은 뒤 옷 안에서 무명으로 싼 비단 천을 꺼냈다. 비단 천에는 깨알 같은 크기의 글씨가 가득 적혀 있었다. 이승훈의 편지였다.

저 이승훈 베드로는 측은함을 받고자 엎드려 가슴을 치며 이 글을 드립니

---

* 윤유일(1760~1795). 세례명은 바오로. 권일신의 제자로 1789~1790년에 북경 밀사로 활약했다. 주문모 신부의 입국에서도 중요한 역할을 담당했던 그는 주문모 신부 체포 미수 사건 당시 포도청에 검거돼 심문 도중 숨졌다.

다. 저는 1784년 봄에 성체성사를 받은 때부터 일어난 일에 대해 저의 신부님들 앞에 참회합니다. 저는 완전히 천주님의 은총을 잃어버리고 자진하여 마귀의 종이 되어 성사를 집전하는 일에 관여하는 엄청난 죄를 범했습니다.

그것은 저의 영혼만이 아니라 다른 사람들의 영혼까지 잃어버리게 했으므로 나의 죄 중에서 가장 큰 죄입니다. 저를 용서하여 받아 줄 곳이 과연 이 땅에 있을까요? 지금까지 저를 기다려 준 저 무한한 자비가 아니고서야 어디에 의지할 수 있겠습니까? 이렇게 곰곰이 생각할 때 그 모든 생각들이 저의 마음에 공포심이 들게 하고 동시에 감사의 정을 메마르게 합니다.

그간 새로운 신자 집단에서 일어난 일들과 함께 저의 죄의 대한 고백은 당신들로 하여금 천주님께 저의 죄의 용서를 청하게 하고 재생의 확실한 길을 일러 주게 할 것입니다.

그런데 이와 같은 필요는 저 혼자만의 일이 아니라 성교의 본분을 지키고 있는 1,000명가량의 조선 신도들에게도 관계되는 것으로서 그들은 재기할 방법을 잃고 죄에 억눌려서 어디서 광명을 찾아야 할지를 모르고 암흑 속에서 살아가고 있으며 또한 사제들이 없어서 성사에서 제외되어 있습니다.

이 교우들은 끊임없는 불안 속에 빠져 있습니다. 우리는 구속의 은혜를 잘 알고 있습니다만 누가 그 은혜를 우리에게 줄 수 있겠습니까? 그러므로 신부님들은 우리의 근심과 고통을 생각하시고 우리를 불쌍히 여기시어 파선으로 물에 빠지게 되어 있는 우리들에게 구원의 손길을 펴 주시기 바랍니다. 저의 죄와 신자들의 상태는 아래와 같습니다.

1. 영세를 받았을 때 나는 알아야 할 교리에 대해 피상적인 지식밖에 없었

습니다. 저의 영세가 유효합니까? 영세를 다시 받아야 합니까? 이에 대해 당신들의 지시를 기다립니다.

2. 물론 저는 성교에 입교할 의향이 있었습니다. 그러나 그 의향에는 수학에 관한 지식을 얻으려는 욕망이 있었습니다.

3. 북경에서 귀국할 때 저는 성물들을 비신자들에게 맡겼다가 그 후 다시 돌려받았습니다. 그것은 독성죄가 아닙니까?

4. 귀국한 후 제게는 가지고 온 책으로 천주교를 연구하고 그것을 나의 친척과 친지들에게 전하는 것보다 급한 일은 없었습니다. 전교하러 다니다가 한 학자*를 만났는데 그는 이미 그것을 발견하고 열심히 연구했습니다. 그의 연구는 무익하지가 않았으니 천주교의 가장 어려운 부분까지 알고 있었습니다. 그의 신앙과 열정은 그의 지식보다 더했습니다. 그는 저를 가르치고 격려했는데 우리는 천주님을 섬기고 또 다른 사람들이 천주님을 섬기도록 서로 도왔으며 그 결과 1,000명이 신앙을 받아들이고 영세 받기를 간절히 바라고 있습니다.

저는 모든 이의 권고로 그중 많은 사람에게 제가 북경에서 받은 예절로써 영세를 주었습니다. 그러는 동안에 박해가 일어났으며 이로 인해 저의 가족은 어느 가족보다도 고통을 겪게 되었으며 그래서 결국 예수 그리스도 안의 저의 형제들의 공동체를 떠나게 되었습니다.

그러나 영세를 중단시키지 않기 위해 두 사람에게 영세를 대신 주게 했는데 한 사람은 위에 말한 학자이고 또 한 사람은 박해로 인해 많은 고통을

---

* 이 학자는 이벽임에 틀림없다.

당하고 1785년 가을, 체포된 지 1년 후에 사망한 사람입니다.*

5. 신자들의 서로 고해하는 방법을 토의하고자 1786년 봄에 가진 모임에서 갑은 을과 병에게 고해를 하되 갑과 을 또는 을과 병은 서로 고해하지 못하도록 결의를 했습니다.

같은 해 가을에 다시 모였는데 이 모임에서 내가 미사성제를 드리고 견진성사를 드리도록 결정되었습니다. 저는 교우들의 이러한 권유에 응했을 뿐만 아니라 또 10명**에게 미사를 드릴 권한을 주었습니다. 예절은 여러 책과 시과경時課經***에 있는 대로 하되 좀 삭제도 하고 첨가도 했습니다. 경문은 우리 기도서에서 택했습니다.

저는 1786년에 가서야 처음으로 그것이 독성죄임을 알았습니다. 독성죄 문제는 그해 봄 무렵에 한 사람에 의해 제기되었습니다.**** 그는 사제로 임명되자 책을 열심히 연구했는데 거기서 제가 저지른 죄를 발견했습니다. 그는 이런 사실에 대한 자기 의견을 말하기 위해 즉시 제게 편지를 보냈습니다. 그의 편지 사본을 동봉합니다.***** 얼마나 무서운 죄입니까? 온몸이 떨립니다. 저는 급히 성사가 거행되고 있는 여러 곳에서 모든 성사의 집행을 중단시키고 신자들 모두에게 저의 독성죄를 알렸습니다.

---

6. 제가 보내는 사람을 통해 책을 보내주도록 1784년 말에 그라몽 신부님에게 편지를 보냈습니다. 이 사람은 1785년 음력 4월경에 돌아왔는데 그때는 이미 박해가 시작되고 있었으므로 그 사람은 체포되고 책과 그라몽 신부의 회답은 압수되었습니다. 다행히 그에게 사형이 선고되지는 않았습니다. 이때부터 모든 통로가 엄격하게 감시되고 모든 통행인들이 엄격한 신문을 받았습니다.

저는 이 편지가 발각될 것이 두려워 비단에 싸서 무명으로 감았습니다. 왜냐하면 만일 저의 밀사들 중 한 사람이라도 발견되면 이 새 신자 집단은 큰 박해를 받게 되고 그렇게 되면 당신들과 영영 연락을 취할 수 없게 될 수 있기 때문입니다.

그러므로 이 편지를 가지고 가는 사람에게 주의를 기울여 그에게 닥칠지 모르는 여러 가지 사고로부터 보호해 주시기를 부탁드립니다. 그가 현명하게 행동하기 위해서는 주의와 감독을 받을 필요가 있으며, 그래야 우리는 당신들이 소식을 받게 되는 행복을 갖게 될 것입니다.

1784년부터 우리의 설교를 듣는 사람들이 점점 증가하여, 천주를 흠숭하는 이들이 사방 천리에 1,000명에 이르고 있습니다. 박해가 네다섯 곳에서 일어나서 많은 교우들이 잡혀 투옥되고 매를 맞고 위협을 받고 감언이설로 유혹을 받는 등 한마디로 배교시키기 위해 온갖 방법이 동원되었습니다. 백절불굴의 용기를 보인 사람들의 수가 아주 많았는데, 10여 명은 피로써 그들의 신앙을 증거하기까지 했습니다.* 그러나 이와 같은 성공은

---

* 당시 조선의 공식 기록에는 이승훈의 이 주장을 뒷받침할 만한 내용은 찾아보기 어렵다.

지속되지를 못했습니다.

성사가 중단되면서 우리는 의지할 데를 잃었고, 매일같이 고통과 불안 속에서 지내며 밤낮으로 구원받기를 갈망하고 있습니다. 서양에서 온 당신들이 아니면 우리는 누구에게 구원을 호소할 수 있겠습니까? 그러니 우리의 호소를 들어 주시어, 우리를 버리지 마시고 구속救贖의 은혜를 베풀어 주시기 바랍니다.

당신에게 좀 더 일찍 소식을 전하지 못한 것은, 박해가 우리의 소원을 방해했고 또 우리의 가난이 그 방법을 제공하지 못한 때문입니다. 그런데다가 또 실망한 교우들은 천주교 원수들의 철천지원수가 되어 있고, 또 고해성사를 보지 못하므로 처음처럼 열심을 다하지 못하고 있습니다. 세상의 모든 나라들은 구속의 은혜를 받고 있고 또 주교와 사제로 가득차 있습니다. 왜 우리가 살고 있는 이 작은 땅만이 구속의 은혜에서 제외되어야 합니까?

주님의 사제이고 주님의 봉사자인 당신들 대전에 엎드려 간청합니다. 주님께서 흘리신 피를 생각하고 사도들을 본받아 우리를 불쌍히 여기시고 죄에 억눌려 살길이 막힌 사람들이 재기하고 재생할 수 있도록 해 주십시오. 이것이 우리의 간청입니다. 만일 당신들과 연락한 것이 발각되면 그화가 이 신자 집단에 미칠 것입니다. 그러므로 이러한 사실은 우리 교회의 사제들만이 알고 계셔야 합니다.

이승훈은 시시각각 물이 차올라 곧 침몰할 지경인 배의 선장이었다. 자신의 힘으로는 이 배를 구조할 방법이 없었다. 이 편지는 길 잃고 방황하는 초기 조선 교회 신자들의 처지와 그 교회를 이끌고 있는 지도자의 안타까운 호소를 담고 있다.

그는 자신이 한 일이 잘못된 것인지, 잘못한 것이라면 그 잘못의 크기가 얼마나 되는지, 그 잘못을 바로잡기 위해 무엇을 어떻게 해야 되는지 애처롭게 답을 구하고 있다. 자신의 능력과 지식으로는 감당하기 어려운 무거운 짐을 진 지도자의 모습이다. 도와 달라고, 살려 달라고, 구해 달라고 애걸하듯 매달리고 있다. 밀사를 보낸 사실에 대해 거듭해서 각별한 주의와 보안을 당부하는 대목은 당시 조선 천주교회가 일상적인 감시에 처해 있고 늘 박해의 불안에 떨고 있었다는 것을 보여 준다.

이 편지를 받은 북경 교구는 놀라고 환호했다. 5년 전 한 신자를 통해 뿌린 한 알의 신앙의 씨앗이 죽지 않고 살아남아 30배, 60배가 아닌 1,000배로 자란 사실에 흥분을 감출 수가 없었다.

단 한 명의 선교사도 보낸 적이 없음에도 그동안 조선의 자생적 신자들이 스스로 교회를 세우고 믿음을 전파하고 있는 것이다. 정부의 집요하고 혹독한 탄압을 받는 와중에 이런 일을 해 냈다는 것이 더욱 놀라웠다. 조선 교회가 밀사를 보내 자신들에게 도움을 요청하는 것이 현실로 느껴지지 않았다. 기적이란 바로 이런 것을 두고 하는 말이었다.

편지의 내용도 감동적이고 인상적이었다. 자신의 잘못에 대한 절절한 반성, 과오를 지적하는 동료에게 귀 기울이는 겸손함, 조직을 이끄는 지도자로서 책임감, 믿음과 구원에 대한 확고한 신념, 절망 속에서도 좌절하지 않는 불요불굴의 자세 등등. 이 편지는 스스로 신앙의 싹을 틔운 조선 교회가 비록 무지로 인한 작은 잘못을 저지르기는 했지만 그 가고자 하는 방향과 태도에서 대단히 희망적이라는 것을 보여 주었다.

밀사로 파견된 윤유일의 모습과 태도 역시 조선 교회 신자들의 신앙의 깊이를 그대로 보여 주었다. 윤유일은 조선에서 이승훈에게 영세를 받았지만 북경 신부들에게 다시 영세를 청했다.* 윤유일의 영세 과정은 북경에 있는 서양과 중국 신부들을 감동시켰다. 윤유일 바오로는 교리에 대한 지식은 말할 것도 없고 전례에 대한 이해에서도 흠 잡을 데가 없었다.

북경 교회와 나는 윤유일 바오로가 1790년에 북경을 내왕한 두 번의 여행에서 보여 준 신심과 정성을 목격했습니다. 그는 북경에서 견진과 고백과 성체성사를 놀라운 열심으로 영領했습니다. 우리 교우들 중 여러 사람이 이 신임 교우의 모범적인 겸손과 말과 덕행을 보면서 감탄하고 기쁨의 눈물을 억제할 수가 없었습니다(구베아 주교의 1797년 편지 중).

판지 신부가 대부를 선 가운데 로 신부가 그에게 영세를 줬다. 윤유일은 로 신부의 답장과 구베아 주교의 사목서한을 가슴에 품고 1790년 4월 조선으로 무사히 돌아왔다.

사실 조선 교회에게 북경 주교의 회신은 기대에 못 미쳤다. 임시성직제도는 잘못된 것이라는 구베아 주교의 지적은 이미 예상했던 바였다. 조선 교회의 관심은 북경 주교가 어떤 대책을 제시할 것인가에 있었다. 계명을 준수하고, 잘못을 저지른 것에 대해 회개하라는 것은 사실 하나마나한 이야기였고 성사 받을 방법을 강구하라는 주교의 조언은 구체적인 방

---

\* 윤유일이 이승훈에게 영세를 받은 사실에 대해 북경 교구는 별다른 언급을 하지 않았다. 평신도인 이승훈이 다른 신자들에게 세례를 줄 수 있는 권한을 갖고 있음을 보여 주는 대목이다.

법이 빠져 읽는 사람들을 맥빠지게 했다. 최소한 언제까지는 신부를 보내 주겠다는 약속을 기대했지만 시기에 대한 언급은 아예 빠져 있었다.

젊은이 몇 명을 북경으로 보내어 사제 교육을 시킨 뒤 다시 조선으로 보내라는 권고가 가장 구체적인 제안이었지만 이것은 마치 갓난아이에게 뛰라는 것이나 마찬가지였다. 밀사 한 명도 보내기 어려운 처지에 젊은이 몇 명을 북경으로 보내 신부로 양성하라는 말은 현실성이 떨어져도 너무 떨어지는 말이었다.

5,000리 떨어진 북경에 있는 수학박사 출신의 서양인 주교가 조선 교회의 사정을 제대로 알기 어려웠고, 사정을 모르니 현실성 있는 처방을 제시하기는 더욱 어려웠다.

아쉬움이 컸지만 이승훈을 비롯한 조선 교회 지도부는 실망감을 드러내지 않았다. 일단 북경 교회와 다시 연락선을 확보한 것 자체가 큰 수확이었다. 자신들의 무지와 오류를 혹독하게 꾸짖지 않고 격려해 준 것만으로도 다행이라고 생각했다. 그들은 북경 사제의 권위를 인정하고 그들의 가르침에 맞춰 해법을 모색했다.

이승훈은 홍낙민, 권일신 등과 이 위기를 타개할 방법을 논의했다. 아무리 생각해도 방법은 하나뿐이었다. 전례를 집전할 수 있는 외국인 신부를 영입하는 것, 그것이 유일한 해법이었다.

마침 그해 여름 중국 황제 건륭제의 80세 생일 축하사절단이 북경에 가기로 돼 있었다. 이승훈은 그 사절단 편에 윤유일을 다시 북경에 파견하기로 했다. 윤유일에게는 신부를 영입하는 방안을 북경 교구와 구체적으로 상의하라는 임무가 주어졌다. 윤유일은 귀국한 지 석 달 만에 다시 목숨을 걸고 북경으로 향했다.

이승훈은 이번 기회에 자신의 거취에 대해서 북경의 지령을 구하기로 했다. 혼자 오랫동안 고민하던 일이었다. 그는 북경 주교에게 보내는 편지에 조선 교회와 신자에 대한 책임을 면하게 해 달라고 요청하기로 했다. 이승훈이 다시 붓을 들었다.

## 이 책임을 면해 주소서*

기유년(1790) 성신 강령 후 7주일.

대죄인 저 이 베드로는 저의 엄청난 죄에도 불구하고 우리 교회의 선교사들에게 삼가 이 글을 올립니다. 천주님께서는 당신들의 회답을 받는 위안을 제게 주시고자, 그의 자비하심으로 저의 생명을 연장시켜 주셨습니다. 당신들의 회답은 애정과 열성으로 가득차 있었습니다. 아니 글자마다 그러했습니다. 그것을 읽고 또 백 번 가까이 다시 읽으면서 눈물을 금할 수가 없었습니다. 이 회답에서 당신들은

1. 우리의 독성죄를 관대하게 무지로 돌리고 아무런 책망도 하지 않으셨고,

2. 우리의 구원을 위해 우리에게 남은 유일한 수단으로서, 상등통회上等痛悔**에 의지하도록 권유하셨으며,

3. 당신들이 우리에게 마련해 주려고 하는 성사의 은혜에 참여할 수 있는

---

\* 이 편지 역시 라틴어 번역본을 최석우 신부가 한글로 재번역한 것이다.
\*\* 자신의 잘못으로 인해 하느님의 선성善性에 누를 끼친 것을 참회하는 것.

방법을 강구하도록 지시하셨습니다. 그러나 우리를 더욱 기쁘게 한 것은 윤바오로가 무사히 돌아온 것입니다. 그것은 당신들이 천주님께 기도한 덕분입니다. 베풀어 주신 많은 은혜에 어떻게 감사를 드려야 할지 모르겠습니다.

둘째 조항에 대해 우리는 우리의 나약함과 우리의 아주 많은 죄, 그리고 아직 우리를 억누르고 있는 인간적인 두려움을 생각할 때 어찌 통회를 믿을 수 있겠습니까? 그러므로 결국 우리를 직접 가르치고 우리에게 보다 효력 있는 도움을 줄 수 있는 사제를 구하는 방법밖에 없을 것입니다. 그것이 아니고서야 깊은 구멍에 떨어진 우리를 어떻게 구해 낼 수 있겠습니까?

당신들의 편지는 음력 4월에 도착했습니다. 우선 그것은 모든 교우들을 한 없이 기쁘게 했습니다. 그러나 그 기쁨은 오래 계속될 수 없었고 결국에는 이전보다 더 무서운 근심에 빠지게 했을 뿐입니다. 우리의 신세는 갑자기 밤을 만나 캄캄한 어둠 속을 헤매면서, 멀리 빛을 보고도 거기에 도달할 수 없는 여행자와 같은 것입니다. 이러한 비교도 약한 것입니다. 현재 우리의 소원과 희망의 상태를 제대로 표현할 수는 없을 것입니다.

우리는 당신들의 충고에 대해 우리가 협의한 결과를 당신들에게 알리기 위해 윤바오로를 다시 한번 보내기로 했습니다. 우리가 제시하는 길이 안전하지 못했고 또 당신들 마음에 안 들지도 모릅니다. 혹시 그렇다면 우리의 소홀했음을 용서하시기 바랍니다. 윤바오로의 출발이 너무 촉박해서 우리가 쓸 시간을 갖지 못한 것에 대해서는 그가 구두로 전할 것입니다. 그는 이 조항에 대해 당신들에게 설명을 할 것입니다.

끝으로 한 가지 청이 있습니다. 다름이 아니라 아직 부자유한 몸임에도 불구하고 저는 천주님의 봉사에 힘껏 노력하고 있습니다. 그것은 면제될 수 없는 정의의 의무입니다. 그러나 새 신자 집단의 책임을 지는 것은 현재 제가 처해 있는 상황이 그것을 허락하지 않습니다. 이 의무에서 면제시켜 줄 것을 감히 청하며 이에 대한 당신들의 지시를 기다립니다.* 우리 신부님들에게 이 글을 드리며 주의를 기울여 주시기를 바랍니다.

이승훈의 두 번째 편지는 조선 천주교회와 이승훈의 운명을 좌우하는 내용을 담고 있었다. 신부를 보내 달라는 것, 이제 자신은 조선 교회에 대한 지도자의 역할을 그만두겠다는 완곡하지만 분명한 뜻을 밝히고 있었다.

이승훈의 두 번째 편지에는 그의 깊은 신앙심과 함께 좌절감과 피곤함도 묻어 난다. 그는 교회의 책무에서 자유로워지고 싶었다. 오랜 지하 활동이 주는 피곤함과 임시성직제도를 둘러싼 교회 내의 길고 격렬한 논쟁이 그를 지치게 했다. 더구나 임시성직제도 중단에 따른 혼란으로 이승훈에 대한 교우들의 신뢰는 급격히 떨어졌다. 임시성직제도에 대해 북경 주교가 크게 질책하지는 않았지만 분명히 이승훈이 책임을 져야 할 사안이었다.

여기에 새로운 변수가 또 있었다. 윤유일이 북경에 가 있는 동안 좌의정 채제공과 이승훈의 아버지 이동욱은 이승훈의 관직 진출 문제를 논의하던 중이었다. 서른다섯 살이 되는 이승훈에게 벼슬길이 열리고 있었다. 천주 신앙과 교회 일에 전념하며 과거나 벼슬을 남의 일처럼 여기던 이승

---

* 조선 교회 책임자 자리에서 내려오고 싶다는 이승훈의 요청은 그가 1784년 북경에서 영세를 받을 때 명시적으로 조선 교회 책임자로 지명되었음을 시사한다. 이승훈에게 어떤 직책, 어떤 임무를 맡겼는지에 대한 구체적인 기록은 남아 있지 않다.

훈에게 관직 진출은 새로운 세상이 열리는 일이었다. 이승훈은 흔들리고 있었다.

한 해 전인 1789년 정약용이 과거에 급제해 벼슬길에 올랐다. 정약용은 초시와 회시에 합격한 지 6년 만에 차석으로 과거의 최종 관문인 전시를 통과했다. 교회 안에서 가장 가까운 동료이자 처남인 정약용의 관직 진출은 이승훈에게 결코 남의 일이 아니었다. 정약용이 벼슬길에 나선 이후에 교회를 떠난 것은 아니지만 그의 교회 활동이 예전과 같을 수는 없었다. 관직 진출을 한사코 거부하던 이승훈이 벼슬길에 나서는 것을 적극적으로 고려하기 시작한 것은 정약용의 영향이 컸다.

조선 교회는 윤유일을 통해 조상의 신주를 보존해도 되는지, 조상 제사를 지내는 것이 허용되는 것인지 북경 주교에게 물었다. 조선 신자들이 가장 궁금하게 여기는 문제였다. 윤유일은 1790년 10월 구베아 주교의 답을 가지고 한양으로 무사히 귀환했다. 구베아 주교의 답은 분명했다. 신주를 모시거나 조상 제사를 지내는 것은 우상 숭배로 불가하다는 것이었다.

기유년(1790) 조선 교회에서 본인에게 보낸 질의와 질문 중에 조상들의 신주를 세우거나 또는 이미 세운 신주를 보존할 수 있는가 하는 것이 있었습니다. 이 질문에 대해 저는 교황님의 칙서에 근거해 부정적으로 대답했습니다. 이 대답은 많은 조선 양반들이 배교하는 계기가 되었습니다. 그들은 조상들의 신주와 그 밖의 미신적 행위에 대한 제 대답을 듣고 그들 나라의 습관이나 그릇된 풍습을 끊어 버리기보다는 오히려 그들이 이미 그 참됨을 깨달은 종교를 버리려 했습니다(구베아 주교의 1797년 서신 중).

당시 교황청은 그 어느 때보다 어려움에 처해 있었다. 계몽주의 철학과 과학기술의 발전으로 가톨릭이 진리라고 주장해 온 천동설이 오류인 것으로 드러났다. 지구는 우주의 극히 작은 일부로 태양의 주위를 도는 행성에 불과하다는 자각은 가톨릭의 근본을 뒤흔들고 있었다.

이런 와중에 일어난 프랑스 대혁명은 교황청의 권위에 직격탄을 가했다. 유럽 곳곳에서 교황권에 대한 도전이 벌어졌고 교황의 지도력은 땅에 떨어졌다. 일찍이 경험하지 못한 위기 국면을 맞아 교황청은 17세기에 보여 줬던 해외 선교에서의 유연성을 잃고 보수적인 원칙론을 고집했다.

대표적인 것이 동아시아에서의 제사 문제였다. 교황청은 18세기 초, 중반 거듭해서 제사는 우상 숭배로 허용해서는 안 된다고 선언했다. 1742년 교황 클레멘스 14세가 중국 내 예수회의 선교 활동을 금지시킨 것도 제사 문제에 대한 입장 차이 때문이었다. 교황청의 보수적이고 강경한 원칙론은 이제 막 뿌리를 내리고 있던 조선 천주교회에 더욱 강화된 형태로 관철됐고 그것은 이 신생 교회가 감당하기 힘든 것이었다.

교황청의 입장을 충실히 반영하고 있는 구베아 북경 주교의 두 차례 서신은 조선의 신자들, 특히 양반 신자들에게 큰 실망과 당혹감을 안겨 주었다. 북경 주교의 서신 내용이 알려지면서 양반 신자들은 결단의 시간이 다가왔음을 느끼고 있었다. 일 년 후에 터진 진산 사건은 구베아 주교 사목서신에서 이미 잉태된 일이었다.

진산 사건이 조선에 준 충격은 컸다. 윤지충과 권상연이 처형된 것은 물론 진산군이 현으로 강등되고 진산군수 신사원이 초기 대처에 소극적이었다는 이유로 유배되었다. 사건의 파장은 거기에서 그치지 않았다. 교회로부터 양반 신자들의 대탈주가 시작된 것이다. 대다수의 양반들은 마치 못 볼 것을 보기라도 한 것처럼 황급히 교회에서 달아났다.

양반 신도들의 이탈은 조정의 단속 강화에도 이유가 있었지만 보다 더 근본적인 이유는 서학의 교리를 조선의 양반계층이 더이상 감당할 수 없기 때문이었다. 조상 제사는 우상 숭배로 용인할 수 없다는 로마 교황청과 북경 주교의 지침은 달레 신부의 표현대로 "모든 조선 사람의 눈동자를 찌르는 일이었다."

조상 제사 금지라는 장벽 앞에서 대다수 양반들은 주저앉거나 돌아섰지만 일부는 과감하게 장벽을 뚫고 나가려 했다. 어느 조직에나 원칙에 충실한, 그러나 다수가 되기는 어려운 원리주의자들은 있는 법이었다. 윤지충이 대표적인 그런 사람이었다. 조선 천주교회의 원리주의자가 처음 등장한 곳이 전라도 진산이었다.

윤선도를 비롯한 반골 기질이 농후한 해남 윤 씨 조상을 둔 윤지충은 뿌리 깊은 남인 출신이었다. 1783년 진사 시험에 합격한 그가 만약 사촌 형제인 정약전과 정약용으로부터 서학에 대한 이야기를 듣지 못했다면 그는 순조롭게 벼슬길에 나섰을 것이고 천주교 순교자 명단이 아닌 당쟁에 관련되어 역사에 이름이 남았을 가능성이 크다.

그는 1786년경 서학에 입문했고 1787년 이승훈에게 바오로라는 세례명으로 영세를 받았다. 그는 고향인 전북 진산에서 독학으로 서학을 공부하며 주변 사람들에게 천주교를 전파했다.* 그가 믿음을 전파한 사람은

---

* 윤지충과 유항검의 천주교 입교 시기 등에 대해서는 다른 주장도 있다. 예를 들어 주명준은 1786년 이전 두 사람이 이미 천주교에 입교했다고 보고 있다.

이종사촌인 전주의 유항검, 외종사촌 권상연 그리고 그의 어머니 권 씨 등이었다.

1791년 가을 윤지충의 어머니 권 씨가 세상을 떠났다. 그의 어머니는 눈을 감으면서 자신의 상을 치를 때 교회의 가르침에 어긋나는 일을 하지 말라고 유언했다. 어머니의 유언이 아니더라도 윤지충은 일 년 전 북경 주교가 내린 지침을 따를 생각이었다. 죽은 자에게 절하는 것은 우상 숭배라고 생각하고 있었던 그는 장례 기간 중 최대한 예를 갖추면서도 어머니 영전에 절하지 않았고 신주도 불태워 버렸다. 윤지충 이야기는 금방 소문이 났다.

그의 이런 행위는 패륜 중의 패륜 행위로 받아들여졌지만 그는 자신이 믿고 따르는 천주교 가르침에 따른 것이라며 조금도 후회하거나 반성하지 않았고 죽음 앞에서도 두려운 기색을 보이지 않았다. 윤지충의 행위는 당시 조선 사회에서는 목이 열 개라도 감당할 수 없는 일이었다. 그는 1791년 11월 13일 전주 남문 밖에서 참수되었다.[*]

학문과 신앙의 경계가 어디인가라는 질문에 대해 조선 사대부들이 제대로 답하기도 전에 조선의 천주교는 윤지충의 죽음을 계기로 급가속을 하며 학문의 경계를 거침없이 부수고 신앙의 영역으로 넘어섰다. 진산 사건 이전 조선 천주교는 양반계층에게 신앙과 학문의 어느 쪽에 설 것인지 고민할 수 있는 여유를 허락하고 있었다. 그러나 이제 학문과 신앙 중 어느 쪽에 설 것인지 명확한 선택을 강요하고 있었다. 더이상 고민하는 사

---

[*] 윤지충이 참수된 자리에 세워진 성당이 전주 전동성당이다.

람은 필요 없다고 단언하고 나선 것이다. 유교 기반 위에 천주교 사상을 더하는 것이 아니라 유교 전통을 거부하는 것으로써 천주교 신앙을 지키라고 교황청과 북경 주교는 요구하고 있었다.

선택의 기로에 선 대다수 양반 사대부들은 이것은 내가 알던 서학이 아니라고, 자신들이 믿던 천주교가 아니라고 말하며 교회를 떠났다. 이승훈과 정약용도 이런 말을 중얼거리며 교회에서 멀어졌다. 정약용은 〈자찬묘지명〉에서 제사 문제에 대해 이렇게 기록하고 있다. "그러나 그때는 (처음 믿었을 때는) 제사 지내는 일을 폐해 버린다는 말이 없었는데 신해년(1791) 겨울 이후로 나라에서 금하는 일이 더욱 엄중해지자 한계가 드디어 구별되어 버렸다."

사실 이승훈에게 조상 제사 금지는 처음 듣는 이야기가 아니었다. 중국에서는 조상에게 제사 지내는 것과 공자에 대한 경배를 허용할지를 두고 서양 선교사들과 중국 천주교회 안에서 100년 넘게 논쟁이 진행됐다. 한 세기가 넘는 논쟁은 18세기 후반 들어 우상 숭배로 결정이 내려진 상태였다.

북경에 체류할 때 이승훈은 이 내용을 이미 듣고 있었다. 그는 죽은 조상에게 굳이 절하지 않아도 효를 실천하는 것은 가능하다고 믿고 있었다. 그렇기 때문에 조상 제사 문제가 그의 믿음을 송두리째 흔들 사안은 아니었다. 어쩌면 그에게 제사 문제는 교회를 떠날 수 있는 핑계에 불과한 것이었다.*

---

\* 제사 문제에 대한 이승훈의 입장이 명확히 나타나 있는 기록은 없다. 이 부분은 필자의

진산 사건으로 서학은 조선 사회의 공적이 되었다. 부모 제사를 모시지 않고 조상의 신주를 불태우는 것은 가부장제 조선 사회에서는 생각할 수 없는 야만인의 짓이었다. 진산 사건은 서학에 대한 대다수 조선 사람들의 부정적 인식을 더욱 악화시켰다. 나라가 국법을 통해 서학을 금지하는 것은 물론 대다수 일반 백성들도 서학을 조상을 버리고 서양 귀신을 섬기는 사교라고 생각하고 있었다. 이런 상황에서 서학교도들은 자기들의 신앙과 조직을 보호하기 위해 그들만의 모임을 가질 수밖에 없었고 외부에 폐쇄적인 서학의 모습은 일반 백성들에게 불온하고 음습하게 보였다.

양반 사대부의 종교이자 청년 지식인들의 종교였던 서학은 이제 더이상 포기할 것도, 잃을 것도 없는 사람들의 종교가 되었다. 양반의 자리는 평민과 상놈들이 채웠고 청년들의 자리는 여성들이 메웠다.

정조는 서학에 연루된 남인을 알게 모르게 비호했다. 국왕의 은근한 보호의 손길은 그가 총애하는 몇몇 양반 사대부에게나 미치는 것이었다. 얼굴도 모르고 이름도 모르고 성도 들어본 적이 없는 일반 평민이나 하찮은 중인계급들에게 국왕이 그런 너그러움을 보일 이유는 전혀 없었다.

조선 천주교회는 가난했다. 황사영은 "모든 나라 가운데 우리나라가 가장 가난하고 우리나라 교우들은 더욱 가난하여 굶주림과 추위를 면하는 사람은 겨우 10여 명에 지나지 않는다"고 말했을 정도다. 이승훈도 북경에 매년 밀사를 보내 조선 사정을 보고하겠다는 당초의 약속을 지키지 못한 것은 신자들이 가난했기 때문이라고 한탄했다. 양반들이 떠나면서

---

추론에 근거한 것이다.

가난한 교회는 더욱 가난해졌다.

1785년 을사추조 사건은 교회에 타격을 주긴 했지만 양반 신도들의 신앙에 대한 열정을 위축시키지 못했다. 이벽의 배교와 김범우의 비극적인 죽음이 있긴 했지만 조정의 탄압이 아주 강력했던 것은 아니었다. 이승훈을 비롯한 대부분의 양반 신도는 가족과 조정의 박해를 피해 잠시 웅크렸다 얼마 가지 않아 억압에 눌린 용수철이 튀어 오르듯 반발했다. 박해는 오히려 열정에 기름을 붓는 역할을 했다.

1791년 진산 사건 이전 조정의 박해는 달레 신부의 표현처럼 "장차 무엇을 기대해야 할 것인지를 보여 주기에는 넉넉하고, 그들을 낙담시키지는 않을 정도의 시련"이었다. 서학은 아직 학문과 종교의 경계선 위에 애매하게 자리 잡고 있었고 지식인들은 이 최첨단의 학문에 빠져들었다. 1801년 국문장에서 나온 최필공*의 말처럼 양반 신자들 가운데 상당수는 선진 학문 차원에서 서학을 대하고 있었다.

유식한 선비는 마땅히 이(서학)를 행하며 양민 가운데 조금이라도 지각이 있는 사람이라면 이를 행하는 것이다.(《추안급국안》 1801년 2월 심문 기록 중)

그들은 젊었다. 피가 뜨거운 젊은이들에게 하지 말라는 금지의 명령은

---

* 최필공(1766~1801)은 중인 출신의 천주교인으로 세례명은 토마스다. 1801년 신유사옥 때 처형당했다.

때로는 하지 않으면 안 되는 일이라는 의미로 해석되기 일쑤다. 이가환의 아래 지적은 서학이 순식간에 번진 이유를 제대로 짚고 있다.

서학은 막대로 재를 치는 것처럼 치면 칠수록 더 일어난다. 주상께서 금지하고자 하실지라도 끝내 어쩔 수 없을 것이다(정약용, 〈정헌 이가환 묘지명〉 중).

그러나 진산 사건은 전혀 다른 차원의 일이었다. 조상을 거부하는 것, 효를 부정하는 것은 체제를 전면 부정하는 일이었다. 이제 서학을 믿고 따르는 일은 자발적으로 조선 사회의 소수가 되기를 선택하고, 비난 받는 자리에 서기를 기꺼이 감수하는 일이었다. 그 사회에서 누릴 수 있는 대부분의 권리를 포기하는 일이었는데 양반들은 조선 사회에서 누리는 게 너무 많았다.

이승훈은 교회를 떠나는 양반 대열의 후미를 주춤거리며 따르고 있었다.* 이승훈은 이제 교회의 지도자가 아니었다. 전후좌우를 살피며 그는 다소 비굴한 표정을 지으며 교회를 떠나고 있었다. 교회를 완전히 버리지 못한 것은 한때 그 조직의 최고 지도자로서 갖는 책임감 때문이었다. 교회를 떠난 그의 앞길에 벼슬자리가 기다리고 있었다.

--------

* 이승훈이 1791년 이후 교회와 거리를 두기 시작했고 진산 사건 관련 재판에서 서학을 부인하긴 했지만 이 시점에서 명백하게 배교하였다고 보기는 힘들다. 1791년 이후에도 그가 교회와 관련되어 있다는 증언이나 기록이 적지 않다.

# 관직의 길, 십자가의 길

임시성직제도가 철폐된 이후에도 한동안 교회 지도자로서 이승훈의 역할은 계속되었다. 그러나 그의 역할이 예전과 같을 수는 없었다. 역할이 줄고 위상에 상처를 입으면서 이승훈의 열정도 조금씩 식어 갔다. 그의 나이도 벌써 30대 중반에 들어서고 있었다. 벼슬길에 나서라는 아버지를 비롯한 집안 어른들의 요구는 더욱 집요하고 강력해졌다.

아버지 이동욱은 아들이 무엇에 열중하고 있는지 잘 알고 있었다. 서학 서적을 불태우고 서학을 경계하고 비난하는 글을 지었지만 아들은 여전히 서학 놀음에 빠져 있었다. 아들이 어울리는 이들은 모두 서학쟁이라는 소문이 돌았다. 폭주하는 아들을 멈춰 세워야 했다. '저 서양 귀신 놀음도 시간이 흐르면 자연스럽게 지나가겠지' 했지만 아들은 좀처럼 변할 기미가 보이지 않았다. 오히려 서학 병은 깊어지는 게 분명했고 과거 공부와는 담을 쌓은 지 오래였다.

아들이 문제가 아니라 이대로 뒀다가는 평창 이 씨 집안이 온전하리란 보장이 없었다. 서학에 관용을 보이던 주상의 인내심이 바닥을 드러내고 있었다. 정조는 규장각에 보관 중이던 서학서들도 불태우라고 지시했는데 병적이라고 할 만큼 책을 좋아하는 주상이 그런 조치를 내렸다는 것은 서학에 대한 전면 금지를 넘어 그 연루자에 대한 대대적인 탄압을 예고하는 것이나 다름없었다.*

---

* 정조의 서학 서적 소각 조치는 1791년이고 이승훈의 의금부 도사 임용은 그에 앞선

재난이 다가오는 것이 뻔히 보이는데 이대로 앉아 있을 수는 없었다. 아들과 집안을 사학으로부터 보호하기 위해 그는 갖은 방법을 다 동원했지만 소용이 없었다.

이승훈의 아버지는 그가 준 많은 영세를 불만스럽게 여기고 그를 감옥과 같은 곳에 가두었습니다(판지 신부의 1790년 서한 중).

아들은 아버지의 품을 떠난 지 오래였고 자신을 낳아 준 아버지보다 더 큰 아버지의 존재를 믿고 있었다. 서른이 훌쩍 넘어선 아들을 억지로 사교에서 끌어 낼 비법은 없었다. '이벽의 아버지 이부만처럼 내가 목이라도 매야 하나' 하는 생각까지 했다. 뭔가 방법을 찾지 않으면 안 되었다.

1790년 이동욱은 당시 1인 재상이자 남인의 지도자인 채제공에게 자신의 고민을 털어 놓고 이 문제를 상의했다.

"제 큰아들이 서학에 빠져 있는 듯합니다. 제가 주의를 주고 서학 책을 불태우고 사교와 인연을 끊도록 했지만 아직도 사교의 수렁에서 빠져나오지 못하고 있습니다. 이를 어찌하면 좋겠습니까?"

채제공에게도 이승훈의 문제는 남의 일이 아니었다. 남인 가문 청년 재사들이 서학에 빠져 있다는 것은 이미 공공연히 알려진 일이었다. 국법으로 금지하고 있음에도 불구하고 도성 안의 재주 있는 자들이 서학에 빠져

---

1790년이긴 하나 당시 조정의 분위기가 서학에 대해 점점 더 강경해지고 있었던 것은 사실이다.

삼삼오오 무리를 지어 모이고 있다는 이야기도 익히 들어 알고 있었다.

서학에 연루되었다고 소문이 나돌고 있는 인물들은 모두 자기의 측근이거나 남인들이었다. 정약용의 누이가 자신의 며느리였고* 이승훈은 자신의 최측근인 이동욱의 아들이었다. 이가환은 자신의 정치적 후계자였다. 이기경과 홍낙안이 서학에 대한 강력한 단속을 요구하는 것은 사실상 남인의 영수인 자신을 노린 정치적 공세였다. 그렇다고 서학을 전면적으로 단속하는 것은 자칫 자신의 손발을 자르는 자해 행위가 될 수 있었다.

조정의 수장으로서, 남인 정파의 영수로서 젊은 사대부들이 서학에 연루되는 상황을 계속 지켜볼 수만은 없었다. 다만 이 문제를 공개적으로 처리할 경우 남인은 회복하기 어려운 상처를 입을 것이 뻔했다. 노련한 채제공은 서학 문제의 본질을 정치적 소수파의 소외감 때문이라고 파악했다. 그들에게 관직을 주고 국정에 대한 책임을 맡기면 그들이 사학에서 벗어나 정학으로 돌아오는 것은 시간문제라고 채제공은 판단했다.

"자네 아들 승훈이 벼슬길에 오르지 못하고 있는 것이 문제의 핵심이야. 벼슬길에 오르면 서학과는 자연스레 멀어질 것이네. 내가 자리를 한번 알아 봄세."**

1790년 10월 이승훈은 35세의 나이에 정5품 의금부 도사 직에 임명되었다. 의금부 도사는 요즘으로 치면 검찰청 검사였다. 그는 과거를 거치지 않고 특별 임용됐다. 종2품 이상 고위 관리의 자제는 과거를 통하지

---

* 채제공 서자의 아내가 정약용의 이복여동생이었다.
** 채제공과 이동욱의 대화 기록은 없다. 두 사람의 대화는 필자가 구성한 가공의 상황이지만, 같은 남인 정파인 두 사람 사이에서 이런 대화는 얼마든지 가능했을 것이다.

않고도 제한적으로 등용할 수 있었다. 이동욱이 종2품 벼슬인 의주부윤을 지냈고 이승훈도 진사 시험을 통과했던 만큼 그의 임용이 대단한 특혜는 아니었지만 정조가 배려하지 않았다면 이승훈의 관직 진출은 쉽지 않았을 것이다. 정조는 정약용만큼은 아니지만 이승훈도 아끼고 비호했다.

그의 아버지가 성교를 엄중히 금하고 나쁜 친구들은 그를 마구 비난했지만 승훈은 오히려 참아 견디며 성교를 받들었습니다. 선왕이 그의 재주를 사랑하여 경술년 1790년 가을에 음직에 임명하여 벼슬이 평택현감에 이르렀습니다. 그가 처음으로 성교에 대한 책을 전했기 때문에 악한 무리들의 성교에 대한 공박과 배척은 반드시 그 죄가 승훈에게 돌아오기 마련이었지만 선왕은 매번 그를 두둔하고 보호하여 주었습니다(《황사영 백서》 중).

그가 의금부 도사로 임용된 직후 윤유일이 북경에서 돌아왔다. 자신을 조선 교회의 책임자 자리에서 물러나게 해 달라는 요청에 대한 북경 주교의 답신을 받아보기 전에 그는 벼슬길에 나선 것이다. 북경 주교가 그의 사퇴 요청을 수락했는지 여부는 알려지지 않았지만 이제 교회가 그의 거취에 더이상 영향을 주지는 못했다.

출발은 다소 늦었지만 그 이후 행보는 순조로웠다. 의금부 도사로 임용된 지 6개월 후에는 서부 도사로 전직했고 그 뒤 4개월 뒤에는 평택현감으로 임명되었다. 관직에 오른 뒤부터 승훈은 교회와 자연스럽게 거리를 두기 시작했다. 평택현감으로 임명돼 지방으로 부임한 뒤에는 교회 활동이 물리적으로 어려워졌다.

그런 이승훈도 진산 사건의 여파를 피해 가지 못했다. 당시 조정의 서학교도 감별사 같은 역할을 하던 홍낙안은 이승훈이 서학서 구입만이 아니라 발간에도 관여했다며 공격의 포문을 열었다. 이어 성균관 유생 송도연을 비롯한 221명이 이승훈을 엄벌에 처해야 한다고 주장했다. 이번에는 정조도 그를 보호하지 않았다.

1791년 11월 이승훈은 서학서를 조선에 보급한 혐의로 조정에 소환돼 엄중한 조사를 받았다. 1785년 서학 서적을 불태우고 배교 시를 지은 것을 인정받아 처벌은 받지 않았지만 평택현감에서 파직되었다. 1790년 10월 의금부 도사로 임용된 지 13개월 만이었다. 이승훈의 벼슬살이는 짧았고 그에게 다시 관직의 기회는 주어지지 않았다.*

신해년(1791) 이후에 교회에서 멀어지긴 했지만 이승훈이 믿음을 완전히 버린 것은 아니었다. 그는 여전히 천주교 신자였다. 그는 1791년 이후 배교와 회개 사이에서 방황하고 있었다.

신해년(1791)에 체포되어 배교하고 여러 번 성교를 헐뜯는 글을 썼지만 다 자신의 본심은 아니었습니다. 이승훈은 당시 이름난 선비로 그를 따르는 사람이 많았으며 그들은 승훈을 추대하여 영수로 삼았습니다. 선왕께서 매번 간곡하게 그를 비호하니 이승훈은 겉으로는 비록 세속을 좇았으나 혹 옛날의 절친한 벗을 만나면 간절히 돌아보며 정을 잊지 못하고 언제나 떨쳐 일어날 것을 생각하고 있었습니다《황사영 백서》중).

---

* 1793년에 그가 양구현감으로 임명되었다는 기록도 있지만 정확한 기록인지는 의문이다.

신앙에 대한 갈등이 계속되던 중에 이승훈 집안에도 변화가 있었다. 1793년 11월 이승훈의 막내아들 신규가 태어났다. 둘째 아들 국규와 여덟 살 차이가 나는 늦둥이 신규는 벼슬을 잃고 낙담하며 지내던 승훈에게 거의 유일한 기쁨이었다.

신규가 태어난 지 석 달 후인 1794년 2월 아버지 이동욱이 세상을 떴다. 이승훈에게는 파직에 못지않은 큰 상실이었다. 아버지는 자신이 세례 받는 것을 동의했지만 가장 가까운 곳에서, 가장 강하게, 가장 오랫동안 자신을 억압하던 박해자였다. 또한 자신을 가장 사랑하고 걱정하던 보호자였고 스승이었다. 마음의 커다란 버팀목이 사라졌다.

그는 아버지에게 더 없는 불효자였다. 아버지는 큰아들에게 기대가 컸다. 아들이 자신을 넘어서 정승과 판서로 입신양명하길 기대했다. 그럴 만한 재주가 있는 장남이었다. 그러나 이런 기대는 자신이 아들을 동지사 절단의 일원으로 북경에 데려가면서 무너졌다. 넓고 큰 세상을 보여 주겠다는 생각으로 데려간 큰아들은 그곳에서 봐서는 안 될 것을 봤고 그 이후 서양 귀신의 미몽에서 빠져나오지 못했다. 모든 것이 아들을 북경에 데려간 자신의 불찰이었다.

천주교를 믿기 시작한 이후 아버지와 정겨운 대화를 나눈 기억은 거의 없었다. 늘 갈등했고 불화했다. 급기야는 서로 얼굴을 보는 것을 피할 지경에 이르렀다. 아버지는 1785년 을사추조 사건이 벌어진 이후 서학 때문에 집안이 망하지 않을까 평생 전전긍긍하며 지냈다. 신앙을 두고 여전히 방황하는 아들 때문에 마지막 순간에도 편하게 눈을 감지 못했다. 서학이 무엇이기에 아버지를 그런 고통 속에 빠트렸는지 부친상을 치르는 내내 회한이 멈추지 않았다.

1795년 이승훈은 주문모 신부의 입국 소식을 들었다. 신부 영입은 이 승훈이 처음으로 제안하고 주도한 사안이었다. 그는 '진짜 신부'를 만나 회개하고 교회로 복귀하고자 했다. 그러나 이번에는 교회가 그를 받아들 이기를 주저했다.

　주문모 신부의 입국 사실과 활동은 교회 안에서도 소수의 간부들만이 아는 극비 사실이었다. 주도 세력이 양반에서 평민으로 바뀐 교회는 배교 를 선언하고 교회를 떠난 이승훈을 믿어도 되는지 망설였다. "이승훈이 언제 또 배교할지 어떻게 압니까? 이승훈이 배교하고 회개하기를 밥 먹 듯 했는데 주문모 신부를 만나게 했다가 그의 행방을 관아에 고발하지 않 을 거라고 누가 장담할 수 있습니까?" 틀림없이 이런 말이 교회 안에서 오갔을 것이다. 주문모 신부에게 고해성사를 드리고 싶다는 이승훈의 희 망은 무산되었다. 이승훈은 낙담했다. 자신의 인생에서 신앙의 빛이 사 라지는 것을 느꼈다.

　이러는 사이에 주문모 신부가 입국한 사실이 조정에 알려졌다. 정약용 의 도움으로 주문모 신부는 체포 직전에 도피했다. 한때 서학 신자였던 한 영익이 주문모 입국 사실을 알고 국왕 친위 조직의 책임자인 이석*에게 이 사실을 알렸는데 마침 그 자리에 정약용도 함께하고 있었다. 정약용은 이 말을 듣자마자 주문모 신부 은신처로 달려가 주 신부를 피신시켰다.**

　간발의 차이로 주문모 신부는 체포를 면했지만 주 신부 입국에 관여했

---

　* 이석은 1785년에 숨진 이벽의 동생이다. 그는 서학에 대한 반감이 강한 인물이었다.
　** 주문모 신부 피신 사건에 정약용이 개입한 것은 명백하다. 정약용 본인의 주장과는 달리 1791년 진산 사건 이후에도 그가 서학을 버리지 않았다는 주장의 근거가 된다.

던 윤유일, 지황, 최인길이 포도청에 체포됐다. 이들은 체포된 지 하루 만에 심문을 받는 도중 죽었다. 이들의 시신은 강물에 버려졌다. 아무리 포도청의 심문이 혹독했다 하더라도 세 명이 거의 동시에 죽고, 이들의 시신마저 강물에 버린 것은 많은 의혹을 낳았다. 뭔가를 숨기기 위해 정조와 채제공이 심문을 빙자해 이들을 죽이고 증거를 은폐하기 위해 시신을 버린 것 아니냐는 말이 나올 정도였다.*

청나라 사람인 주문모 신부의 체포는 조정으로서는 계륵 같은 문제였다. 그를 잡아 처형할 경우 청나라와 외교 문제가 될 수 있었고 그렇다고 그의 존재를 알면서 내버려둘 수도 없었다. 채제공으로서는 그를 붙잡아 심문할 경우 남인 연루자들의 이름이 불거지는 상황도 걱정하지 않을 수 없었다. 주문모 입국 사실이 알려지면서 조정은 다시 서학에 대한 감시와 단속을 강화했다. 교회 복귀를 적극적으로 검토하던 이승훈은 다시 움츠러들었다.


## 세 번째 배교, 최후의 배교

다시 조정에서 이승훈의 이름이 거론되기 시작했다. 이승훈이 서학서를 구입해 와 이런 혼란이 벌어진다는 것이었다. 1795년 7월 대사간 권유를

---

* 정조가 천주교를 통해 유럽 제국과 소통하려 한 것 아니냐는 일부의 주장도 있지만 당시 정세와 객관적 상황을 보면 근거가 부족한 억측에 불과하다.

시작으로 이승훈에 대한 공격이 본격화됐다. 박장설 등 성균관 유생 571명이 연명으로 이승훈에게 책임을 물어야 한다는 상소를 올렸다. 공조판서 이가환이 이 문제는 이미 1791년에 정리된 것이라고 자신의 외조카를 보호하고 나섰지만 역부족이었다.

정조도 이번에는 그를 보호하지 않았다. 서학서 반입에 대한 책임을 물어 예산으로 귀양을 보냈다. 서학 연루 혐의가 제기된 이가환은 충주목사로, 정약용은 금정찰방으로 좌천시켰다. 이승훈은 1791년 서학서 반입, 유포와 관련된 혐의 때문에 벼슬을 잃은 데 이어 이번에는 귀양까지 가게 된 것이다. 이승훈의 좌절은 크고도 깊었다. 그는 서학서 구입의 원죄에서 벗어나기 위해 몸부림쳤다.

사대부 양반답게 그는 자신의 배교를 글로 밝혔다. 이번에는 10년 전 을사년처럼 글이 애매모호하지 않았다. 천주가 사람이 되어 이 땅에 왔다는 천주강생설, 삼위일체설 등 천주교 핵심 교리를 '사악하다', '요상하다', '현혹한다'라는 단어를 동원하며 정면으로 공격했다.

1790년 북경 천주당에 보내는 편지에서 자신의 무거운 짐을 내려 달라는 호소에서 싹을 보였던 이승훈의 배교는 1795년 충남 예산 유배지에서 작성한 전향서로 정점을 찍으며 마침내 완성되었다.

을묘년(1795) 예산 귀양 시절 사악한 천주학 중에서 가장 요상하고 참혹한 말들을 세 부분으로 나누어 논리를 깨부수고 반성문을 지었습니다. 그때 읍의 수령이었던 홍백순과 박종우는 제가 준 반성문을 한자와 한글로 베껴 각 고을에 나누어 주었습니다. 그래서 예산 일대는 사악한 천주학에 다시 물들지 않았습니다.

그 책 중에 하늘이 사람이 되어 내려왔다는 말은 매우 요망했으니 어찌 깊이 현혹되었겠습니까? 약간이라도 글을 아는 이들은 정교한 천문 지식에 현혹되었고 어리석은 무리들은 천국과 지옥의 이야기에 현혹되었습니다. 이것을 깨부수려는 의도로 수천 여 마디의 글을 지었던 것입니다(《추안급국안》 1801년 2월 10일 이승훈 심문 기록 중).

이번에는 배교자인 척 연기하지 않았다. 주저하지도 망설이지도 않았다. 그는 진정으로 천주교를 포기했다. 그는 예산 유배 기간 동안 서학과 완전히 절연했다. 그 이듬해 유배에서 풀려나 한양으로 돌아온 뒤에는 책상 위에 유학 책이 아닌 것은 두지 않았다. 자신이 서학과 완전히 멀어졌다는 것을 널리 알리려 애썼다. 소문은 났지만 정조와 조정은 그런 이승훈을 다시 찾지도 벼슬을 내리지도 않았다.

간간이 그의 복귀를 타진하던 교회도 1795년 이후에는 그와 모든 접촉을 끊었다. 그는 절해고도에 갇힌 것이나 다름없는 삶을 살았다. 이 시절 가끔 정약용이 그를 위로하는 편지를 보냈다.

온순하고 겸손하며 자신을 낮추고 온화하게 처신하며 몸을 낮추고도 덜 낮추지나 않았는지 두려워하고, 모든 지식을 드러내지 않고 속에 간직하고도 오히려 얕게 간직하지나 않았는지 두려워하는 것이 우리 유가儒家의 용기를 기르는 방법이 아닌가 합니다(1795년 11월 27일 편지).

이승훈은 목소리를 잃었다. 말해도 듣는 이가 없었고 말할 것도 없었다. 목소리를 잃은 그는 이미 그때부터 살아도 산 것이 아니었다.

이승훈은 그의 나약으로 인하여 하도 사람들의 멸시를 받아 아무도 그의 말을 믿으려 하지 않았다(달레, 《조선천주교회사》 중).

신앙의 형제들에게 외면받았고 가문에서 존재를 인정받지 못했고 나라는 원수 보듯 하고 있었다. 그렇게 혼자되고 난 이후에야 승훈은 자신이 신 앞에 홀로 서 있다는 것을 느낄 수 있었다. 홀로 되고 나니 지나온 삶이, 과거의 생각이 선명해졌다. 그렇다고 돌아갈 수는 없었다. 돌아갈 곳도 없었다.

그의 초상화는 이 시절 그의 모습을 담고 있는 게 아닌가 싶다. 우울하고 어둡다. 초라하고 지쳐 있다. 어디에서도 희망을 찾지 못하는, 당할 만큼 당하고 책임질 만큼 책임졌다고 믿는 한 중년 사내의 모습이다. 그러나 그의 시련은 이게 끝이 아니었다.

# 재판에서
# 드러난 민낯

네 아비에게 책임을 떠넘길 심산이냐
최창현과 대질하라
그가 나를 원수로 아니 나도 그를 원수로 압니다
국문장의 저승사자 정약용
달라도 너무 다른 형제, 정약종
저 자를 매우 쳐라
정헌 이가환 외숙을 지켜 내다
외숙도 죽고, 스승도 죽고
정직한 배교자

1801년 국청(신유박해)*을 주관한 인물은 영중추부사 이병모였다. 이 재판의 총책임자인 위관으로 임명된 이병모는 50대에 이미 우의정, 좌의정, 영의정을 거친 인물이었다. 그러나 실제로는 영의정 심환지와 대사헌 신봉조가 심문을 주도했다. 심환지는 노론의 영수로 정조가 그에게 350여 통의 밀서를 보내 국정을 논했을 만큼 중량감을 갖춘 노회한 인물이었다. 이때 그의 나이 72세였다.

의정부의 삼정승 전원이 국문장 대청에 좌정했고 대사헌 신봉조가 국문에 관련된 실무를 총괄했다. 이승훈을 체포한 의금부 도사 박조원도 기

* 1801년 신유박해는 정조 사후 벌어진 천주교 탄압 사건이다. 사학으로 규정된 천주교에 대한 대대적 단속인 동시에 정조 시절 성장한 남인 세력에 대한 집권 노론 세력의 정치 공세이기도 했다. 이 사건으로 주문모 신부와 정약종 등 천주교도 100여 명이 처형되었고 정약용, 정약전 형제 등 400여 명이 오지로 유배되었다.

록 담당으로 국문장 한쪽에 자리 잡고 있었다.

이승훈의 혐의는 나라에서 금한 서학을 믿은 것, 북경에서 서학 서적을 구입해 들여와 배포한 것, 그리고 북경에 있는 서양 선교사들과 편지를 주고받은 것이었다. 이승훈은 1791년 재판 때와 마찬가지로 자신의 모든 혐의를 부인했다.

제가 이 국문장에서 어찌 털끝만큼이라도 속이겠습니까? 1785년 을사년에 형조에서 조사한다는 이야기를 듣고 저의 아버지는 친척들을 모아 놓고 마당에서 그 책들을 불태웠습니다. 아버지는 책을 태우고 서학을 배척하는 칠언율시 2수를 지었고, 저 역시 이단을 배척하는 글과 시를 지었습니다(《추안급국안》 이승훈 1801년 2월 10일 심문 기록).

1785년 이후 서학을 멀리했다는 것이다. 이승훈이 가장 강력하게 주장한 변호 논리는 자신의 혐의는 이미 1791년 정조에 의해 모두 해명되고 사면 받았다는 점이었다.

선왕이신 정조 대왕께서, 그 아버지가 일가친척을 모아 놓고 그 책들을 모두 불태웠으며 또한 천주학을 꾸짖는 시와 글을 지었던 일은 을사년 수사 기록에 분명히 실려 있다. 이미 불살라진 책으로 꺼졌던 불씨를 다시 일으키는 것은 사건의 실상에 부합하지 않는다. 당연히 서학 금지 지시가 내려진 이전과 이후를 구분해서 처리해야 할 것이라고 지시하셨습니다(이승훈 2월 10일 1차 심문).

그는 서학 혐의 때문에 벼슬을 내놓은 것은 물론 유배까지 다녀온 사실을 강조했다. 이미 책임질 만큼 책임졌고 처벌 받을 만큼 처벌 받았다는 것이다. 그러나 그의 진술을 기꺼이 사실로 믿어 주던 정조는 이 세상 사람이 아니었다. 국문장 심문관들이 이승훈을 믿거나 챙겨 줄 이유는 전혀 없었다.

10년 전 1791년에 이승훈은 방황하고 있긴 했지만 여전히 교회의 주요 인물이었다. 그러나 지금은 소신을 갖고 배교한 상태였다. 옛 교우들이 이제 그를 감쌀 이유가 없었다. 재판이 시작되자 1785년 을사년 이후에 서학을 멀리하기는커녕 이승훈이 더 열정적으로 교회 활동을 했다는 옛 동지들의 증언이 잇따랐다.

"네가 신해년(1791) 이전에 쓴 편지 중에 이백다伯多 권사물沙物이라고 하는 사람들이 있는데 이들은 누구냐?"라는 심문관의 추궁에 정약용은 "이백다는 이승훈이며 권사물은 권일신입니다. 백다와 사물은 베드로와 사베리오라는 서양 성인들을 가리키는 서양식 호입니다"라 답했다(정약용 2월 13일 심문 기록).

"이승훈이 진술하기를 '을사년 이후에는 마음을 고쳐먹었다'고 했다. 그런데 네가 진술한 것을 보니 이승훈이 서양식 호를 부르면서 너와 교류한 것이 을사년 이후다. 맞느냐?"라는 추궁에 정약용은 "그렇습니다. 면목이 없습니다"라고도 했다(정약용 2월 13일 심문 기록).

천주교 총회장인 최창현의 진술도 이어졌다.

정약종의 신부는 이승훈이며, 대부는 권일신입니다. 신부는 세례를 주는 사람을 말하며 대부는 가르침을 주는 사람입니다. 저 또한 이승훈을 신부로, 정약전을 대부로 삼았습니다(최창현 2월 13일 심문 기록).

심문관이 또 "이승훈은 을사년(1785) 이후에는 모든 서학 책을 불태우고 천주교를 믿지 않았다고 진술했다. 그런데 정약종과 너는 모두 이승훈을 신부로 삼았다고 했다. 이승훈과 대질해도 이 진술을 번복하지 않을 수 있겠느냐?"라 묻자 최창현은 "이승훈과 제가 함께했던 일입니다. 그가 어찌 감히 다른 말로 변명할 수 있겠습니까?"라고 토설했다(최창현 2월 13일 심문 기록).

처남이자 자신의 손으로 세례를 준 정약종의 진술도 냉정하기 짝이 없었다. 심문관이 "너는 신해년(1791) 이전에는 이승훈을 신부로 삼았고 그 이후에는 권철신을 신부로 삼았다고 하는데 맞느냐?"고 추궁하자 "이승훈은 저에 비해 먼저 깨달은 사람이기 때문에 한때 선각자로 대했으나 신부였는지는 모릅니다. 신해년(1791) 이후에는 이승훈이 천주학을 전심으로 하지 않았기 때문에 저는 마음속으로 따르지 않았습니다"라고 답했다(정약종 2월 13일 심문기록).

옛 동지들의 이런 진술에 이승훈은 당황했다. 진술을 번복할 수밖에 없었다.

"너는 처음에는 을사년(1785) 이후에 사악한 천주학을 배척하고 끊었다고 말했다. 정약용과 최창현의 진술이 나온 뒤에는 신해년(1791) 이후에 배척하고 끊었다고 했다. 이렇게 오락가락하는 진술을 누가 믿을 수 있겠느냐?"라는 추궁에 "저는 을사년(1785) 이후에 사악한 천주학을 배척하고 끊으려 했으나 그리 결단하지 못했습니다. 그러나 신해년(1791) 이후에는 진실로 영원히 끊었습니다"라고 말을 바꿨다(이승훈 2월 14일 심문 기록).

신해년(1791) 이후 교회와 발길을 끊었다는 이승훈의 진술은 어느 정도 사실에 부합하는 말이었다. 그러나 이승훈의 진술은 이미 거짓으로 드러난 1차 진술 때문에 신뢰를 잃었다. 게다가 신해년(1791) 이후에도 그가 교회 활동과 연루되었다는 진술이 곳곳에서 터져 나왔다.

저는 신해년(1791) 이승훈에게서 사서를 얻어 본 후 입교했습니다. 이승훈은 신해년 체포된 이후 배교하고 누차 천주교를 헐뜯는 글을 썼지만 모두 본심은 아니었습니다(《추안급국안》 중 황사영 심문 기록).

저는 갑진년(1794)에 이승훈에게 세례를 받았습니다(《추안급국안》 중 홍익만 심문 기록).

저는 이승훈, 홍낙민 등과 더불어 주문모 신부가 들어온 갑인년(1794) 이후 그의 지휘 아래 북경 천주당에 연명 서한을 보냈습니다(《추안급국안》 유항검 심문 기록).

1791년 이후에도 이승훈이 교회 활동에 관여했다는 증언은 전혀 근거가 없는 것은 아니지만 1795년 이승훈이 대박청래大舶請來 사건*에 관여하였다는 유항검의 진술은 실제보다는 훨씬 과장되었거나 기억이 왜곡

---

* 천주교 신자들이 서양의 큰 배와 서양 선교사가 조선에 와 줄 것을 요청한 사건을 말한다. 외세의 힘을 빌려 종교의 자유를 얻으려 한 것으로 해석되나 조선 조정은 이 사건을 조선 왕조에 대한 부정, 능멸 행위로 받아들였다.

된 것으로 보인다. 이승훈은 억울했지만 모두가 그의 업보였다. 이승훈은 빠져나올 수 없는 막다른 골목으로 몰리고 있었다. 곤경에 처하자 그는 무리수를 두기 시작했다.


## 네 아비에게 책임을 떠넘길 심산이냐

이승훈은 서학 책과 관련된 혐의를 7년 전 세상을 떠난 부친 이동욱에게 떠넘겼다. 서학 책을 자신이 구입한 것이 아니라 아버지 이동욱이 북경 천주당을 참관할 때 서양인으로부터 선물로 받은 것이라고 강변했다. 서학 책을 받은 사람이 자신이 아니라 아버지라는 것이었다.

책이 저희 집에서 나왔으나 몇 해 전에 불태워 없애 버린 후에는 다시 보지 않았습니다. 당초에 저희 아버지께서 가지고 온 그 책은 사 온 책이 아닙니다. 천주당을 구경 갔을 때 서양인이 선물로 준 것입니다(이승훈 2월 11일 심문 기록).

이승훈의 이 해명은 심문관들을 설득하기는커녕 그들의 공분을 샀다. 설사 아버지의 죄일지라도 자기 책임이라고 해야 마땅하거늘 죽은 아버지에게 죄를 떠넘기는 것은 부자의 윤리를 망각한 것이라는 호된 비판을 들어야 했다.

네가 비록 아버지의 허물을 덮을 수는 없을지라도 무슨 심보로 도리어 아버지가 지은 죄를 드러내려고 하느냐? 뻔뻔스럽게도 죄를 저지르고도 반성하지 않으니 이는 매우 밉살스런 일이다(이승훈 2월 11일 심문 기록).

자식이 아버지에게 책임을 떠넘기려 하자 이번에는 동생이 형을 고발하는 일까지 벌어졌다.

이치훈은 스스로 자신이 천주교를 배척한 일을 밝히려 하면서 그 형 승훈이 숨기려 한 일까지 폭로하고 나섰다. 그래서 추국에 참여한 여러 사람이 그를 개돼지처럼 보았다(이재기,《눌암기략》중).

죽은 아버지도 동원한 판에 살기 위해서라면 다른 사람을 언급하는 것을 주저할 이유가 없었다. 승훈은 원수가 된 지 오래인 옛 친구 이기경 이름까지 호출했다.

을사년 이후 저는 한결같이 사악한 천주학을 배척했습니다. 저는 올바른 학문을 하는 유학자와 함께 밤낮으로 이단을 배척했습니다(이승훈 2월 10일 심문 기록).

심문관이 "올바른 학문을 한 사람이 누구냐?"고 묻자 승훈은 "심유입니다. 심유는 이기경의 외사촌입니다. 이기경은 처음에는 저희 집안에 편지를 보내 저를 공격하고 배척했습니다. 지금은 제가 사악한 천주학을 배척했고 심유와 사돈을 맺은 것을 알고서는, 이기경 또한 제가 사악한 천주학을 배척한 것을 알고 있습니다"라고 답했다(이승훈 2월 10일 심문 기록).

이기경이 들었다면 고개를 꼬며 코웃음을 칠 말이었다. 이승훈은 1791년 이기경을 음험하고 질투에 눈 먼 자라고 공격했고 그 이후에 두 사람은 원수가 되어 상종도 하지 않는 사이였다. 그러나 물에 빠진 사람이 지푸라기라도 잡는 심정으로 이승훈은 자신의 결백을 증언해 줄 사람으로 이기경을 들고 나온 것이다. 1801년 이승훈 심문에서 이기경이 증언대에 섰다는 기록이 없는 것을 보면 이기경은 옛 친구의 구명을 위해 노력할 생각이 전혀 없었던 듯하다.

국문장에서 누구도 이승훈을 보호할 생각이 없었다. 마치 이승훈을 버리자고 사전에 약속이라도 한 듯 정약종, 정약용, 최창현은 이승훈에 대해 모든 것을 털어놨다. 이들의 진술을 통해 이승훈이 을사년 이후에도 베드로라는 서양식 호를 즐겨 사용했으며 신자들에게 세례를 베푸는 신부로 활동하며 교회를 이끌었다는 사실이 드러났다.

외삼촌이자 스승인 이가환의 진술도 이승훈에게 유리하지 않았다.

제 조카인 이승훈에게 서학 책을 얻어 읽어 보았는데 모두 7, 8권이 되었습니다. 그 가운데 조상의 위패에 절하지 않고 제사 지내지 않는다는 구절이 있었습니다. 깜짝 놀라 그 부분을 칼로 잘라 없애 버렸습니다. 그 이후에 책을 이승훈에게 돌려보냈습니다(이가환 2월 10일 심문 기록).

이승훈이 이가환에게 빌려 준 책이 한두 권이 아니고 7, 8권이나 된다는 점, 빌려 준 책이 수학과 천문 관련 책이라는 이승훈의 주장과는 달리 제사 금지 내용이 언급된 서학 책이란 점에서 서학서 전파의 원흉이 이승훈이라는 혐의를 뒷받침할 수 있는 증언이었다.

이승훈에 대한 결정타는 정약종에게서 나왔다. 국문이 시작된 지 이레째 되는 2월 16일 정약종이 의금부 마당으로 끌려 나왔다. 약종의 몰골은 이미 살아 있는 자의 몰골이 아니었으나 눈빛은 평화로웠고 심문에 답하는 그의 목소리는 당당했다.

"네 일기 중에는 '본당本堂의 지시 문서를 보았다'라는 이야기가 있다. 본당은 어디를 가리키는 것이며 이 편지가 소위 지시 문서라는 것이냐?"

"본당은 북경에 있는 천주당이며, 이 편지는 바로 본당에서 나온 것입니다."

"압수한 네 짐에서 나온 일기를 보면 이베드로님께[候李伯多祿座次]라는 말이 있다. 이게 무슨 말이냐?"

정약종은 꾸며서 답할 필요를 전혀 느끼지 않았다.

"'이백다록李伯多祿'은 이승훈 베드로를 말하고 '후이백다록좌차候李伯多祿座次'란 말은 북경 천주당에 있는 서양인이 이승훈에게 편지를 쓸 때 쓰는 표현입니다."

"승훈이 북경의 서양인과 편지를 주고받았다는 말이냐?"

"그렇습니다."

"네 답이 틀림없는 사실이렷다!"

"제가 왜 거짓을 아뢰겠습니까? 승훈이 갑진년(1784) 북경에 다녀온 이후 북경 천주당과 서한을 주고받았습니다. 서한을 주고받은 날짜는 편지 속에 적혀 있을 것입니다."

"승훈이 서한을 주고받은 서양인이 누구냐?"

"이름은 모르나 북경 천주당의 서양 신부라고 알고 있습니다."

"승훈이 천주당 신부와 어떻게 알게 되었다고 하더냐?"

"갑진년(1784)에 승훈이 북경에 갔을 때 천주당에서 서양 신부에게 영세를 받았습니다. 그 인연으로 서한을 주고받은 것으로 압니다."

"편지는 어떤 방법으로 주고받았느냐? 누가 전달하고 누구 편에 서양인 편지를 받아왔느냐?"

"북경에 가는 연행사 일행을 통해 편지를 주고받은 것으로 압니다"(정약종 2월 16일 심문 기록).

국문이 시작된 지 엿새 만에 나온 정약종의 진술은 조정을 발칵 뒤집어 났다. 서학교도들이 북경에 있는 서양 세력과 조직적인 연계를 갖고 활동해 온 사실이 확인된 것이다.

이승훈이 천주당을 왕복한 사실이 정약종 진술에서 낱낱이 탄로났습니다. 이승훈에게는 죽을죄를 하나 더 추가해야 합니다. 청컨대 엄히 매질해 범죄의 실상을 밝혀 내야만 합니다(정약종 2월 16일 심문 보고 중).

허락 받지 않은 외부와 서신 교류를 사형으로 다스리던 당시 조선에서 이 진술은 이승훈에게 치명타였다. 이승훈이 살아남을 희망은 사라지고 있었다.

취조 내용은 심문에 배석한 관료들에 의해 낱낱이 기록돼 왕과 대비에게 매일매일 보고되었다. 수렴청정을 하던 정순왕후 김 씨는 꼼꼼하고 치밀했다. 그녀는 국문장의 숨소리 하나까지 놓치지 않고 신하들이 보고하기를 원했고 심문 기록에서 작은 실수 하나까지도 찾아내 엄중히 지적했다.

죄인의 이름이 잘못 쓰인 곳이 있으니 경들은 잘 살피도록 하라(2월 13일 심문 결과 보고).

그런 지적을 들을 때마다 국문에 임하는 관리들의 등골이 서늘해졌다. 심문을 받는 자들의 목숨은 물론이고 심문을 하는 자들도 까딱 잘못하면 목이 날아갈 분위기였다.


## 최창현과 대질하라

국문 나흘째인 2월 13일 이승훈과 최창현의 대질 심문이 벌어졌다. 최창현은 국문이 열리기 한 달 전에 이미 포도청에 붙잡혔다. 최창현은 자신이 천주교 총회장이란 사실을 숨겼다. 그는 일반 신도로 분류되어서 중요 죄인을 다루는 의금부가 아닌 포도청에서 조사를 받고 있었다. 그런데 정약용이 최창현을 서학의 총회장으로 이번 사건의 핵심 인물이라고 밀고하는 바람에 의금부로 넘겨져 국문장에 서게 된 것이다.

최창현은 역관 출신으로 중인계급이었다. 이승훈에게 세례를 받고 입교한 그는 자신의 집을 집회 장소로 제공하는 등 교회 활동에 적극적이었다. 이승훈이 중인계급인 그를 임시성직제도를 실시할 때 신부로 지명한 것은 그의 열정과 헌신성을 높이 샀기 때문이었다. 최창현은 역관 출신의 장점을 살려《성경직해聖經直解》*를 이승훈 등과 함께 한글로 번역해 천주교 확산에 크게 기여했다.

초기 천주교회에서 최창현은 이승훈의 충실한 동지이자 핵심 참모였다. 이승훈은 자기보다 세 살 어리고 양반과 중인이라는 신분 차이가 있었지만 최창현을 존중하고 신뢰했다. 그럴 대접을 받기에 부족하지 않을 만큼 최창현은 학식을 갖추었고 교우들 사이에서 덕망이 높았다.

최창현은 조선의 신분제 질서를 증오했다. 양반과 중인, 평민, 상놈으로 나누어 사람을 차별하는 고리타분하고 답답한 질서에 숨이 막힐 지경이었다. 신분에 따른 차별이 없는 세상, 신분이 아닌 능력으로 평가받는 세상을 꿈꾸었다. 그에게 서학은 그 꿈을 이루어 줄 종교였다.**

임시성직제도가 시작되었을 때 10명의 신부 가운데 양반계급이 아닌 중인 출신은 최창현이 유일했다. 신부가 된 최창현은 신자들에게 영세를 줄 수 있었고 신자들의 은밀한 고백을 듣고 주님을 대신해 그들의 죄를 사해 줄 수도 있었다. 신부는 지도자였다. 그는 교회 안에서 중인계급의 한계를 뚫고 신분제의 벽을 훌쩍 넘어섰다.

주문모 신부는 교우들의 신망이 높던 그를 평신도 대표인 총회장으로 임명했다. 1791년 양반들의 대거 이탈로 교회 안에 양반이래야 정약종과

---

* 1636년 포르투갈 선교사 디아즈Diaz가 쓴 성경 주석서. 최창현이 한글로 번역한 이 책에는 4복음서의 30퍼센트가 수록되어 있다.
** 조선 시대에 외국 사절과의 교섭 자리에서 통역, 번역을 맡은 역관은 직업적 특성상 외부 사정에 밝았다. 초기 천주교 신자 중에는 을사추조 사건 당시 유배된 김범우 토마스와 최창현 요한 등 역관 출신이 다수 있었다.

황사영 정도만 남았지만 어쨌든 최창현은 천주교가 신분과 계급을 넘어서는 평등한 종교라는 것을 보여 주는 상징적인 존재였다.

최창현이 나졸들에 이끌려 국문장 마당으로 나왔다. 몰골이 처참했다. '최창현의 눈에는 내 몰골도 저리 보이겠구나.' 이승훈은 최창현을 제대로 바라볼 수 없었다. 두 사람의 대질 장면은 보는 사람들에게는 한 편의 희극이었고 이승훈에게는 더없는 굴욕이었다. 최창현의 입을 막기라도 하겠다는 듯 서둘러 이승훈이 먼저 입을 열었다(이하 최창현과 이승훈 대질은 2월 15일 심문 기록을 최대한 원문에 가깝게 옮긴 것이다).

"네가 나를 아느냐?"

매일같이 얼굴을 마주하고 교회의 온갖 문제를 논의하던 사람이었다. 한문 서학서를 한글로 함께 번역하며 적절한 표현을 찾느라 주고받은 말이 산을 이루고도 남았다. 그런 그에게 기껏 한다는 말이 '네가 나를 아느냐?'라니⋯⋯. "그대는 내가 아는 사람이 아니오"라고 말해 주길 기대하며 물어본 말이지만 스스로 생각해도 어이가 없었다.

"내가 어찌 이승훈 그대를 모르겠습니까?"

한 번 뻔뻔하기가 어려웠지 그다음은 그리 어렵지 않았다.

"네가 나를 어디에서 봤다는 말이냐?"

"갑진년(1784)에 이벽의 집에서 처음 만나지 않았습니까. 저에게 영세를 주셨고 저를 위해 신부가 되어 주시지 않았습니까? 지금 그것을 모르신다 하는 것입니까?"

승훈도 차마 더이상 잡아뗄 수는 없었다.

"그 말을 들으니 이제야 생각이 난다. 오래된 일이기에 내가 잠시 기억을 하지 못했으나 너의 말이 맞다. 그때 만났다."

이승훈은 최창현의 눈을 바로 볼 수가 없었다. 심문을 하던 영의정 심환지 입가에 짙은 조소가 떠올랐다가 사라졌다. 일흔 두 살의 백발이 성성한 노재상은 이승훈을 옆에 세워 둔 채 최창현에게 아퀴를 짓듯 한마디 한마디 질문을 던졌다.*

"이 자가 너의 신부가 맞느냐?"

"그렇습니다."

"너에게 이 자가 영세를 주었느냐?"

"그렇습니다."

"갑진년(1784) 이후에도 이승훈과 함께 교회 활동을 한 것이 사실이냐?"

"사실입니다. 그러나 신해년(1791) 이후에는 교회에서 승훈을 잘 볼 수 없었습니다."

"갑진년부터 신해년까지 대략 7년간 활동을 같이했다는 말이렷다!"

"그렇습니다."

"이 자는 을사년 이후 교회 활동은 아이들의 놀이 같은 것이라고 말하고 있다. 너 역시 아이들 놀이 하듯 사학을 믿고 추종한 것이냐?"

"천지의 창조주를 섬기고 죽었다가 다시 살아나신 주 예수 그리스도를 믿고 따르는 일입니다. 그런 일을 어찌 철없는 아이들의 소꿉놀이에 비하겠습니까? 저는 목숨을 바치겠다는 각오로 천주 신앙을 따랐습니다."

최창현은 승훈을 노려보며 또박또박 말을 이어 갔다.

---

\* 심환지와 최창현의 아래 문답은 이승훈의 천주교 활동 내역을 분명하게 드러내기 위해 《추안급국안》의 내용을 필자가 재구성한 것이다.

'소꿉놀이라니, 신부놀이라고? 네놈에게는 천주님을 믿는 일이 그것 밖에 안 되는 일이었느냐? 천주를 위하고 주님을 위해서라면, 교회를 위해서라면 열 번이라도 고쳐 죽을 수 있다고 말하던 베드로 신부는 어디에 있는 것이냐?' 최창현의 눈빛은 이승훈에게 이렇게 묻고 있었다.

승훈은 잠시 고개를 들어 최창현을 바라봤다. 언제나 너그러운 미소를 짓던 최창현 요한의 모습이 아니었다. 죽음을 각오하고 이를 기쁜 마음으로 기다리는 사람은 무서웠다. 같은 죽음을 앞에 두고 한 사람은 단단해지고 당당해졌지만 다른 한 사람은 한없이 초라하고 비굴해졌다.

최창현에게 더 물어 볼 말이 있느냐는 심문관의 말에 승훈은 고개를 가로저었다. 나졸들이 최창현의 양팔을 붙잡고 그를 다시 옥으로 끌고갔다. 이승훈은 똥물이라도 한 바가지 뒤집어쓴 기분이었다. 영의정 심환지가 경멸스런 시선으로 이승훈을 바라보고 있었다.


## 그가 나를 원수로 아니 나도 그를 원수로 압니다

최창현을 돌려보낸 뒤 심환지가 다시 물었다.

"정약용은 너의 종용과 유혹 때문에 사교에 빠졌다고 진술했다. 너 때문에 집안까지 망쳤다고 말하고 있다. 그 말에 대해 너는 어찌 생각하느냐?"(이승훈 2월 13일 심문 기록)

그 질문이 뼈가 저릴 만큼 아팠다. 가슴에 뻐근한 통증이 느껴졌다. '나 때문에 사교에 빠졌다고? 나 때문에 집안이 망했다고?' 대답이 쉽게 나오지 않았다. 할 말이 없어서가 아니었다. 최창현에게는 할 말이 없지만 정약용에게는 할 말이 넘쳤다. 잠시 숨을 고른 뒤 입을 열었다.

"제가 갑진년(1784) 수표교에 있는 이벽의 집에서 정약용을 만난 것은 사실입니다. 이때 약용은 이미 사교에 푹 빠져 있었습니다. 그자가 북경에서 돌아온 제게 영세를 달라고 간청했습니다. 그래서 제가 그에게 영세를 준 것입니다. 제가 그를 사교로 인도한 것이 아닙니다."

"약용은 너로 인해 사교에 빠져 후회막급이라고 했다. 집안이 풍비박산이 나고 자신의 인생이 파탄났다고 했다. 매형인 너를 이제는 원수로 안다고 진술했다. 너는 어찌 생각하느냐?"

갑자기 눈물이 솟았다. 배신감이나 노여움이 아닌 말 그대로 슬픔이 밀려왔다. 슬픔에 밀려 생각하지 못했던 답이 나왔다.

"약용이 저를 원수로 여긴다면 저 역시 그를 원수로 여깁니다"(이승훈 2월 13일 심문 기록 중).

이 말을 내뱉고 승훈은 후회했다. 할 말이 아니었다. 처남이 그리 말했다고 매형인 나도 그리 말할 것은 아니었다. 그러나 입 밖에 나온 말을 주워담을 수 없었고 어찌 보면 그 말이 제일 하고 싶은 말인지도 몰랐다. 천주교가 약용과 나를 원수 사이로 만들었구나.

심환지의 눈가에 잠시 그늘이 졌다. '서학 때문에 조선의 인재들이 이렇게 망가지는구나.'

이제 심문은 이승훈의 북경 천주당과의 연루에 집중되었다.

"네가 북경 천주당과 내통할 때 정약용도 밀서 작성에 개입하지 않았느냐? 정약용 그자는 자기 입으로 을사년(1785) 이후부터 신해년(1791) 진산 사건 무렵까지 천주교에 빠졌다고 인정했다. 교리에 관한 의문을 물어보는 일이었다면 정약용 그자가 밀서 작성에 참여하지 않았을 리 없다.

그자도 분명 서양인과 접촉에 관여했겠지?"

정약용에 대한 자신의 좋지 않은 감정을 이용해 서학 삼흉 가운데 한 명인 정약용을 잡으려는 의도가 눈에 뻔히 보였다. '다산은 잘 버티고 있을까?' 내 입에서 정약용이라는 말이 나오면 약용은 살아남을 수 없었다. 그는 불쌍한 아내가 유달리 아끼는 막내 남동생이었다. 국문장에서 서로를 원수라고 말하는 사이가 되긴 했지만 그의 인생에서 단 한 명의 친구를 꼽는다면 그것은 정약용이었다. 저승길이 외롭다고 그를 데려갈 수는 없었다.

"정약용은 모르는 일입니다. 서양인과 접촉은 권일신과 제가 상의해서 이루어진 일입니다. 교회 안의 다른 사람들은 전혀 알지 못합니다. 서양 천주당과 접촉하고 있다는 것을 아는 것만으로 죽음입니다. 그런 일을 다른 이들에게 알릴 수는 없었습니다."*

"곧 죽을 처지에 남의 걱정을 하는 것이냐? 정약용은 이를 갈며 너를 저주하고 있는데 너는 처남이라고 감싸는 것이냐? 지금이라도 늦지 않았다. 서양인과의 서한을 작성하고 전달하는 과정에 약용이 개입하지 않았느냐?"

"약용은 모르는 일입니다."

"딱한 놈이로다. 오늘 심문은 여기까지만 하겠다. 내일은 진실을 고백하라."

* 이 부분에 대한 심문 기록은 남아 있지 않다. 북경 천주교회와의 접촉은 이승훈이 권일신과 상의해 결정했다는 기록은 남아 있으나 이승훈 편지를 정약용이 대필했다는 주장도 있다.

# 국문장의 저승사자 정약용

서학은 끊임없이 죽음을 불렀다. 김범우 토마스가 1786년 유배지 단양에서 죽었다. 이벽은 가족의 압력으로 사실상 폐인이 되어 서른세 살의 나이로 죽었다. 부모의 위패를 불태운 윤지충과 권상연은 전주 감영에서 목이 잘렸다. 권일신도 배교자라는 비난을 들으며 유배지에서 비참하게 최후를 맞았다.* 주문모 신부를 입국시키고 그의 활동을 돕던 윤유일, 지황, 최인길도 1795년 포도청에서 고문을 당하던 중 하룻밤 사이에 불귀의 객이 되었다. 그것이 그 시대 천주교를 믿는 사람이 가야 할 길이었다.

밀고자의 눈길은 사방에서 번득이고 있었다. 조정은 오가작통법五家作統法**을 이용해 주민들이 서로를 감시하도록 했다. 이웃이 감시자였고 가족이 밀고자였다. 사람을 가리고 가려서 조심스럽게 복음의 운을 뗐고 듣는 이의 표정을 살펴 가며 말을 이어 가야 했다. 서학 조직에는 비밀 조직 특유의 끈끈한 우애와 연대가 있었다. 목숨을 걸고 비밀을 공유한 사람들만이 느낄 수 있는 동지 의식이 이 가난하고 연약한 조직을 유지시켰다. 이 땅의 짧은 고난이 끝나면 천국의 영원한 복락을 함께 누릴 것이라는 소망이 이들을 하나로 묶어 주고 있었다. 이들은 생사 공동체였고 종교적

---

\* 권일신(프란시스 하비에르)은 초기 교회에서 10인의 신부 중 한 명으로 이승훈과 쌍벽을 이루는 지도자였다. 1791년 신해사옥 당시 체포되었고 노모의 간곡한 권유로 배교하였고, 유배지 예산으로 가던 중 고문 후유증으로 사망하였다.
\*\* 다섯 가구를 하나의 단위로 묶어 서로를 감시하게 하는 제도. 처음에는 조세 대상자와 군역 대상자를 확보하기 위한 방안이었으나 천주교 확산 방지 등 주민 감시 방법으로 이용되었다.

가족공동체였다.

배신자라는 낙인은 쉽게 지워지지 않았다. 이승훈에 대한 교우들의 실망과 배신감과 분노는 그가 교회를 떠난 지 10년이 다 되었지만 사라지지 않았고 1801년 국문장에서 더 생생히 되살아났다. 옛 동료들은 그를 배신자라고 규탄했다. 그에게 불리한 진술을 하는 것을 망설이지 않았다. 이승훈은 배신자라는 비난의 무게에 짓눌렸다.

"처음으로 입교한 사람들, 가장 유명한 복음 전파자들이 비겁한 모습으로 우리들을 슬프게 했다"는 달레 신부의 기록은 이승훈을 염두에 둔 것이었다.

이승훈에 대비되는 인물이 정약용이었다. 정약용은 자신의 신앙을 부인하고 동료들의 믿음을 배신하는 데 두려움이 없었다. 당시 심문 기록 곳곳에 그의 모습이 어제인 듯 뚜렷이 남아 있다. 죄인인 그의 목소리가 국문장을 수시로 떠들썩하게 울렸고 행동에는 거침이 없었다. 그는 잘못을 시인하니 죽여 달라는 말을 진술이 끝날 때마다 덧붙였지만 그것은 말 그대로 말뿐이었다. 살기 위해 몸부림치는 정약용에게는 섬뜩한 광기마저 느껴졌다.

정약용은 자신이 아는 천주교 동료들을 고발하는 데 한 치의 망설임도 없었다.

소굴의 우두머리는 진실로 모릅니다. 그러나 들은 대로 말하자면 김백순이라는 이름이 파다하게 오르내리고 포천의 홍교만 또한 유명합니다. 홍교만은 제 형과는 사돈 간이자 홍주만의 동생입니다(정약용 2월 13일 심문 기록).

잘 알지 못하는 사람들에 대해서도 막힘없이 입을 놀렸다.

권파서權巴西 형제는 아마도 권철신의 아들 권상문을 가리킨 듯합니다. 조생원 부자는 조동섬을 가리키는 듯하고 장생張生과 유생兪生은 그 이름을 알지 못합니다. 그런데 유생은 지금 양근현 감옥에 갇혀 있다고 합니다(정약용 2월 13일 심문 기록).

친형과 조카, 매형이라고 사정을 봐 주지 않았다.

제 형인 정약종이 작년 여름 대간이 임금님께 보고한 후에 양근에서 도망쳐 배를 타고 올라왔습니다. 서울 청석동靑石洞의 오른쪽 서너 번째 집에 머문다고 들었습니다. 최창현은 괴수의 우두머리며 황사영은 비록 제 조카사위지만 원수입니다. 그자는 죽어도 변치 않을 것입니다. 이백다록은 이승훈입니다. 그는 베드로라는 이름으로 불리는 것을 즐거워했습니다(정약용 2월 13일 심문 기록).

그의 고발과 진술은 날카로운 칼이 되어 사정없이 교우들과 동지들의 가슴 한복판을 찔렀다. 1801년 의금부 국문장의 정약용은 천주교도들에게는 정녕 저승사자였다. 그의 입에서 서학 관련자들의 이름이 한 명씩 나올 때마다 죽을 사람들이 한 명씩 늘었고 의금부 대청 위의 국문관들은 흡족한 미소를 지었다

정약용은 자신이 알고 있거나 풍문으로 들은 내용을 고발하는 것에 그치지 않았다. 구체적인 천주교 소탕 방법까지 제시했다.

사악한 천주교의 소굴을 찾아내는 방법이 있습니다. 최창현이나 황사영 같은 무리들은 날마다 고문을 하더라도 결코 실토하지 않을 것입니다. 그들의 종이나 제자 중에서 천주학에 깊이 물들지 않은 자를 체포해 심문하면 단서를 얻을 수 있을 것입니다(정약용 2월 13일 심문 기록).

자신이 직접 천주교도 체포에 앞장서겠다고도 했다.

사악한 천주학을 하는 사람은 제게는 원수입니다. 지금 만약 제게 10일의 기한을 주시고 영리한 포교를 데리고 나가게 해 주신다면 사악한 천주교 소굴을 소탕하고 그 괴수들을 체포하여 오겠습니다(정약용 2월 11일 심문 기록).

그의 입에서 이름이 불린 사람들은 곧 바로 죽음의 무대로 끌려 나왔다. 정약용이 천주교도라고 고발한 김백순, 홍교만 등은 즉각 체포되어 혹독한 고문을 받았고 끝내 처형된 사람 역시 한둘이 아니었다. 최창현도 정약용의 진술로 총회장이라는 사실이 드러나 죽음의 무대에 서야 했다. 교회의 핵심 지도부에 있었던 그의 진술과 고발은 신빙성이 높았고 정보 가치가 컸다. 정약용이 제시한 천주교도 소탕 방안은 그대로 받아들여졌다. 국문관들은 수시로 정약용을 회유하고 보다 더 적극적인 진술을 독려했다.

너는 이미 죄를 뉘우치고 스스로 새로워지려고 하고 있다. 이것을 확인하는 방법은 천주교 소굴을 소탕하고 괴수를 체포하는 것이다. 네가 이와 같이 한다면 죽음의 문턱에서 벗어나 살아서 돌아올 수 있을 것이다. 또 영원히 흠 없는 사람이 될 것이다. 그런데 지금은 단지 잘못을 깨달았을 뿐 내세울 일은 하나도 없는 것 아니냐? 심문하는 일에 대해 정신을 차리고 보다 더 상세하게 진술하라(정약용 2월 13일 심문기록).

정약용에게 이런 회유의 말은 필요하지 않았다. 그는 자발적으로 천주교 소탕의 첨병이 되고자 했다. 그는 자신의 배교를 확신으로 포장했다.

사악한 뿌리를 제거하고 사악한 가라지들을 깨끗이 없애기 위해 비록 온 몸이 산산이 부서진다 해도 최선을 다하지 않을 수 없습니다. 모든 질문에 털끝만큼이라도 숨기지 않을 것이고, 뿌리 뽑는 방법도 말함으로써 임금님의 은혜에 보답하고 집안의 원수도 갚을 것입니다. 그들을 체포하고 소탕하기 위한 방법과 계책은 마땅히 피를 뿌리고 심장을 갈라서 손발을 적시고 머리털을 태우듯 해야 합니다. 정성으로 도와서 기필코 그들을 완전히 없애고 물리치겠습니다(정약용 2월 17일 심문 기록).

배교의 대가는 달콤했다. 우선 고문에서 해방됐다. 대왕대비 정순왕후 김 씨는 정약용에게 더이상 매질을 하지 말라고 지시했다(정약용 2월 13일 심문 기록 보고).

조선 시대 죄인에게 형장을 치며 심문하는 것은 법으로 보장된 일이었다. 그런데 형장을 피했다는 것은 심문관들이 원하는 답변을 내놓은 것에 대한 보상이었다. 배신의 보상을 받은 사람은 1801년 국문장에서 다산 정약용, 딱 한 사람이었다.

주문모 신부 건과 북경 천주당 서신 연락 등에 대해서는 반드시 밝혀야 하나 핵심 인물인 정약종은 혀를 깨물고만 있으니 아무리 물어 봐도 소용이 없습니다. 그래서 정약용에게 거듭 반복하여 자세히 캐물었습니다. 그랬더니 그가 진술한 것과 문서에서 드러난 것이 구절구절 모두 들어맞았습니다. 탐문하여 체포하는 방법 또한 그가 몰래 말해 주었습니다. 정약용이 진술한 것은 모두 진실한 마음에서 실토한 것입니다. 그런데 그가 매질을 받고 오랫동안 갇혀 있어서 병세가 악화되었습니다. 차꼬를 풀어 주고 병이 낫도록 기다려 주십시오(2월 17일 정약용 심문 결과 보고).

정약용의 발목을 묶고 있는 차꼬를 풀어 주자는 심문관들의 건의를 정순왕후는 받아들였다. 족쇄가 풀린 정약용은 감옥 안을 활보하고 다녔다. 이제 살아서 의금부를 나갈 길이 눈앞에 환하게 열려 있었다.

훗날 정약용은 〈자찬묘지명〉에서 이때 벌어진 일을 정권에 의해 의로운 선비들이 죽임을 당하고 핍박을 받은 사화士禍라고 표현했다. 자신 역시 피해자라고 주장했다. 그러나 당시 자신이 어떤 행보를 보였는지에 대해서는 거의 기록을 남기지 않았다. 자신의 밀고로 죽은 사람들과 피해를 입은 사람들에 대한 미안함이나 자책, 반성은 그의 방대한 기록 어디에서도 찾아보기 어렵다. 자신이 누명을 썼다는 이야기만 적고 있다.

압수된 문서 더미 가운데 도리어 약용의 누명을 벗길 만한 증거가 많았으므로 곧 형틀을 벗기고 금부 안에서 풀어 주었다. 여러 대신이 때때로 나를 불러 함께 옥사를 논의했다. 이병모가 나를 찾아왔다. '곧 무죄로 풀려날 것이니 식사를 많이 들고 자중하라'고 말했다(정약용, 〈자찬묘지명〉 중).

여러 대신이 자신을 불러 함께 옥사를 논의했다는 말은 자신이 밀고자임을 자백하는 말이나 다름없는 것으로 읽는 이의 눈이 부끄러울 지경이나 그는 부끄러움 없이 이 내용을 적고 있다.

정조가 죽은 직후 정약용은 여유당與猶堂이라는 호를 새로 지어 사용했다. 여유당은 겨울에 개울을 건너는 것처럼 조심하고 이웃 사람들의 시선을 경계한다는 뜻이다. 정조의 죽음이 불러 올 권력의 변화를 예감하고 처신에 각별히 조심하겠다는 각오를 표현한 것이었다.

정약용은 스스로 지은 호가 스무 개가 넘는다. 때와 상황에 맞춰 자신의 이름을 수시로 바꿔 불렀다. 다산이 시류의 변화를 늘 주시하고 변화에 능수능란하게 대응했던 인물임을 보여 주는 것이다.

서학에 대해서도 정약용의 해석과 주장에는 거침이 없었다. 그의 세례명은 요한, 한자로 쓰면 '약망若望'이었다. 정약용 형제의 돌림자가 '약若' 자였다. 그의 형 약종의 집에서 압수된 편지에 약망이라는 이름이 나왔다. 정약용을 지칭하는 것이었다. 국문관이 약망이 누구냐고 물었을 때 약용은 태연히 답했다. "저희 집안에 약망이라는 이름을 갖고 있는 사람은 없습니다"(2월 10일 정약용 심문 기록).

1795년 주문모 신부가 배교자의 고발로 체포 직전에 몰렸을 때 한 관리의 도움으로 겨우 체포를 면할 수 있었다. 주문모의 피신을 도운 관리는 정약용이었다. 정약용은 국문장에서 자신이 주문모 신부를 구해 준 사실을 밝히지 않았다. 다만 〈자찬묘지명〉에서 배교자가 주문모 신부의 입국 사실과 은신처를 고발하는 것을 자신도 들었다고 기록하고 있다.

4월에 소주蘇州 사람 주문모가 변복하고 몰래 들어와 북산北山 아래서 서교를 널리 폈다. 진사 한영익이 이를 알고 이석에게 밀고했는데 나 또한 이를 들었다(정약용, 〈자찬묘지명〉 중).

주문모 신부의 극적인 탈출 과정은 구베아 주교가 동료 주교에게 보낸 서한에 상세히 기록되어 있다.

밀고자가 조선 대신들에게 밀고하는 자리에 어떤 무관 한 사람이 같이 있었는데, 그 사람은 한때 천주교 신자였다가 배교를 한 사람이었습니다. 하지만 그 무관은 배교의 죄를 진심으로 뉘우치고는 신부님께 고해성사를 볼 수 있는 날이 오기만을 애타게 기다리고 있었습니다. 그런데 다른 천주교 신자들은 이 무관에게 신부님이 오셨다는 사실을 전혀 알려 주지 않았습니다. 그것은 혹시라도 그 사람이 누설하지 않을까 두려워했기 때문이었습니다. 그런데 그 무관은 앞에서 이야기한 또 다른 배교자가 고발하는 모든 사실을 듣고는, 곧장 신부님이 머물고 계시다고 일러 준 집으로 달려 갔습니다. 그리고는 신부님이 고발당했기 때문에 신부님과 천주교회에 위험이 닥쳤다는 것을 알려 주었습니다. 그런 다음 신부님한테 한시라도 빨리 그 집을 떠나는 것이 좋겠다고 말했습니다. 그리고는 자기가 신부님을 다른 곳으로 모시고 가겠다고 나섰습니다(구베아 주교가 1797년 디디에르 주교에게 보내는 편지).

정약용은 주문모 신부의 입국과 활동 내용에 대해서도 상당한 정보를 갖고 있었지만 국문장에서는 일체 진술하지 않았다. 자칫하면 주문모 신부 탈출에 자신이 연루된 사실이 드러날 것을 우려했던 것이다. 정약용은 주문모 신부의 은신에 깊이 관여한 조선 가톨릭교회 여교우회장 강완숙과 편지를 주고받았다. 그러나 이 사실에 대해서도 침묵했다. 그는 살기 위해 말해야 될 것과 말하면 안 되는 것을 정확하게 알고 있었다.

친구와 적을, 버려야 할 사람과 챙겨야 될 사람을 정약용은 냉혹하게 구분했다. 조카인 황사영은 버려야 될 사람이었다. 친형 정약종도 버려야 될 사람이었다. 매형 이승훈도 버려야 될 사람이었다. 버려야 될 사람이라고 판단되면 그들을 원수라고, 역적이라고 규탄했다. 그가 국문장에서 구하려고 애쓴 사람은 친형 정약전과 친구 오석충* 두 사람뿐이었다. 나머지는 모두 역적 아니면 원수였다.

정약용은 자신에게 서학을 소개하고 가르친 사람들을 서슴없이 원수라고 불렀다. 그는 지치지도 않고 서학을 통렬하게 비난했고 가슴을 치며 자신의 행동을 후회했고 허연 침을 튀겨 가며 교우들을 고발했다. 그의 배신은 소신이었다. 다른 사람의 목숨을 바쳐서 자신의 목숨을 건졌다.

달레 신부는 이때 정약용의 모습에 대해 냉정하게 평가했다. "정약용 요한과 정약전은 그와 비슷한 경우에 이미 한심한 나약의 본을 보였는데 자기 형의 권고와 간청과 눈물과 고상한 본보기를 짓밟고 배교로써 목숨을 구하는 비결을 또 한번 보여 주었다"(달레, 〈조선천주교회사〉 중).

친형 약종과 매형 승훈이 목 잘려 죽은 다음날 정약용은 두 발로 걸어서 의금부 옥사를 빠져나갔다. 스승 이가환과 권철신은 이미 며칠 전에

---

* 오석충(?~1806)은 정약용이 자신의 가장 친한 친구라고 부른 인물로 신유사옥 당시 서학교도로 지목되어 임자도로 유배되었다. 정약용은 오석충이 서학교도가 아니지만 공서파의 음모로 정치적 희생양이 되었다고 주장했다.

고문을 못 이기고 옥중에서 죽었다. 서학 삼흉으로 지목되었던 세 명 중 죽음의 무대에서 살아남은 사람은 정약용 한 명이었다.

〈동부승지 사직 상소〉*는 그의 공식적인 배교 선언서다. 어디까지가 진심이고 어디까지가 거짓인지 가늠하기가 쉽지 않지만 한번 읽어볼 가치는 있다. 일부를 인용한다.

신은 이른바 서양의 사설邪說에 관한 책을 일찍이 보았습니다. 그저 보기만 했다면 무슨 죄가 되리이까? 마음으로 기뻐하며 사모했고, 이것으로 남에게 뽐내기까지 했습니다. 신이 이 책을 본 것은 20대 초반입니다. 본시 능히 세심하게 살필 수 없어 그 지게미와 그림자조차 얻지 못하고, 도리어 사생死生의 주장에 휘둘리고, '칠극七克'의 가르침에 귀가 쏠리며, 기이하고 떠벌린 글에 현혹되었습니다.

유문儒門의 별파로 알고, 문단의 기이한 감상거리로만 보아, 남과 얘기할 때도 아무 거리낌이 없었습니다. 누가 비난하기라도 하면 과문하고 못나서 그러려니 여기기까지 했으니, 본래 뜻은 기이한 견문을 넓히려 한 것일 뿐입니다. 하물며 벼슬길에 나간 뒤로 또 어찌 능히 방외에 마음을 쏟을 수 있었겠습니까?

불행히도 1791년 진산 사건의 변이 일어나, 신은 이후로 분개하고 가슴 아파하며 마음으로 맹세하여 이를 원수처럼 미워하고 역적같이 성토했습

---

* 〈변방사동부승지소辨謗辭同副承旨疏〉를 이르는 말이다. 〈자명소自明疏〉라고도 한다. 1797년 동부승지를 사직하면서 쓴 글이다.

니다. 신의 경우 당초에 서학에 물든 것은 아이들의 장난과 같았는데, 지식이 조금 자라자 문득 원수로 여겼고, 분명하게 알게 된 뒤로는 더욱 엄하게 이를 배척했습니다. 깨달음이 늦다보니 미워함도 더욱 심해, 심장을 갈라 보여도 실로 아무것도 남은 것이 없고, 구곡간장을 뒤져 본들 남은 찌꺼기가 없습니다.

이제 전하께서 신을 어여삐 여겨 버리지 아니하시고 다시 이렇게 거두어 쓰셨지만, 매번 사단이 날 때마다 문득 지난 잘못을 허물하신다면 꿈에도 생각이 미치지 않았는데도 더러운 오물을 먼저 뒤집어써서, 지쳐 기운이 빠진 채로 그저 앉아 조롱만 받게 될 것입니다. 이제까지 그래 왔으니 앞으로도 어찌 다르겠습니까? 이럴진대 신은 차라리 계속해서 내쳐진 채로 있으면서, 때로 굽혀지고 때로 부름 받아 한갓 임금의 은혜를 크게 욕되게 하고, 나아가 죄를 더욱 무겁게 지게 되는 일이 없도록 해 주시옵소서.

정약용의 영원한 후견인이자 후원자였던 정조는 이 글을 읽고 크게 감동했다. 정조는 정약용에게 언제나 감동할 준비가 된 인물이었다.

정약용의 상소를 자세히 살펴보니 착한 마음의 싹이 봄에 솟아나는 새싹처럼 무궁하다. 종이에 가득히 자신에 대해 열거한 말은 듣는 이를 감동시킬 만하다《조선왕조실록》 정조 21년 6월).

그러나 정약용이 손끝으로 쓴 몇 자의 글로 감히 국왕을 현혹하고 조정을 능멸하려 한다는 싸늘한 시선도 있었다.

약용이 만약 자수하려 했다면, 상소문의 말이 반드시 질박하고 솔직해서 화려함 없이 조각조각 붉은 마음이 흘러나온 뒤라야 그가 곧은 마음으로 회개했음을 볼 수 있을 것이다. 그런데 지금은 천언만어로 오로지 수식에만 힘을 쏟았다. 그가 스스로 회개했다고 말한 곳은 고작해야 '벼슬길에 들어선 이후 어찌 능히 방외에다 마음을 노닐 수 있었겠습니까?' 뿐이다. 단 한 글자도 아프고 절실한 마음이 없다(이기경, 《벽위편》 중).

만약 정약용이 능히 진심으로 회개했다면 마땅히 사학의 부류와 서로 끊고, 바른 선비들과는 유감을 풀었어야 맞다. 그렇지 않다면 그 상소는 믿을 수가 없다. 이후의 종적을 살펴보더라도 이가환, 이승훈, 홍낙민, 황사영 등과는 친밀함이 예전과 다름이 없고, 홍낙안, 이기경 등과는 원수로 지내는 것이 전날과 같다.

그래서 사람들이 약용 보기를 또한 전날의 약용과 같다고 했던 것이다. 나는 잘 모르겠다. 이 서학이 과연 어떤 점이 좋길래 앞뒤로 30년 동안 끝내 단 한 사람도 머리를 돌리고 마음을 고쳐먹은 자가 없더란 말인가?(이기경, 《벽위편》 중).

정약용은 18년 동안 유배 생활을 하며 어렵고 힘든 시기를 보내긴 했지만 오래 살아남았다. 많은 책을 썼고 만년에는 어느 정도 명예도 회복했다. 그는 74세에 이 세상을 떠날 때까지 국문장에서 보였던 자신의 행동을 후회하지도 부끄럽게 생각하지도 않았다. 죽음이 눈앞에 어른거리는 상황은 사람의 밑바닥이 그대로 드러나는 자리였다. 그때 드러난 다산 정약용의 밑바닥은 무엇이었을까?

# 달라도 너무 다른 형제, 정약종

한 배에서 나온 두 살 터울의 친형제였지만 정약용과 정약종은 달라도 너무 달랐다. 정약용이 완벽한 배교자였다면 정약종은 완벽한 순교자였다. 정약종은 진정으로 자신이 천주교인이라는 것을 자랑스러워 했다. 자신을 붙잡으러 온 나졸들이 자신을 알아보지 못하자 "내가 당신들이 찾는 사람"이라고 말했다는 일화는 사실 여부와는 무관하게 그가 이미 순교할 각오가 되어 있음을 보여 주는 것이다.

　정약종의 천주교 입문은 다른 형제들에 비해 늦었다. 그는 서학에 입문하기 전에 도교의 신선술에 심취하기도 했지만 1786년 마침내 천주교에서 진리를 보았다. 이승훈에게 세례를 받고 천주교인이 된 정약종은 진산 사건으로 대부분의 양반 신자들이 줄줄이 교회를 떠날 때도 믿음을 포기하지 않았다. 부친 정재원이 집안에서 서학을 강력히 금지하자 아예 집을 나와 버렸다. 그 이후에는 부친, 형제 등 가족과 의절하고 지냈다.

　그는 가부장적 가족공동체를 버리는 대신 종교적 가족공동체의 일원이 되었다. 그가 집안의 여종을 단돈 7냥을 받고 해방시켜 준 것이나 교회공동체에서 천민들을 친형제처럼 대한 것은 교우들을 자기 가족이라고 생각했기 때문이었다. 이에 비해 봉건적인 의미의 가부장제는 강력히 비난했다. 조정에 압수된 그의 일기에서 나온 다음 글은 그의 생각을 단적으로 보여주고 있다.

　나라에는 큰 원수가 있으니 임금이오, 집안에 큰 원수가 있으니 아버지다 (정약종 심문 기록 2월 12일).

정약종의 이 글은 큰 파문을 일으켜 한때 국문이 중단되는 일까지 벌어질 정도였다. 국문관도 이 말을 그대로 인용하지 못하고 '차마 할 수 없는 말', '도리에 어긋난 말'이라고 에둘러 표현했을 정도로 이 말은 조선 사회에서는 상상할 수 없는 파격이었다.

너는 일기 속에서 조상에게 제사 지내거나 묘소에 참배하거나 부모의 상을 치를 때에 신주를 만들거나 제사상을 차리는 것 등의 일은 모두 죄를 짓는 것이라고 했다. 이는 인륜과 도리를 무너뜨리는 매우 흉측한 짓이다. 또한 너의 부모에 대해서 차마 할 수 없는 망측한 말을 했으며 나라에 대해서도 도리에 어긋난 말을 했으니 매우 흉측하다(정약종 2월 12일 심문 기록).

정약종은 1801년 2월 11일 의금부에 끌려온 이후 단 한순간도 자신의 신앙을 부인하지 않았다. 1801년 재판에서 시종일관 자신의 신앙을 지킨 사람은 정약종이 유일했다. 모진 고문도 죽음의 협박도 살려 주겠다는 회유도 그에겐 통하지 않았다. 자신이 한때나마 천주교 신자였다는 사실을 온몸으로 부끄러워했던 동생 정약용과는 말 그대로 천양지차였다.

저는 본래 이것이 올바른 학문인 정학正學이라고 알았지 사악하다고 생각하지 않았습니다. 서학이 매우 공명정대하고 매우 진실한 도라고 알았습니다. 때문에 몇 해 전 나라에서 금지한 이후에도 애당초 바꾸려는 마음은 없었습니다. 비록 수없이 형벌을 받다가 죽을지라도 조금도 후회하지 않습니다(정약종 2월 12일 심문 기록).

정약용은 가족 형제는 물론이고 아는 사람 모르는 사람 가리지 않고 고발했지만 정약종은 한 사람의 교우라도 보호하기 위해 애썼다.

살기를 바라고 죽기를 싫어하는 것은 인지상정입니다. 그러나 의리를 배반하면서까지 살려고 하지는 않겠습니다. (천주교도를) 나라에서 정도를 행한 어진 사람으로 인정하여 관직을 주고 상을 준다면 어찌 말하지 않겠습니까? 그런데 지금은 그러하지 않고 번번이 형벌을 내려 죽이니 어찌 말할 수 있겠습니까?(정약종 2월 12일 심문 기록).

심문관들은 정약종이 교우들을 보호하기 위해 허위 진술을 한 사실을 뒤늦게 알고 분통을 터트린 게 한두 번이 아니었다.

정약종을 매질해 다시 심문했습니다. 그랬더니 숨겨 둔 숱한 편지들은 모두 박취인의 것이라고 둘러댔습니다. 그런데 박취인은 집도 없었고 오가작통의 통기에도 그의 이름이 실려 있지 않습니다. 나머지 그가 진술한 이백심, 정윤기 등에 대해 최창현이 그 이름을 듣지 못했다고 말한 것으로 볼 때, 이는 없는 사람을 지목해 있다고 함으로써 눈앞의 매질을 면해 보고자 꾸민 계략인 듯합니다. 그 정황이 지극히 교활하고 악독합니다(정약종 2월 16일 심문 기록).

심지어는 이승훈이 1790년 북경에 파견한 밀사가 윤유일이 아니라 진산 사건의 핵심 인물인 윤지충이라고 진술하기도 했다. 윤유일이 1795년에 이미 죽었지만 그의 존재 자체를 아예 숨겨 그의 가족과 교우들을 보호하려는 의도였다.

그렇지만 배교자에 대해서는 가차 없이 진술했다. 자신에게 세례를 준 이승훈에 대한 진술이 대표적인 예라고 할 수 있다. 이승훈은 한때 그에게 신앙의 모범이자 선배였고 매형이었다. 그러나 이승훈이 슬금슬금 교회에서 발을 빼자 그는 냉정하게 매형과 절연했다.

그는 두 살 아래 동생인 정약용에 대해서는 진술을 거의 하지 않았다. 진산 사건 이후 가족들과 의절하고 집을 나왔기 때문에 실제로 정약용에 대해 아는 것이 많지 않았다. 국문관들도 충실하고 유용한 배교자 정약용에 대해서는 별로 캐묻지 않았다. 동생 정약용이 형의 서울 거처를 상세히 고발한 것과는 사뭇 대비되는 모습이다.

두 형제는 뛰어난 이론가라는 공통점도 있었다. 동생 정약용이 화려한 필치로 자신의 배교를 합리화할 때 형은 소박한 한글 문장으로 천주교의 교리를 정리했다. 최초의 한글 교리서인《주교요지》가 그의 작품이다. 주문모 신부는《주교요지》가 마테오 리치가 쓴《천주실의》보다 낫다고 평가했다. 그는 초기 천주교회의 대표적 이론가이자 설교자로 조선 천주교회가 그 이후로 80년 넘게 이어진 박해를 견딜 수 있는 이론적 토대를 닦았다.

사람들이 교리와 관련해 별별 것을 물어 봐도 주머니 안에서 물건을 꺼내는 것과 같이 술술 풀려 나와 끊이지 않았으며, 되풀이하여 어려운 문제를 하나하나 구분하여 설명함으로써 조금도 막힘이 없었다(《황사영 백서》 중).

이승훈과 정약종은 같은 날 같은 장소에서 참수되어 죽었다. 이승훈의 하늘 길 동반자는 정약용이 아니라 정약종이었다.

# 저 자를 매우 쳐라

국문 이틀째 되는 날, 의금부 나졸들이 이승훈을 십자가 모양의 형틀에 묶었다. 십자형 형틀에 엎드린 자세로 묶인 승훈의 바지를 허벅지까지 둘둘 말아 올렸다. 그리고 몽둥이로 무릎 아래 장딴지를 사정없이 내려치기 시작했다. 길이 1미터, 두께 6센티의 가시나무로 만든 몽둥이는 평생 매를 맞은 적이 없는 승훈의 여린 살점을 둔탁하게 가격했다.

형장刑杖이 열 대를 넘자 부풀어 오른 장딴지에서 피가 터져 장을 치는 나졸의 얼굴까지 튀었다. 이승훈 입에서 비명소리가 절로 터져 나왔고 악문 입 사이로 침이 질질 흘러내렸다. 스무 대가 넘어 가자 매를 치는 나졸의 숨소리도 가빠졌다. 서른 대를 다 쳤을 때 이승훈의 몸이 길게 늘어지고 신음 소리는 오히려 잦아들었다. 정신줄을 놓은 것이다.

조선의 최고 사법기관으로 역모죄를 비롯한 중죄인을 다루는 의금부의 형장은 다른 관아의 형장에 비해서 혹독하기로 소문이 나 있었다. 형장은 하루에 30대 이상을 치는 것은 법으로 금지되어 있었고 사전에 국왕의 허가를 받아야만 집행할 수 있었다. 형장 30대를 맞고 혼절하지 않는 죄인은 거의 없었다. 한 번 형장이 집행되면 사흘 이내에는 다시 칠 수 없었다. 죄인이 형장을 받는 도중에 죽는 것을 막으려는 조치였다. 그만큼 형장은 무서운 고문이었다.

조선은 죄인이라 하더라도 신체를 훼손, 절단하거나 거꾸로 매다는 것 같은 가혹한 고문은 금지했다. 다만 죄를 추궁할 때 형장, 즉 몽둥이질을 하는 것은 합법이었다. 형장이 얼마나 고통스러운 고문인지는 1801년 재판에서는 김백순 사례를 보면 알 수 있다.

김백순은 병자호란 당시 결사 항전을 주장했던 김상용의 후예였는데 그가 천주교 신자라는 정약용의 진술로 국문장에 잡혀 왔다. 김상용 가문은 조선에서 가장 존경 받는 최고 명문가였다. 국문관들은 노론 명문가 후손이 사학에 빠진 것을 큰 변괴라 여겼다. 서학을 함께 한 일당과 수괴를 밝히라는 심문관들의 집요한 회유와 거듭된 협박에도 불구하고 김백순은 자신의 신념을 버리지 않았다. 첫 번째 심문에서 그는 24대의 형장을 맞았지만 용케 버텼다.

죄인 김백순은 천주학 이야기에 두루 통달하고 이해하여 믿기를 신명神明처럼 하고 굳게 지키기를 금석처럼 하여, 곧 죽음에 이르러도 뉘우칠 뜻이 전혀 없었습니다. 이것은 진실로 하나의 변괴입니다(김백순 2월 13일 심문 보고).

김백순은 어머니를 동원해 회유해도 끄떡하지 않았다.

너의 범죄 사실은 조금도 용서할 수 없다. 어제 어머니와 아들이 헤어지는 고통을 전혀 생각하지 않느냐고 물었다. 그런데 너는 멍청하고 고집스럽게도 오로지 어머니와 아들 사이도 중요하지만 천주학을 배반하여 버릴 수 없다고 말했다. 이것이 어찌 인정상 차마 할 수 있는 일이겠느냐?

제가 만약 천주학이 사악하다고 생각했다면 어찌 어머니와 아들의 인정과 도리를 생각하지 않았겠습니까? 그런데 천주학이 사악하다고 조금도 생각하지 않았기 때문에 결코 배신하여 버릴 수 없습니다.

이 진술 뒤 이어지는 당시 심문 기록을 그대로 인용하기로 한다(김백순 2월 15일 심문 기록). 형장을 맞기 전과 맞은 뒤의 김백순의 진술 내용을 비교해 보기 바란다.

- (김백순에게) 매 4대를 때렸다. 심문하기를 "너는 끝내 죄를 뉘우칠 마음이 없느냐?" 하니 김백순이 진술하기를 "저는 당연히 죄를 뉘우치겠습니다" 했다. 심문하기를 "그렇다면 이 천주학의 그릇됨을 아느냐?" 하니, 김백순이 진술하기를 "천주학의 그릇된 곳을 밝게 깨우쳐 준다면 고치겠습니다" 했다.
- 심문하기를 "너의 학문은 하늘을 공경하거나 두려워하는 것이 아니라, 하늘을 업신여기고 속이는 것이다. 지금부터는 거짓되고 사악한 천주학을 다시는 하지 않겠느냐?" 하니, 김백순이 진술하기를 "지금은 정신이 없어 자세히 대답할 수 없지만 마땅히 고치고 바꾸겠습니다"라 했다.

어머니를 동원한 회유에도 끄떡하지 않고 1차 심문을 버텼지만 2차 심문에서 겨우 형장 4대를 맞고 백기를 들었다. 형장의 고통으로 거의 정신을 잃은 상태에서 김백순은 자신이 무슨 잘못을 했는지를 따질 정신도 없이 무조건 배교하겠노라고 무릎 꿇었다. 그만큼 형장은 견디기 힘든 고문이었다.

이승훈은 국문장에서 모두 세 차례에 걸쳐 형장을 맞았다. 2월 11일 30대, 2월 14일 10대, 2월 18일 15대 등 모두 55대의 형장을 맞았지만 초인적인 인내심을 보였다. 당시 심문 기록은 "이승훈이 사나울 만큼 요지부동하며 끝끝내 뉘우치지 않고 있다[悍然不動 終不悛改]"라고 기록했다. 그가 이 재판에서 국문관들이 요구하는 진술을 하지는 않았다는 의미다.

대사헌 신봉조도 비슷하게 기록하고 있다.

신이 심문하는 자리에 참석하여 친히 두 눈으로 보니, 승훈 등 3인은 똑같이 완악한 패기가 서려 있고 형구 보기를 초개같이 하고 형륙에 나가기를 낙지樂地에 나감과 같이 하고 그 단서가 이미 드러났지만 죽자 하고 실토하지 않으니 고금 천하에 이같이 모질고 흉측한 자들이 또 어디 있겠습니까?《추안급국안》〈척사소斥邪疏〉).

## 정헌 이가환 외숙을 지켜 내다

1799년 채제공이 타계한 이후 남인의 영수는 정헌 이가환이었다. 그는 실학파의 비조 이익의 손자로 천문과 수학, 역산의 최고 권위자였다. 이가환은 서학 서적을 보고 그 취지에 동조하기도 했고 집안사람들이 서학을 믿는 것을 막지 않았다. 선교사 영입을 위해 1794년 윤유일이 세 번째로 북경에 파견되었을 때 은 500냥을 내놓았다는 기록을 보면 그는 확실히 서학에 우호적이었다. 그러나 세례를 받고 정식으로 입교한 적은 없다

국문관은 이승훈의 입에서 서학의 우두머리는 이가환이라는 진술이 나오기를 기다렸다. 1801년 국문은 겉으로는 천주교도 소탕을 위해 열렸지만 정치적으로는 정조 시대에 급성장한 남인 세력의 숙청에 더 큰 방점이 찍혔다. 천주교 도입과 확산에 남인들이 깊숙이 관여되어 있었기 때문이다. 그러기 위해서는 이승훈에게 남인의 영수인 이가환이 서학의 우두

머리라는 진술을 얻어 내야 했다. 자신의 외조카이자 서학을 조선에 들여오는 데 주도적인 역할을 한 이승훈이 사학의 우두머리가 이가환이라고 진술한다면 이가환은 빠져나갈 구멍이 없었다. 이가환이 천주교의 우두머리라면 그를 영수로 하는 남인들은 조정에서 남아날 수가 없었다.

네가 진정으로 너의 허물과 잘못을 인정하고 반성한다면 사교의 교주가 누군지 네 입으로 밝혀라. 세상이 다 아는 사악한 천주학의 괴수를 너도 틀림없이 알고 있을 터인데도 오히려 말하고 있지 않다. 너 역시 그자가 누구인지 모르지 않을 텐데 굳이 입을 열지 않는 이유가 무엇이냐? 교주라는 자를 보호하려는 것 아니냐? 네가 이 자리에서 사학 괴수의 이름 석 자를 밝힌다면 네가 그 사교의 교주가 아닌 것은 물론 사학과 관계를 끊었다는 확실한 증거가 될 것이다(이승훈 2월 14일 심문 기록).

이승훈은 망설였다. 입술이 바싹 타 들어갔다. 살 수도 있다! 이가환이라는 이름 석 자만 내뱉으면 된다. 이가환 석 자가 목구멍까지 올라 왔지만 차마 입이 떨어지지 않았다.

승훈은 외가와 유달리 가까웠다. 어렸을 때는 외증종조부 성호 이익의 무릎 위에서 놀았고 철이 들어서는 외할아버지 이용휴의 문하에서 공부했다.* 당대 최고의 문장가였던 이용휴는 한때 승훈을 자신의 학문적 후

---

* 이익의 조카가 이용휴, 이용휴의 아들이 이가환이다. 이익은 이승훈이 일곱 살 때, 이용휴는 이승훈이 26세일 때 타계했다.

계자로 고려했을 정도로 외손자에게 각별한 정을 쏟았다.

승훈의 나이 열두 살에 어머니 여흥 이 씨가 타계했다. 서른세 살의 아까운 나이였다. 어머니가 타계한 뒤에도 이가환은 누이 없는 사돈집을 자주 찾아 승훈에게 친구가 되어 줬다. 이가환은 승훈에게 처음으로 수학의 원리를 가르쳐 준 스승이기도 했다. 이가환은 어린 나이에 어미를 잃은 승훈을 안쓰럽게 여겼고 외할아버지 이용휴에 대한 효심이 남달랐던 외조카를 각별하게 챙겼다.

이가환이 교주라는 사실은 세상이 모두 다 알고 있다. 그럼에도 불구하고 우리가 그의 이름을 네 입을 통해 들으려는 것은 네게 마지막으로 살 길을 알려 주려는 것이다. 그의 이름 석 자만 말하라. 그러면 살려 줄 것이다(이승훈 2월 10일 심문 기록).

심문관의 거듭된 추궁에도 승훈은 "저는 교주의 이름을 모릅니다. 더 이상 드릴 말씀이 없습니다"라고 버텼다. 이승훈은 끝내 가환 외숙의 이름을 밝히지 않았고 이것을 결코 후회하지 않았다.

그의 삶과 죽음은 의금부에 연행되는 순간 이미 결정된 것이었다. 새로운 정권이 꾸민 이 거대한 음모에서 자신은 희생양일 뿐이었다. 올가미에서 빠져나갈 방법은 없었다. 외숙의 이름을 말했다고 이 정권이 그를 살려 줄 리 없었다. 이가환 이름 석 자를 말했다면 그는 살지도 못하면서 죽어서는 패륜아라고 손가락질을 받을 것이었다.

교우들에게 배신자라고 비난받는 것은 감수할 수 있었다. 진심으로 그는 천주교를 믿지 않으므로. 그러나 자기 하나 살겠다고 집안 어른을 사지로 몰아 넣는 것은 있을 수 없는 일이었다. 죽어 주님의 얼굴을 보는 것은 두렵지 않았지만 저승에서 이익 할아버지, 이용휴 할아버지, 어머니의 얼굴을 볼 것을 생각하면 두려웠다. 그분들에게 얼굴 들지 못하는 일은 할 수 없었다.

남인의 영수 채제공이 자신의 뒤를 이을 후계자로 이가환을 지목한 것은 이가환이 성호 학맥을 이은 명문가의 후손이었기 때문이기도 했지만 이가환의 다재다능 때문이기도 했다. 천재임을 자부하던 정약용은 누구에게도 고개를 숙이지 않았지만 이가환 앞에서는 스스로 몸을 낮췄다.

정헌貞軒은 문자라고 이름 할 수 있는 것이면 무엇이든지 한 번 물으면 조금도 막힘없이 쏟아 놓는데 모두 연구가 깊고 사실을 고증하여 마치 전공한 사람 같았다(정약용, 〈정헌 이가환 묘지명〉 중).

이가환이 서학에 조금이라도 발을 들였다면 정약용이 국문장에서 이가환의 이름을 털어 놓지 않을 리 없었다. 정약용은 이가환에 대해 이렇게 증언했다.

지난 갑진년(1784) 겨울 망우 이벽이 수표교에서 처음으로 서학을 전교할 때 공이 이 소식을 듣고 말하기를 나도 《천주실의》와 《칠극》을 읽어보니 그 내용이 비록 좋은 가르침이기는 하나 정학은 아니라 하고 수표교로 가서 이벽을 꾸짖었으나 이벽이 능란한 말솜씨로 서교를 설명하며 자신의 주장을 철벽처럼 고수하므로 공은 말로 다툴 수 없음을 알고 드디어 발길을 끊었다.

세상에서는 지위가 높고 재주가 뛰어난 사람을 영수로 삼지만 천주교의 법은 그렇지 않아 신분의 귀천을 가리지 않고 오직 죽어서도 신심을 지키는 사람을 두목으로 삼는다. 그런데 공이 한 말을 보면 여러 차례 서교를 극구 배척했으니 가령 공이 서교를 진실로 믿었다 할지라도 죽어도 신심을 바꾸지 않는 사람이 못 되는데 어찌 괴수가 될 수 있겠는가?(정약용, 〈정헌 이가환 묘지명〉 중).

## 외숙도 죽고, 스승도 죽고

2월 22일 권철신이 재판 도중 숨졌다. 66세였다. 2월 24일 이가환이 재판 도중 숨졌다. 60세였다.

60대에 접어든 두 사람은 나졸들의 매질을 견디지 못했다. 이가환은 물고 되기 며칠 전부터 곡기를 끊고 있었다. 죽을 수밖에 없는 상황에서 자신의 생사를 스스로 정하겠다는 의지의 표현이었다. 일국의 공경 자리에 올랐던 사람이 국문장에 선 것만으로도 죽어 마땅한 일이라고 이가환은 이야기했다. 그는 자신이 국문장에 죄인으로 섰다는 사실 자체를 견디지 못했다.

권철신은 조선 건국의 일등공신인 권근의 후예로 조선의 대표적 명문가인 안동 권 씨였다. 이가환은 직전까지 판서를 지낸 정계의 거물이자 남인의 영수였다. 정조가 급서하지 않았다면 정승이 되었을 인물이었다. 두 사람이 고문을 받아 숨졌다는 것은 서학 연루자에 대해서는 눈곱만큼의 관용도 베풀지 않겠다는 조정의 의지를 보여 주는 것이었다. 불과 8개월 전 정조가 살아 있을 때와는 조정의 공기가 완전히 달라진 것이다.

거적에 싸인 시체가 되어 옥문 밖으로 나가는 이가환과 권철신을 보면서 이승훈의 목구멍에서 신음 소리 같은 울음이 새어 나왔다. 통곡 같은 울음은 울어지지 않았다. 죽음이 손에 잡히는 거리에 다가와 있었다. '나도 죽겠구나.' 공포와 분노와 후회, 다급함이 뒤섞인 감정으로 이승훈은 반 실성 상태가 되었다.

옥문 밖, 조정에서는 이승훈을 죽이라는 상소가 빗발쳤다. 2월 22일에는 경기감사 이익운이, 2월 23일에는 대사간 목만중이 이승훈의 죄를 논하는 상소를 올렸다. 두 사람의 상소문은 글자 한 자 한 자가 비수였다.

이승훈을 죽여야 한다는 목소리가 조정에 넘쳐흘렀다. 2월 25일 경기감사 이익운이 다시 상소를 올렸다. 그는 승훈이 천금의 돈으로 사서를 구하고 이를 유포하여 세상의 모든 사람을 그르쳤다고 주장했다. 참수 8일 전에는 남인의 죽마고우 권엄이 63인과 연서하여 "이승훈의 죄는 만번 육시해도 오히려 부족하다"고 주장했다. 장석윤, 홍광일도 이익운에 뒤질 수 없다는 듯 이승훈의 서학서 구입을 격렬하게 규탄했다.

이익운은 채제공 문하에서 동문수학한 절친한 선배였고 장석윤과 홍광일도 이승훈의 가까운 지인이자 후배였다. 이런 세상에서는 모르는 이보다 아는 사람이 더 무서웠다.

"이승훈을 극형에 처하소서. 저 자를 참형에 처하소서."

이승훈이 아무리 귀를 틀어막고 눈을 감아도 자신을 죽이라는 조야의 요구가 의금부 담장을 넘어 옥중 안에 메아리쳤다. 죽음의 공포 때문에 이승훈은 목구멍으로 밥알을 넘기지 못했다. 겨우 넘긴 밥알도 삭히지 못하고 토했다. 물 몇 모금 마시는 것으로 버티고 있었다. 온몸은 장독이 올

라 퉁퉁 부었다. 산발한 머리에 반쯤 넋이 나간 그의 얼굴은 귀신의 그것
이나 다름없었다.

큰아들 택규가 매일같이 옥을 찾아 통곡했다. 옥중의 소문은 빨라서
정약용과 정약전이 극형을 면할 것이라는 이야기가 이승훈에게 전해졌
다. 아무리 저승길이 외로워도 그 길로 약용을 끌고 갈 수는 없다고 생각
한 것이 불과 며칠 전이었지만 약용은 살고 나는 죽는다는 생각에 몸이
덜덜 떨렸다.

마침내 2월 25일, 국문을 총괄했던 이병모가 정순왕후에게 상소를 올
려 이승훈에 대한 처분을 건의했다. 그는 마지막 6차 심문을 끝내고 이레
동안 최종 결론을 유보하고 있었다.

이승훈이 북경에서 사서를 구입하여 세상에 전파하고 사교를 널리 전도
한 것이 인심을 어지럽히고 세상의 바른 도리를 흔든 근본 원인입니다. 더
구나 승훈은 서양인과 내통하여 국법을 문란케 한 사실이 그동안의 조사
를 통해 드러났습니다. 극형에 처하여 국법의 지엄함을 보여야 합니다
(《조선왕조실록》 순조 1년 2월 25일).

정순왕후는 답을 미루지 않고 곧바로 결론을 내렸다.

이승훈이 사서를 구입해 조선으로 들여와서 사교를 전파하는 원흉이 되
었고, 이로 인해 사람들이 그릇된 믿음에 빠졌고 세상이 혼란스러워졌다.
게다가 승훈이 스스로 서양 호를 지어 부르고 서양인들과 편지를 주고받
으며 내통한 것은 그 죄가 지극히 흉악하고 무겁다고 하지 않을 수 없다.

그를 사형에 처하는 것이 마땅하다(《조선왕조실록》 순조 1년 2월 25일).

의금부 도사 박조원이 이 소식을 승훈에게 전달했다. 승훈은 아무 말이 없었다. 정순왕후의 하교가 내려진 다음날인 2월 26일 이승훈은 서소문 밖에서 참수됐다. 정약종, 최창현이 함께 처형되었다.

## 정직한 배교자

이승훈이 처형된 것은 의금부에 투옥된 지 열엿새 만이었다. 그는 모두 6차례에 걸쳐 심문을 받는 동안 단 한 차례도 자신이 천주교 신자라는 사실을 인정하지 않았다. 오히려 그는 거듭거듭 하늘의 신을 부인했고 부인하다 못해 그의 못된 신을 저주했다. 그는 정녕 하늘이 두렵지 않았다. 그는 진정으로 천주는 없다고, 자신의 믿음은 참으로 잘못된 것이었다고 후회했다. 다만 거듭된 자신의 배교와 회개가 부끄러웠다. 자신의 인간적 나약함이 국문장에서 여실히 드러날 때마다 차마 고개를 들지 못했다.

이승훈은 피가 뜨거운 사람이었다. 결단해야 할 때 결단했고 행동해야 할 때 행동했다. 북경에서 영세를 받고, 조선에 천주교회를 세우고, 임시 성직제도를 강행한 것을 보면 그는 결단력과 추진력을 갖춘 인물이었다. 그의 이런 결단이 없었다면 조선 천주교회의 안착은 물론 출범도 상당히 늦어졌을 것이다.

그는 영세를 받기로 결심하면서 그동안 살아온 모든 것을 바꾸고 필요하면 버릴 수도 있다는 각오를 밝혔다. 그의 뜨거운 피가 없었다면, 조선 현실에 대한 깊은 절망이 없었다면, 북경에서 그런 결단을 내리지 못했을 것이다. 그에게 영세를 준 그라몽 신부는 몇 번이나 말했을 것이다. "승훈, 잘 생각해야 합니다. 이 길은 쉬운 길이 아닙니다"라고. 그럼에도 그는 결단했고 그의 결단으로 '가톨릭 역사상 전무후무한 사제 없는 천주교회의 출범'이라는 조선 천주교의 신화가 쓰일 수 있었다.

조선 천주교회 첫 영세자이자 설립자인 이승훈의 배교는 많은 사람들에게 실망을 안겨 줬다. 그가 마지막 순간에도 회개하기를 거부한 것은 자신의 믿음이 잘못된 것이라고 확신했기 때문이다. 그는 영세를 받고 신자로 산 세월을 후회했다. 서학을 믿으면 안 되었다고 자책했다.

서학은 사람을 미혹시킬 뿐이며, 죽으면 천당에서 영생을 누릴 것이라는 말은 허황된 것이라고 확신했다. 한때나마 잘못된 믿음을 가져서 자신의 몸을 망치고 가문을 욕되게 했다고 가슴을 쳤다. 무엇보다 가족들을 힘들게 했고 이제 겨우 여덟 살이 된 막내아들의 앞길을 가시밭길로 만들었다고 통탄했다.

그 소신의 옳고 그름을 따지기에 앞서 그는 우직하게 자신의 소신을 지켰다. 그는 순교자의 영광에 대해 들었고 잘 알았지만 그 길을 선택하지 않았다. 부끄럽게 살 수 있지만 그 부끄러움 때문에 거짓을 말하지는 않겠다는 자세가 확고했다. 자신의 능력의 한계를 인정하는 데 인색하지 않았고 자신의 잘못을 어설픈 장광설로 덮으려들지도 않았다. 우직한 배교자이고자 했던 그의 이런 자세가 조선 천주교회와 신자들을 더욱 실망시켰다.

이승훈의 죽음은 이가환의 죽음보다도 훨씬 더 비참했다. 죄를 뉘우치기에 이보다 더 훌륭하고 더 쉬운 기회가 어떤 죄인에게 주어진 일은 아마도 없을 것이다. 천주교인이건 아니건 그는 죽을 수밖에 없었다. 배교로도 그의 목숨을 구할 수 없었는데, 하느님께로 돌아온다는 간단한 행위로도 그 피할 수 없는 형벌을 승리로 바꿀 수 있었다. 그러나 그의 거듭되고 고집스러운 비겁이 하느님의 인내를 지치게 했던 모양이었던지 그는 자기의 배교를 철회하지 않고 통회한다는 조그만 표시도 하지 않고 숨을 거두었다. 맨 먼저 영세 받은 그가, 자기 동포에게 성세와 복음을 가져 왔던 그가 순교자들과 함께 죽음을 향하여 나아갔으나 순교자는 아니었다. 그는 천주교인이라고 참수당했으나 배교자로 죽었다. 하느님 당신의 심판은 얼마나 정의롭고 무섭습니까?(달레, 《조선천주교회사》).

평창 이 씨 집안에 전승되어 내려온다는 그의 절명시는 이승훈의 배교에 대한 아쉬움을 달래려는 후손들의 노력의 산물일 가능성이 높다.

달은 떨어져도 하늘에 달려 있고 물이 치솟아도 연못에서 다한다月落在天水上池盡.

사후에라도 배교자라는 낙인을 지워 주고 싶은, 그를 사랑하고 존경했던 사람들의 마음이 담긴 것으로 봐야 할 것이다.

그는 짧은 관직 생활 이후 어둡고 침침한 삶을 살았다. 그를 찾는 사람도 없었고 그가 찾아갈 사람도 없었다. 그를 반기는 사람은 어디에도 없었다. 한쪽에서는 배교자라고 손가락질했고 다른 쪽에서는 서학쟁이라고 수군거렸다. 비슷한 길을 걸었던 정약용이 정조 대왕의 총애를 받고,

문명을 널리 떨치고 사후에 더 높이 평가받은 것과 대비된다. 그는 버려지고 잊힌 인물이었다. 자신의 입장을 설명하거나 변명하는 제대로 된 글도 남기지 않았다. 살아서는 물론 죽어서도 그러했다. 세상에 대한 원망이 많을 수밖에 없었지만 그 원망을 말이나 글로 표현하지는 않았다.

이승훈은 1795년 이후 사회적 발언권을 완전히 잃었다. 교회와 조정 어느 쪽도 그의 말을 들으려 하지 않았고 그럴 필요도 없었다. 그랬던 그가 발언권을 다시 얻은 것은 국문장에서였다. 그는 죄인이었지만 국문장에서 당당한 발언권을 확보하고 있었기에 많은 사람들이 그의 입을 주시했다. 그가 국문장에서 입을 열었다면 더 많은 사람이 피를 흘렸을 것이다. 교회를 떠난 지 오래지만 조선 교회의 창립자로서 그가 말할 수 있는 것들은 아직 많았다. 서학의 '서'자만 듣거나 보기만 해도 죽음의 무대에서야 하던 시절이었다. 조선 조정도 이때만은 그의 말이 꼭 필요했다. 그래서 회유하고 고문하고 압박했다.

이승훈은 교주를 비롯한 서학 관련자를 밝히라는 국문관의 집요한 추궁에 대해 모른다는 말로 일관했다. 그의 말에 따라 사람이 죽을 수도 있었고 살 수도 있었다. 정약용도 그의 말 한 마디면 죽음의 길에서 벗어날 수 없었다. 정약용은 친구이자 교우이자 누나의 남편인 자신을 원수라고 비난하며 독설을 퍼부었다. 그럼에도 이승훈은 정약용을 저승길의 동무로 삼기를 거부했다. 누구도 지목하지 않았다.

그는 피가 튀고 살점이 터지는 고문을 받으면서도 친구들과 동료들을 보호했다. 죽음의 국문장에서는 말하는 것이 말하지 않는 것보다 몇 배나 쉬웠다. 그럼에도 승훈은 어려운 길을 택했고 마침내 마흔다섯의 나이로 이 세상의 삶을 마감했다.

# 정약용의
# 편지*

제겐 아직 할 일이 남아 있습니다
우리는 늘 같은 편이었습니다
500권의 책으로 조각난 제 인생을 이어붙였습니다
서학의 믿음을 따를 수 없었습니다
제 삶에 대한 평가는 후대에 맡기렵니다
매형의 묘지명을 쓸 수는 없었습니다
저는 유학자로 남겠습니다

## 제겐 아직 할 일이 남아 있습니다

매형! 4년 전 무인년(1818) 저는 마재 고향집으로 돌아왔습니다. 신유년 (1801) 한양에서 쫓겨난 이후 18년 만입니다. 강진은 한양에서 천 리, 가는 데만 한 달 가까이 걸리는 궁벽진 곳입니다. 그렇게 외진 곳에서 저는 죄인으로 18년을 살았습니다. 그곳에서 새로운 친구를 만나고, 새로운 제자를 만나고, 새로운 여인을 만나 귀여운 딸을 얻기도 했습니다. 무엇보다 공부할 수 있는 시간을 얻었고 책을 쓸 수 있었습니다.

---

\* 정약용이 1822년 환갑 직후에 매형 이승훈에게 보내는 편지 형식의 글이다. 이 장은 주로 정약용의 〈자찬묘지명〉에 기반해 썼다.

용鏞이 바닷가로 유배되어 가서 생각하기를 '소싯적에는 학문에 뜻을 두
었으나 20년 동안 세로世路에 빠져 선왕의 대도가 있는 것을 알지 못했는
데 지금 여가를 얻게 되었다' 하고 드디어 흔연히 스스로 경하하였다(〈자
찬묘지명〉 중).

강진에 있는 동안 저는 한양을 잊으려고 노력했습니다. 유배가 곧 풀
리겠지 기대하며 일 년 이 년을 보내다가 어느 순간에 그런 기대가 헛된
것이라는 생각이 들었습니다. 귀양살이 10년을 바라볼 때쯤에야 강진에
서 살다가 강진에서 죽자고 생각했습니다. 이렇게 마음을 정하고 나니 오
히려 귀양살이가 편해지더군요.

정묘년(1808) 다산으로 거처를 옮겼다. 대를 쌓고 연못을 파고 꽃나무를
줄지어 심고 물을 끌어 폭포를 만들었다. 동암과 서암을 수리해 1,000여
권의 장서를 두고 저술을 하면서 재미를 붙였다(〈자찬묘지명〉 중).

강진 생활 18년 동안 저는 서학을 머릿속에서 아예 지우고 살았습니
다. 강진에서 쓴 제 글 중에 서학에 대해 논한 것은 한 건도 없습니다. 흑
산도에 계시던 약전 형님과 주고받은 편지에서도 서학 이야기를 언급하
기를 극구 피했고 그것은 약전 형님도 마찬가지였습니다.
신유년(1801) 재판에 대해서도 입을 다물고 살았습니다. 그 재판에서
희생당한 분들의 이야기도 일체 입에 올리지 않았습니다. 서학 관련 죄명
을 쓰고 겨우 죽음을 면해 귀양 온 처지에 그런 이야기를 하는 것은 죽음
을 부를 수도 있었습니다. 서학이라는 말은 꿈에서도 아는 체 해서는 안

되는 단어였습니다.

꼬박 18년 동안 그렇게 살았으니 서학이란 단어가 제 머릿속에서 아예 지워진 줄 알았습니다. 그런데 자유인으로 고향에 돌아오니 그 말도 감옥에서 풀려나듯 살아나더군요. 마재로 돌아오자마자 오래 미뤄 둔 숙제를 하듯 서학과 그 희생자들의 이야기를 꺼내들지 않을 수 없었습니다.

강진은 제가 현실에서 추방되어 버려졌던 곳입니다. 제가 선택한 곳이 아니라 강요받은 곳이었습니다. 아무리 정겹고 아름다운 곳이라 할지라도 제게 그곳은 죄인으로 수치를 참고 견뎌야 하는 수형의 땅이었습니다. 그래서 그곳을 벗어날 수 있을 때 그리 서둘러 떠나온 모양입니다.

등이 굽기 시작한 아내가 고향집을 지키는 마재로 돌아와서 제일 먼저 정헌 이가환 공, 녹암 권철신 공, 복암 이기양 공, 매장 오석충, 그리고 손암 정약전 형님, 이 다섯 분의 묘지명을 쓰기 시작했습니다. 이분들의 묘지명을 써 달라고 부탁한 사람은 아무도 없었지만 저는 당연한 일인 양 그분들의 묘지명을 지은 것입니다.

18년 동안 꽁꽁 숨겨 둔 비밀을 묘지명의 형식으로 털어 놓았습니다. 그분들의 이야기를 적으면서 서학의 비극이 얼마나 강렬하게 제 기억을 사로잡고 있는지 새삼스럽게 알 수 있었습니다. 유배지 강진은 단순히 제 육신의 자유만이 아니라 제 양심의 자유까지도 억누르고 있었던 모양입니다.

매형은 바로 아실 겁니다. 이 다섯 분들이 어떤 분들인지, 왜 제가 이분들의 묘지명을 썼는지 말입니다. 이분들은 신유년 서학 재판의 희생자들입니다. 서학을 믿지 않았음에도 서학교도로 몰려 비참하게 목숨을 잃거나 절해고도와 오지로 쫓겨 가 비참하게 최후를 마친 분들입니다.

그분들의 제자이자 동료로서 그분들의 원통함을 풀어드리고 싶었습니다. 그분들의 원혼을 달래드리고 싶었습니다. 다시 재판을 하거나 상소를 통해서 억울함을 풀어 줄 상황이 안 되니 무덤에 넣는 묘지명에라도 진실을 적어서 후대에 전하고 싶었습니다. 그와 관련된 분들이 모두 세상을 떠난 상황에서 진실을 제대로 기록으로 남기는 것이 저의 도리라고 생각했습니다.

매형! 신유년 재판은 악한 선비들이 선한 선비들을 희생양으로 삼아 자기들의 권력을 강화하려던 사화士禍입니다. 명백한 정치 재판이었습니다. 악인들이 선한 선비들을 천주교와 연루되었다고 몰아세웠고, 거짓 자백을 강요했고, 없는 증거를 만들어 죄를 뒤집어씌웠습니다.

제가 묘지명을 쓴 다섯 분 말고도 제 지인들 가운데 신유년 재판에서 비명에 간 사람이 한둘이 아닙니다. 그들의 억울한 삶은 눈물 없이 돌이켜 볼 수가 없습니다.


## 우리는 늘 같은 편이었습니다

매형. 얼마 전에 저는 회갑을 맞았습니다. 가족, 친지, 제자들이 정성스레 준비한 회갑연으로 이 동네 마재가 제법 떠들썩했습니다. 파란과 곡절의 60년 인생을 보냈으니 새로 시작하는 60년은 부디 평안하시길 바란다는 인사와 함께 건네는 하객들의 술잔을 그날은 사양하지 않았습니다. 모처럼 유쾌하게 대취했습니다.

술기운 때문이었을까요? 한순간 깊은 외로움에 빠져들게 되더군요. 제 곁에 그리운 사람들은 거의 남아 있지 않다는 것을 새삼 깨달았기 때문입니다. 제가 묘지명을 지어 위로한 신유년 박해의 피해자 다섯 분을 비롯해 제 인생에서 잊을 수 없는 이들은 제 회갑연 자리에 없었습니다.

저는 6남 3녀를 두었지만 그중에 여섯을 성년이 되기 전에 잃었습니다. 그런 일이야 저만 겪는 일이 아니고 누구나 겪을 수 있는 일이지만 형님들과 조카들이 회갑연 자리에 없는 것은 뼈아프고 슬펐습니다. 한 해전 약현 큰형님이 세상을 떠나셔서 제게 남은 친동기는 아무도 없습니다. 마치 노인네 앞니 빠진 듯 잔칫상 곳곳이 비어 있었습니다. 잔치 자리에 마땅히 자리 잡고 있어야 조카들, 형님들은 없었습니다. 잔칫상에 함께 앉지 못한 사람들은 모두 서학과 관련돼 죽거나 추방되거나 노비가 되었습니다. 새로운 60년을 맞는 날이 기쁘기야 기뻤지만 마음 한편이 어찌 아리지 않을 수 있겠습니까?

이제 제 곁에 남아 있는 제 지인은 거의 없습니다. 유배 18년의 당연한 결과이기도 하지만 많은 친구들은 저와 인연을 끊었고 그보다 더 많은 지인들이 모두 세상을 떠났습니다. 그들 가운데 평화로운 임종을 맞은 이는 거의 없습니다. 정조 대왕, 이벽 형님, 매형이 그런 분들이지요.

정조 대왕이 살아계셨다면 회갑을 맞은 제게 따뜻한 인사말과 함께 어사주 한 병 내리지 않았을까요? 그러나 그분이 세상 떠난 지가 22년이 지났으니 백골이 되었을 것입니다.

지금 돌이켜 봐도 광암 이벽 형님은 지상에 속한 사람 같지가 않았습니다. 그분이 아닌 다른 사람이 서학의 교리를 말했다면 말 같지 않은 소리 하지 말라며 그 자리에서 면박을 주었을 것입니다. 따지기 좋아하고 눈으로 보이지 않는 것에 대해서는 본능적으로 불신하는 제가 서학 이야기에 빠져든 것은 그 말을 하는 사람이 이벽 형님이었기 때문일 것입니다.

매형도 이벽 형님을 따르고 존경하셨지요. 이벽 형님의 권유 한마디에 북경 천주당을 찾아가 세례를 받은 것은 매형이 이벽 형님을 얼마나 믿고 따랐는가를 보여 주는 예입니다. 제가 이벽 형님이 타계한 뒤 지은 시는 꼭 저만의 마음을 담은 것은 아니었습니다.

〈벗 이덕조 만사友人李德操輓詞〉

선학이 인간 세상에 내려와서 고고한 풍채를 드러내니仙鶴下人間, 軒然見風神
날개가 눈처럼 희고 밝아서 닭과 오리들 성내고 싫어했네羽翮皎如雪, 雞鶩生嫌嗔
울음소리 하늘 높은 곳까지 울려 퍼져 낭랑하게 인간세상을 벗어났는데
鳴聲動九霄, 嘹亮出風塵
가을 바람 타고 문득 날아가 버려 부질없이 수고한 사람 슬프게 하네乘秋
忽飛去, 怊悵空勞人
– 《여유당전서》 시문집 중)

이벽 형님은 닭과 오리들 사이에서 우뚝 선 학 같은 존재였습니다. 존경과 질시를 동시에 불러일으키는 분이셨는데 하늘마저 그분의 재능과 풍모를 시기했던지 그분의 삶은 길지 못했습니다. 유배지 강진에서 이벽 형님을 자주 생각했습니다. 그분이 세상을 떠난 지 30년이 훌쩍 넘었는데도 그분을 생각할 때마다 눈물이 흐릅니다.

광암 이벽 형님과 토론하던 때를 헤아려 보니 이미 30년이 흘렀다. 광암

이 지금까지 살아 있었더라면 덕에 나아가고 박학한 것을 어찌 나와 견주겠는가? 책을 어루만지며 흐르는 눈물을 금할 수 없다(1814년, 〈중용강의보〉 마무리 지으며).

제 인생에서 지울 수 없는 낙인이 서학이었고 그 낙인을 처음 찍어 준 사람은 광암 이벽 형님이었습니다. 서학 때문에 18년이라는 긴 세월을 한양에서 쫓겨나 남쪽 끝 시골에서 죄인으로 지냈고 집안이 풍비박산이 나 내일을 기약할 수 없는 처지에 빠졌습니다. 그 화근이 광암 형님인데 왠지 그 형님에게 원망스러운 마음이 들지 않습니다. 오히려 세월이 흐를수록 그분에 대한 그리움만 짙어집니다.

매형! 제가 매형을 무척 따르고 의지했다는 것은 알고 계시지요? 까칠한 성격이셨지만 매형은 제겐 늘 너그러운 분이셨습니다. 저를 과분하게 높이 평가해 주셨고 적지 않은 연배 차이가 났지만 친구로서 대해 주셨습니다. 형님 같은 존재이자 뜻이 맞는 친구였습니다. 1777년 제가 아버님 임지인 화순에서 지내는 동안 매형을 그리워하며 이런 시를 한 편 보냈습니다.

〈매형을 그리워하며憶李兄〉*

연못의 가을 물, 밤이 되니 서늘해지고陂塘秋水夜生涼
서북방의 높은 하늘엔 구름이 날아가네西北天高雲氣揚

---

* 정약용은 그가 남긴 글에서 매형인 이승훈을 이형李兄이라고 불렀다.

물 위의 천만 꽃송이水面荷花千萬朶

누구와 감상하며 좋은 시절 보내는지與誰臨賞作年芳

– 《여유당전서》 시문집 중)


처남과 매형으로 병신년(1776) 처음 인연을 맺은 이후로 우리는 늘 같은 편이었습니다. 선대부터 교분을 나눠 온 오랜 인연이 있었고 같은 성균관 유생이었습니다. 매형은 제게 사도 요한이라는 이름으로 세례를 주셨으니 스승이기도 합니다. 임시성직제도를 도입했을 때는 동료 신부로서 조선 천주교의 밭을 갈고 씨를 뿌리는 일을 함께했습니다. 을사년(1785)에 처음으로 서학에 대해 조정이 탄압에 나섰을 때도 우리는 한편이었고, 정미년(1787) 반회 사건으로 이기경과 홍낙안이 천주교를 공격했을 때도 그들에 맞서 우리는 함께 싸웠습니다.

예산 유배 시절 실의에 빠진 형님에게 편지를 보내고 시를 지어 위로의 말씀을 드리곤 했습니다. 천주에 대한 믿음은 버려도 매형과의 인연은 끝낼 수가 없었습니다. 제게는 어머니 같았던 큰누이를 생각해서라도 저는 매형에 대한 의리를 버릴 수가 없었습니다.

우리가 같이하지 않은 순간이 있다면 그것은 신유년(1801) 2월 국문장에서였습니다. 그 기간은 겨우 보름에 불과했습니다. 매형과 저의 깊고 질긴 인연이 불과 보름간의 불화로 완전히 깨졌다고는 생각하지 않습니다. 비록 매형이 제 말에서 일말의 진심도 느껴지지 않는다고 말씀하실지 모르지만 저는 정말로 그리 생각합니다.

신유년 국문장에서 제가 매형을 원수라고 부르고 매형이 저를 원수라고 부르는 일이 벌어졌습니다. 제 60년 삶이 온통 후회투성이지만 제 인생에서 지우고 싶은 단 한 가지를 꼽으라고 한다면 바로 그것입니다. 삶과 죽음이 엇갈리는 상황이었다고 해도, 죽음의 공포와 고문의 위협이 눈앞에 있었다 해도 그리 말해서는 안 되는 것이었습니다. 많이 늦었지만 눈물로 형님께 용서를 구하고 싶습니다.


## 500권의 책으로 조각난 제 인생을 이어붙였습니다

매형! 잔치가 끝나고 하객들이 모두 돌아가니 마재는 적막을 되찾았습니다. 늦여름 햇볕만이 소리 없이 끓고 있는 마당을 바라보면서 제 인생에 남은 것이 과연 무엇이 있을까 생각해 봅니다.

제게는 친구도 없고 동기도 없습니다. 신유년 박해로 권력은 말할 것도 없고 명예도 잃었습니다. 자식들에게 물려줄 밭 한 뙈기 없으니 부를 일군 것도 아닙니다. 한양 도성에서도 쩌르르하던 압해 정씨 집안은 이제 말 그대로 폐족 신세입니다. 그래서 폐족으로 전락한 지금, 세상 사람들에게 경멸당하지 않도록 처신에 조심하고 부지런히 글 읽으라고 아이들에게 거듭거듭 당부하곤 합니다. 가까운 시일 안에 정치적으로 복권될 것 같지도 않습니다. 저와 관련된 일이라면 눈에 불을 켜고 반대를 하는 서용보* 같은 자가 조정에 수장으로 있으니 제게 무슨 정치적 기회가 주어

---

* 조선 정조, 순조 대의 문신으로 정약용과는 악연이다. 신유사옥 때 정약용의 무죄 석방을 반대했고 유배 해제 후에는 정약용의 정계 복귀를 저지했다.

지겠습니까?

제게 남은 것은 500여 권의 저술뿐입니다. 저는 이 저술에 대해 한없는 애정과 자부심을 느낍니다. 이 정도면 어디에 내놓아도 부끄럽지 않을 것입니다. 사경육서는 물론이고 문화, 예술, 지리, 의학에 이르기까지 거의 모든 분야에 걸쳐 있고 그 깊이에서도 중국의 학자, 철인들의 저술에 결코 뒤지지 않는다고 자부합니다. 이 저술 작업을 무사히 마칠 수 있었다는 점에서 깊은 안도감을 느낍니다.

이 책은 눈물로 짓고 피로 쓴 것입니다. 책을 쓰느라 짓물러진 엉덩이가 온전한 적이 없었고 복숭아뼈에 구멍이 난 것만도 세 번입니다. 혼신의 힘을 다했고 제 영혼을 갈아 넣었습니다. 재능이 부족할지는 모르지만 사람으로 할 수 있는 노력은 다했다고 자부합니다. 이런 저의 노력을 알아봐 주는 김매순*과 같은 사람을 보면 얼마나 기쁜지 모릅니다.

은미하고 미묘한 부분을 밝히고 꿰뚫는 것은 명사수가 이蝨를 보고 명중시킨 것과 같고 헝클어진 것을 추려 내고 견고한 것을 쪼갠 것은 솜씨 좋은 백정이 소를 잡는 것과 같다. …… 유학에 세운 업적이 이보다 클 수가 없도다. 아득히 먼 천 년 뒤에 잡초 우거진 구이九夷에서 이처럼 뛰어나고 기이한 일이 있을 줄을 누가 생각이나 했겠는가〈자찬묘지명〉 중).

그러나 모든 이들이 이렇게 좋은 평을 해 준 것은 아닙니다. 제 필생

---

* 김매순(1776~1840). 예조참판을 지낸 조선 후기 문장가.

의 역작에 대해 혹평을 하는 이들이 적지 않고 세상의 평가는 인색하기 짝이 없습니다. 저를 바라보는 세상 사람들의 눈길이 차갑다는 것을 느낄 때가 한두 번이 아닙니다. 누가 제 노고를 알아봐 주고 누가 이 책들을 읽고 지혜와 지식을 얻어 세상을 더 나은 방향으로 바꿀 수 있을지 모르겠습니다. 어떤 때는 제 모든 책을 불질러 버리고 싶은 충동을 느끼기도 합니다.

육경과 사서로 몸을 수양하고 1표(《경세유표》)와 2서(《목민심서》, 《흠흠신서》)로 천하와 국가를 다스리고자 하였으니 근본과 말단이 구비되었다고 하겠다. 그러나 알아 주는 사람은 적고 꾸짖는 사람은 많다. 만일 천명이 허락해 주지 않는다면 한번에 온통 불타 버려도 좋을 것이다(〈자찬묘지명〉 중).

제게 남은 한 가지 소원이 있다면 이 책들을 후대에 온전히 전하는 것입니다. 이 소망만큼은 포기할 수 없습니다. 세상 문제에 대한 명확한 진단이 담겨 있고 그 문제들을 해결할 수 있는 구체적인 방법들이 담겨 있습니다. 제가 구상한 경세 철학과 이용 방책이 빼곡하게 적혀 있습니다. 이런 철학이 현실 정치에 구현된다면 더할 나위 없이 좋겠지만 이 방대한 저작을 남기기 위해 제가 얼마나 노력했는지 후대의 누군가가 알아 주기만 해도 저는 만족할 것입니다.

누구는 저를 두고 유학을 극복한 사람이 아니라 유학을 완성한 인물이라고 평가하더군요. 칭찬으로도 들리고 비난으로도 들립니다. 유학의 완성이라 표현한 것은 제 철학이 미래로 열린 것이라기보다 복고적이고 닫힌 전망이라는 뜻이겠지요. 남들의 평가야 어찌 됐든 이 책 안에 저의 모든 것을 담았습니다. 제 현재는 물론 과거의 생각이 이 500권의 책 안에 오롯이 담겨 있습니다. 매형과 함께 열정을 다해 공부했던 서학의 세계도 여기에 녹아 있을 것입니다. 부정과 비리, 모순으로 가득찬 세상에 대한 분노와 가련한 백성에 대한 동정과 애긍의 마음도 곳곳에서 느낄 수 있을 것입니다.

정조 대왕의 죽음과 신유사옥으로 제 인생은 산산조각이 났습니다. 국왕의 총애를 받던 청년 관료에서 초라한 죄수로 전락했습니다. 극적인 인생 추락을 겪으면서 저는 한동안 망연자실했지만 운명 앞에 그대로 주저앉지 않았습니다. 산산조각난 제 인생을 글과 책으로 한 조각 한 조각 이어 붙였습니다. 흐려진 눈 때문에 앞이 제대로 보이지 않았고 깨진 파편에 손발이 베여 피를 흘리기도 했지만 조각난 삶을 하나의 책으로 만들려는 노력을 포기하지 않았습니다. 그렇게 해서 만들어진 것이 500권의 책이고 이 책을 통해 신유년 재판에서 부서진 제 인생은 이제 복원되었다고 감히 말하고 싶습니다.


## 서학의 믿음을 따를 수 없었습니다

저는 세상을 바꿔보고 싶었습니다. 임금은 임금답고 양반은 양반답고, 백성은 백성다운 세상을 만들어 보고 싶었습니다. 백성들을 진심으로 아끼고 사랑하는 재상이 되어 정조 대왕 같은 현명한 군주를 모시고 백성의 아픔과 서러움을 제대로 살피고 싶었습니다. 저들의 고통을 제 고통인 양 여기며 저들의 눈물을 닦아 주고 싶었습니다. 단 한 마리의 양도 버리지 않은 성서 속 목자처럼 단 한 명의 백성도 가벼이 여기지 않는 목자 같은 재상이 되고 싶었습니다. 제가 한때 미친 듯이 서학에 빠져든 것도 신의 아들인 예수가 자신의 목숨까지 버려 가며 이 땅의 죄 많은 사람들을 사랑했다는 사실 때문 아닐까요?

제가 이벽 형님에게 처음으로 서학 교리에 대해 들은 것이 38년 전의 일인데 그때의 충격과 놀라움은 바로 엊그제 일처럼 선명합니다. 그때가 갑진년(1784), 제 나이 23세 때였습니다. 은하수만큼이나 광대하고 휘황한 세상이 열리는 듯했습니다. 정신없이 서양의 새로운 가르침에 빠져들었고 열성적인 신자가 되었습니다. 예수의 제자 되기를 마다하지 않고 한때는 사제로 살았습니다. 과거 시험도 잊고 4~5년 동안 서학 공부에 몰두했습니다. 천주교를 빼고는 제 20대 청춘을 생각할 수 없습니다.

그러나 서학과의 인연은 거기까지였습니다. 저는 조상에게 예를 다하는 이 땅의 아름다운 풍속을 우상 숭배라는 말로 무시하는 북경 주교의 지침을 받아들일 수 없었습니다. 진산 사건이 터졌을 때 서학과 인연을 끊기로 저는 결심했습니다. 젊은 시절 제 영혼을 사로잡은 서학을 한순간에 단칼로 잘라 낼 수는 없었고 번민과 방황이 있었던 것도 사실입니다. 그러나 정사년(1797) 〈자명소〉를 통해 밝힌 것처럼 서학은 그릇된 믿음이었고 저의 배교 선언은 확신에 찬 것이었습니다. 그 선택에 조금도 후회가 없습니다.

매형! 얼마 전에《목민심서》48권 16책을 완성했습니다. 지방관리들의 행정 지침서인데 책을 다 쓴 뒤 제목을 무엇으로 할지 고민했습니다. 문득 서학 책에서 봤던 목자라는 단어가 머릿속에 떠올랐습니다. 목민이란 말은 목자가 양이나 소를 치듯이 관리 된 사람은 백성들을 잘 돌보아야 한다는 뜻입니다. 측은함을 가지고 백성을 돌보라는 것입니다.

목자는 양에 대해 한없는 애정을 가지고 사랑하지만 목자와 양이 같은 존재일 수는 없습니다. 목자와 양은 다른 존재일 뿐만 아니라 하는 일도 당연히 달라야 합니다. 양에게는 양이 해야 될 일이 있고 목자에게는 목자로서 해야 할 일이 있습니다. 그것이 제가 아는 진리입니다. 목민관에게는 목민관의 길이, 백성에게는 백성의 길이 있습니다. 그러나 서학에서 가르치는 믿음은 사농공상 모든 이가 주님의 자녀로 평등하고 남녀의 유별함을 가르치지 않습니다. 제가 서학의 믿음을 따르지 않는 이유입니다.


## 제 삶에 대한 평가는 후대에 맡기렵니다

지금 와서 돌이켜 보면 저에 대한 악인들의 그칠 줄 모르는 공격은 자업자득이라는 생각도 듭니다. 저는 정조 대왕과 채제공을 비롯한 제 정파의 선배들에게 논리와 추진력과 과단성을 두루 갖추었다는 평가를 들었지만 노론을 비롯한 제 반대파들에게 저는 독선적인 인간으로 비쳤을 것입니다. 옳고 그름이 분명한 제 태도는 명쾌하다는 칭찬을 듣기도 했지만 편가름이 심한 것처럼 보였을 것입니다.

을묘년(1795) 제가 금정찰방으로 좌천됐을 때 "길을 떠나면서부터 살아서 한강을 넘어올 방도를 도모하도록 하라"며 격려해 주셨던 정조 대왕마저 악인들의 공세에 버티기 어려운 상황이 되었습니다. 경신년(1800) 저는 모든 벼슬을 내려놓고 처자를 거느리고 고향 마재로 내려갔습니다. 그러나 이것으로 문제가 해결되지 않았습니다.

제가 고향으로 돌아간 그해 정조 대왕이 갑자기 세상을 떠났습니다. 큰형님 같던 정조 대왕의 죽음은 본격적인 시련의 신호탄이었습니다. 정조 대왕이라는 든든한 보호막이 사라지자 저는 돌봐 줄 사람 한 명 없는 천애고아 같은 신세가 되었습니다.

신유년(1801) 서학 재판은 권력을 장악한 악인들이 힘이 없는 선인들을 도륙하는 현장이었습니다. 악인들이 생사여탈권을 쥐고 마치 풀을 잘라내 버리고, 짐승들을 사냥하듯 숙청작업을 벌였습니다. 저는 힘이 없는, 지켜 줄 사람이 아무도 없는 선인의 편에 서 있었고 그 상황에서 제가 할 수 있는 일이란 그들의 음모에 빠지지 않는 것이었습니다.

천하의 악당 홍낙안이 뭐라고 하였는지 아시는지요? 그자는 "천 명을 죽여도 정약용을 죽이지 않는다면 우리들이 죽어 장사 지낼 곳도 없을 것이다"라고 말했습니다. 매형! 저는 저를 겨냥한 인간 사냥의 지옥에서 살아 나온 것입니다. 그 이상도 그 이하도 아닙니다.

저는 이미 교회를 떠났고 교우들과 모든 연락을 끊었고 무엇보다 서학의 가르침이 옳지 않은 것이라고, 진리가 아니라고 선언했습니다. 저를 서학교도로 처벌할 어떤 근거나 증언도 없었습니다. 당연히 무죄로 풀려나야 했습니다. 심환지나 이병모 등이 제게 풀려날 것이라고 언질을 준 것은 아무리 조사를 해 봐도 처벌할 근거를 찾지 못했기 때문입니다.

그 재판에서 제 증언과 진술을 두고 말이 많은 것은 저도 알고 있습니다. 제가 교우들을 밀고하고 서학을 척결한 방법을 제시한 것을 두고 배신자라고 비난하는 사람들이 있다는 것을 압니다. 그것에 대해 길게 변명할 생각이 없습니다만 한 가지만은 분명하게 짚고 넘어가려고 합니다. 그 국문장에서 제가 했던 증언이나 진술 가운데 제 소신이나 양심에 어긋나는 말은 단 한 마디도 없다는 것입니다.

천주교는 나라가 금지한 것입니다. 정조 대왕이 몇 차례나 서학을 믿는 자는 엄벌하겠노라고 경고했습니다. 그럼에도 서학을 믿는 자들은 자신들의 행동에 책임을 져야 합니다. 저는 국법을 어긴 자들을 고발한 것입니다. 국법을 어긴 자들이기에 고발한 것이지 그들이 서학의 신봉자이기에 고발한 것은 아닙니다.

그 재판에서 믿음을 고집하며 기꺼이 죽음을 선택한 자들의 진정성을 의심하는 것은 아닙니다. 그들이 믿음 때문에 저보다 훨씬 많이 울고 깊이 고민했다는 것을 잘 압니다. 많이 울고 오래 고민한 사람들에게는 가볍게 부인할 수 없는 진정성이 있습니다.

그러나 많이 울었다는 이유만으로, 가장 깊은 울음을 울었다는 이유만으로 정의와 진리를 독점할 수는 없습니다. 순교자들이라고 불린 그들의 눈물과 슬픔을 이해하지만 그들이 주장하는 정의나 진리에 동의하지는 않습니다. 많이 울고 깊이 고민했다는 것이 곧 옳았다는 것을 보증하는 것은 아니기 때문입니다. 정의와 진리는 누구도 독점할 수 없는 것입니다.

저는 이런 사실을 제 묘지명에 더함도, 덜함도 없이 있는 그대로 적으려고 합니다. 제가 서학을 접한 사실, 그 가르침을 마음으로부터 좋아해서 4~5년간 몰두한 것, 왜 그 종교와 인연을 끊었는지 등등을 있는 그대로 적을 것입니다. 제가 배신자인지 아닌지는 그 기록을 본 후대의 사가들이 평가할 것입니다.

500권의 책을 한 편의 글로 비유한다면 제가 회갑을 맞아 쓴 〈자찬묘지명〉은 마침표에 해당하는 글이라고 할 수 있습니다. 이것으로 마친다, 이것으로 모든 것을 이루었다는 자부심의 표현이라고 할 수 있습니다. 십자가 위에서 이제 모든 것을 이루었다고 선언한 예수를 흉내 내고 있는지도 모르겠습니다만 진심으로 묘지명을 통해 제 인생의 완성을 선언하고 싶습니다. 묘지에 묻어 영원히 저와 함께하고, 제 삶을 증언해 줄 묘지명에 단 한 자의 거짓도 담지 않으려고 노력했습니다.

> 네가 네 선행 기록하되 장황하기 그지없고
> 너의 숨은 사특함을 기록하면 책에 다 적을 수 없으며
> 너는 말하기를 사서육경을 아노라 하지만
> 그 행실 깊이 생각하면 부끄럽지 않을 수 있으랴
> 너는 명예를 추구한다 했지만 찬양할 것은 없도다(〈자찬묘지명〉 중).

이렇게 고백할 수 있었던 것도 제 묘지명에 단 한 자의 거짓도 없다는 자신감의 표현 아니겠습니까? 부족하나 이것으로 제 인생은 완성되었고 평가는 이제 후대의 몫입니다. 제가 묘지명을 공개하지 말고 비밀리에 후대에 전하라고 엄히 이른 것은 이 글이 공개됐을 때 발생할 수 있는 정치적 파문을 염려한 것이기도 하지만 제 삶에 대한 평가를 현재가 아닌 후대에 맡기려는 뜻도 있습니다.


## 매형의 묘지명을 쓸 수는 없었습니다

신유년(1801) 재판 피해자 가운데 제가 묘지명을 짓지 않은 사람은 약종 형님, 황사영 그리고 매형 세 사람입니다. 약종 형님은 확신을 가지고 천

주 신앙을 믿었습니다. 자신의 선택에 후회가 없는 사람이었으니 저와는 가는 길이 달라도 많이 달랐습니다. 만약 그 형님의 묘지명을 제가 쓴다고 하면 약종 형님은 무덤에서 벌떡 일어나 붓을 빼앗아 분질러 버렸을 것입니다. 너의 글은 도리어 나를 욕되게 하는 것이라고 저를 꾸짖을 겁니다. 내게는 너 같은 배교자의 위로나 변호 따위는 필요하지 않다, 내게는 주님의 위로가 있고 그것으로 모든 아픔이나 허물을 덮고도 남음이 있다고 말씀하셨을 것입니다. 저 역시 약종 형님이 피를 나눈 형제지만 그런 분을 위해 글을 쓰고 싶은 마음은 없습니다.

황사영은 개인적으로는 조카사위지만 나라엔 큰 역적이고 제게는 원수입니다. 그자는 종교의 자유를 확보하자며 서양의 군함을 불러들여 조선을 굴복시키려고 했습니다. 감히 국왕을 능멸하고 조선이라는 나라를 우습게 본 것입니다. 황사영 때문에 저는 신유년 유배지 장기현에서 다시 한양으로 끌려와 재판을 받아야 했습니다.* 이런 자를 어찌 용서하며 어찌 이런 자의 묘비명을 쓸 수 있겠습니까?

제가 약종 형님과 매형의 묘지명을 짓지 않은 것을 두고 이런저런 말이 나온다는 것도 모르지 않습니다. 가까운 친구, 스승, 가족들, 며느리며 계모에 세 살에 죽은 딸아이의 묘지명까지 지은 사람이 매형과 친형을 위해 글 몇 자 짓는 것을 꺼렸으니 그런 말을 들을 만합니다.

매형의 묘지명을 짓는 문제를 두고 깊이 고민했습니다. 서학 때문에

---

\* 경남 장기현으로 유배를 갔던 정약전·약용 형제는 조카사위인 황사영이 체포되어 백서 사건이 발각되자 이와 연루되었다는 혐의를 받고 다시 한양 의금부로 끌려와 조사를 받았다. 이후 두 사람은 흑산도와 강진으로 유배되었다.

파직을 당하고 심지어는 유배까지 당한 매형의 억울함을 풀어드리고 싶었습니다. 매형이 비참하게 최후를 맞으셨고 돌아가신 이후에도 온갖 비난과 조롱을 받으셨기에 더욱더 그 억울함을 풀어드리고 슬픔을 달래드리고 싶었습니다.

매형이 세상을 떠나고 불과 닷새 후에는 매형의 아버님인 이동욱 공에게도 죄를 물어 이미 돌아가신 분의 모든 벼슬을 삭탈관직하는 일까지 벌어졌습니다. 개인의 한이 아니라 평창 이 씨 가문의 수치요 한이었으니 저승에서 형님의 원통함이 얼마나 깊었겠습니까?

신유년 재판에서 약종 형님이 목 잘려 죽고 저와 약전 형님은 유배되었습니다. 일사이배—死二配의 참극이었습니다. 흑산도에 유배된 약전 형님은 다시는 뭍을 밟지 못하고 꿈에 그리던 마재에는 죽어서야 혼백으로 돌아오셨습니다. 저 역시 18년을 조선 땅 남쪽 끝에서 한껏 몸을 낮추고 살았습니다. 언제 저 자에게 사약을 내리라는 조정의 명이 떨어질지 몰라 전전긍긍하며 숨소리조차 크게 내지 못하고 18년을 살았습니다.

편지 한 통을 쓸 때마다 두 번 세 번 읽어 보고 마음속으로 빌었다. 이 편지가 큰길가에 떨어져 나의 원수가 열어 보아도 내게 죄를 주는 일이 없겠는가? 또 이렇게 빌었다. 이 편지가 수백 년을 전해 내려가 수많은 지식인들에게 공개되어도 나를 조롱하는 일이 없겠는가? 그런 다음에야 봉투를 붙였다. 그것이 군자의 신중함이다(박철상, 《다산 간찰집》).

약종 형님의 집안은 사실상 멸문지화를 당했습니다. 장조카 철상이가 신유년 그 해에 참수됐고 형수님과 둘째 하상, 딸 정혜는 아직도 사교에 빠져 헤매고 있습니다. 언제 이들이 포도청에 적발되어 최후를 맞을지 아무도 알 수 없습니다. 이 가족 가운데 편하게 고종명考終命하는 사람이 있을지 모르겠습니다.

약현 형님의 사위이자 제 조카사위인 황사영은 제 몸 하나만을 망친 것이 아니었습니다. 그자 때문에 조카딸 난주와 두 살배기 아들까지 제주도 관아로 끌려가 노비가 되었습니다. 멸문지화라는 말이 이보다 더 어울리는 경우가 어디 있겠습니까? 이런 일이 결코 남의 일이 아니기에 제가 지은 묘지명을 절대 공개하지 말라고 신신당부한 것입니다.

아직도 천주교는 나라가 법으로 금하는 사교이고 그 신도는 역적 취급을 받습니다. 신유년 같은 참화가 또 일어나지 말란 법이 어디 있겠습니까? 저는 그런 일이 또 벌어질까 두렵고 두렵습니다. 비본묘지명은 그 두려움 때문에 떨리는 손으로 붓을 부여잡고 쓴 글입니다. 집안이 망할 수도 있는 일인데 어떻게 가볍게 붓을 놀릴 수 있겠습니까?

비록 매형이 천주교를 버린 것이 분명하고 제가 그것을 가장 분명하게 증언할 있는 사람이라고 하더라도 매형은 여전히 천주 역적입니다. 서학의 1호 신자이고 1호 신부였던 매형의 원죄는 어떤 행동이나 말을 동원한다고 해도 씻을 수 없는 천형 같은 것이었습니다. 그렇게 죽은 매형의 묘지명을 짓는 일이란 자칫하면 죽음을 부르는 일입니다. 인생 60년 사는 동안 온갖 거칠고 신산스런 일을 다 겪은 머리 허연 노인에게도 여전히 두려운 것이 많습니다.

매형의 묘지명을 짓지 않은 다른 이유도 있습니다. 제가 비본묘지명을 지은 다섯 분은 서학교도가 아니었습니다. 저나 권철신 공, 정약전 형님은 한때 서학에 뜻을 둔 것이 사실입니다만 신유년 시점에는 이미 교회를 떠난 지 오래였고 머릿속에서 천주의 존재가 사라진 지 오래였습니다.

매형은 마지막 순간까지 천주를 부인하셨고 결국 배교자로 돌아가셨습니다. 그럼에도 불구하고 매형 가슴속 어딘가에 천주가 자리 잡고 있었던 것 아닌가요? 을사추조 사건(1785), 윤지충 사건(1791), 그리고 주문모 입국 발각 사건(1795) 등 큰일이 벌어질 때마다 매형은 배교와 회개를 반복하셨습니다.

매형은 결벽증이 심하고 자신에게 엄격한 분이셨습니다. 남에게 의심받는 것을 못 견디셨고 스스로에게 늘 정직하려고 애쓰셨습니다. 매형의 양심은 천주의 존재를 온몸으로 받아들이고 따르라고 말하지만 이 세상은 그것을 허락하지 않았으니 갈등이 크셨던 것 아닌가요? 매형에게 천주 신앙은 의심할 바 없는 진리였지만 그 신앙을 제대로 지킬 수 없어 괴로우셨던 것 아닌가요?

자신의 신앙이 오염되었다고 느낄 때, 자신의 신앙이 스스로의 기대에 미치지 못할 때, 이런 오염되고 초라한 신앙일 바에야 차라리 배교를 선언하는 게 낫겠다고 생각하신 것 아닌가요? 형님이 희광이의 칼날을 받는 순간에도 회개하지 않은 것은 그런 이유 때문 아닌가요? 이런 제 생각이 맞다면 제가 형님의 묘지명을 지어 만천 이승훈은 서학교도가 아님에도 불구하고 억울하게 죽었다고 후손에게 전하는 것은 도리어 매형을 욕되게 하는 것일지도 모르겠습니다. 변명 같지만 제가 매형의 묘지명을 짓지 않은 이유입니다.

역적 황사영은 이렇게 말했다지요? "정약용의 가슴에는 아직도 믿음이 있다, 그런데 그 믿음은 죽은 믿음이다[死信]"라고 말이지요(《황사영 백서》중). 죽은 믿음이라는 표현이 절묘합니다. 믿음이 없는 것과 죽은 믿음이라도 믿음이 있는 것은 전혀 다르지요.

　그 말을 듣고 저도 생각해 보았습니다. 내 가슴속에 믿음이 있는가? 죽은 믿음일지라도 믿음이 있긴 있는 것인가? 분명히 저는 믿음을 버렸지만 그 믿음이 죽어 내 몸과 영혼 밖으로 나간 것이 아니라 죽은 채로 내 안에 남아 있다면 이 또한 믿음은 믿음일 것입니다.

　매형! 젊은 시절 저는 천주교 신자로 살았습니다. 광암 형님이 처음 가르침을 주셨고 매형이 세례를 베풀어 주셨습니다. 요한이라는 서양식 이름으로 신부가 되어 살기도 했습니다. 그 시절 저는 요한으로 죽어도 좋다고 생각했습니다. 그러나 그것은 아주 오래전 한때의 꿈같은 일이었습니다.

　서학의 가르침을 따르고 믿었다는 이유로 헤아리기 힘든 수난을 당하고 고통을 겪었습니다. 그래서 할 수만 있다면 완전히 잊고 싶고 그 믿음을 듣기 이전으로 돌아가고 싶습니다. 그러나 믿음은 버리려 한다고 해서 버릴 수 있는 것은 아닌 듯합니다. 반대로 얻으려 한다고 해서 얻을 수 있는 것도 아닙니다. 믿음은 본인의 의지로 갖거나 버릴 수 있는 것이 아니라는 생각을 합니다. 그래서 믿는 일이 어려운지도 모르겠습니다.

　20대 시절 뜨겁게 천주를 믿었던 그 흔적이 제 영혼과 마음에 남아 있고 십자가에 매달린 구세주 예수를 버리는 것이 얼마나 큰 죄일까 두려워하던 30대 시절의 방황과 번민의 흔적이 육십 노인이 된 제 어딘가에 여전히 남아 있을 겁니다. 저는 그것을 부인하지 않습니다. 그것은 부인하려야 부인할 수 없는 것입니다. 이를 두고 아직도 정 아무개가 서학을 버리지 못한 증거라고 말하기도 합니다만 서학을 믿는 것과 그 믿음의 흔적이 남아 있다는 것은 다른 이야깁니다.

믿음은 절대자가 주는 선물 같은 것 아닐까요? 개인의 의지나 능력과는 무관하기 때문에 믿는 일이 그렇게 어려운 것 아닐까요? 혹시 제 마음속에 죽은 믿음이라도 믿음이 남아 있다면 그것은 제 의지에 의해서가 아니라 절대자의 선물일 것인데 그런 것이 제게 있는지 모르겠습니다.


## 저는 유학자로 남겠습니다

매형! 며칠 전 동네 뒷동산에 제 묏자리를 잡아두었습니다.* 혼자 오랫동안 눈여겨봐 둔 곳입니다. 운수가 박복한지라 좋은 명당자리가 제 차지가 될까 싶습니다만 어쨌든 볕은 잘 드는 남향입니다. 후손들의 발복을 빌고 사후의 제 삶이 편안하기를 기원하면서 고른 자리입니다. 내일 당장 죽어도 이상할 것 없는 나이가 되었으니 세상 떠날 준비를 하는 것이지요.

제 장례를 어떻게 치를지에 대해서도 정해 두었습니다. 언제일지 모르나 그리 머지않은 장래에 틀림없이 벌어질 일입니다. 말로 일러 둘 수 있지만 큰일 당하면 경황이 없어 우왕좌왕 하기 쉬우니 아예 글로 적어 주었습니다. 임종이 임박했을 때 준비할 것부터 시작해서 상복을 입고 염하는 방법, 하관 절차까지 최대한 상세하게 적어 두었습니다. 다른 것은 몰라도 상례와 제례에 대해서는 제 나름 공부를 한 만큼 제 상례 절차에서 예의에 어긋나는 일이 없도록 당부해 둔 것입니다.

---

* 집 뒤편 자좌오향子坐午向(정남향이란 뜻) 언덕에 무덤의 형태를 그어놓았다〈자찬묘지명〉.

못자리를 잡고 제 장례 절차를 스스로 적어 내려가다보니 죽음이 바로 옆에 와 있는 듯했습니다. 차갑게 식어 가는 제 시신을 눈앞에서 보는 듯해서 한순간 눈시울이 뜨거워지더군요. 죽음을 준비하니 삶이 더 소중하게 느껴지고 이제는 선물처럼 남은 여생을 더욱 잘 살아야겠다는 다짐도 하게 됩니다.

죽음을 준비하는 마지막 작업은 1만 2천 자가 넘는 비본묘지명 집중본을 짓는 일이었습니다. 이 일을 마치고 나니 이제 정말 할 일을 모두 다 한 듯합니다. 어떤 이는 마지막 순간까지 죽음이 두렵다는데 저는 두려운 마음은 들지 않습니다. 때가 되니 가야겠구나 싶고 마지막 순간이 편안했으면 할 뿐입니다.

영생이란 것이 있을까요? 천국이란 것이 있을까요? 죽으면 매형과 이벽 형님과 약전 형님과 정조 대왕처럼 그리운 분들을 다시 만날 수 있는 것일까요? 저는 그런 기대는 하지 않습니다. 제 삶은 이것으로 완성되었고 속편 같은 인생이 다른 세상에서 이어질 것이라고 믿지 않습니다. 그러기를 바라지도 않습니다. 또 다른 세상을 믿지 않고 기대하지도 않는다는 것, 이것 역시 제가 서학교도가 아니라는 증거일 것입니다.

매형! 이제부터 저는 근신하며 살려고 합니다. 사람 만나는 일도 삼가고 집 밖으로 나가는 일도 가급적 줄이려고 합니다. 대신 혼자만의 묵상 시간을 많이 가지려고 합니다. 나이 드니 생각할 게 많아집니다. 누구는 이런 저를 두고 참회하는 것이라고 표현하더군요. 참회라는 표현은 과오나 잘못, 죄를 저질렀다는 것을 전제로 하는 말인데, 맞습니다. 돌이켜 보면 60평생이 모두 후회의 세월이니 참회하면서 살겠다는 뜻으로 받아들여도 무방합니다.

다산, 자네에게 믿는 일이란 무엇인가

매형! 저는 18년의 유배 생활 동안 마음속에서 미움을 키우지 않으려 애썼습니다. 복수를 꿈꾸지도 않았습니다. 지옥 같은 유배 조치가 풀리기를 바랐고 조정에 복귀할 기회를 엿본 것도 사실이었고 몇 번이나 유배에서 풀릴 뻔하다 서용보 같은 자들의 반대로 뜻을 이루지 못할 때마다 크게 낙담한 것도 사실입니다.

그렇다고 18년 세월을 한양만 바라보면서 산 것은 아니었습니다. 저는 한양에 대한 기대를 완전히 저버린 것은 아니었고 한양에 있는 이들이 저의 존재를 아예 잊어 버린 것은 아닌지 두렵고 답답하기도 했지만 그렇다고 거기에 모든 것을 걸고 살 만큼 어리석지는 않았습니다. 저는 저의 삶을 살았고, 제 인생에 대한 자부심을 갖고 있습니다. 다시 한번 기회를 달라고 절대자에게 매달리고 싶은 마음이 들지 않은 것은 지금의 삶으로 충분하다고 믿기 때문입니다. 저는 해야 할 일을 다 했고 더이상 이 세상의 삶에 큰 미련이나 아쉬움은 없습니다. 남은 삶을 선물 받은 것처럼 살 것입니다.

그러나 후대의 사람들이 지금 남기는 기록만으로 저를 평가하지 않았으면 좋겠습니다. 흐르지 않는 시간 앞에서 무엇을 해야 할지 몰라 쩔쩔매고, 오지 않는 한양 소식을 기다리며 안절부절 못하던 제 모습도 어딘가에는 남아 있기를 바랍니다.

매형! 오늘따라 매형이 더 그리워집니다. 이럴 때 매형과 마주보고 앉아 술 한잔 나눌 수 있다면 얼마나 좋겠습니까? 우리 이런 약속을 한 적도 있지 않습니까? 나이 들면 같이 살자고, 마음 넉넉하게 술도 한잔 하면서 그렇게 만년을 보내자고 약속했던 것 기억하시겠지요? 약속은 남았는데 사람이 남아 있지를 않으니 참으로 쓸쓸하기 짝이 없습니다.

# 에필로그

이승훈, 정약용과의 길었던 대화가 이제야 끝나나보다. 이 책을 구상하고 본격적으로 글을 쓴 지난 2년 동안 두 사람은 과거의 인물이 아닌 살아 있는 현재의 인물이었다. 처음에는 필자가 주로 묻고 그들이 대답했지만, 시간이 흐를수록 그들이 묻고 필자가 답하는 일이 늘어났다. 필자가 두 사람에게 묻고 싶은 것이 많았던 것만큼이나 그들 역시 필자에게 궁금한 것이 많았던 모양이다.

믿는 일이란 무엇이냐고, 믿는 일이 어렵지 않느냐고 그들이 묻곤 했다. 200여 년의 시간을 사이에 두고 있지만 그들의 고민과 필자의 고민이 맞닿아 있다는 것을 느꼈다. 두 사람과의 대화가 그다지 어렵지 않았던 이유

다산, 자네에게 믿는 일이란 무엇인가

가 거기에 있을 것이다. 때로는 다정하게, 때로는 비통하게, 때로는 화난 목소리로 말을 건네던 두 사람이 아니었다면 이 글의 완성은 많이 늦어졌을 것이다.

믿는 일의 어려움이라는 주제에 대해 오래전부터 생각을 다듬어 왔지만 역시 만만한 주제는 아니었다. 역사적 인물과 관련된 내용을 일일이 확인하면서 사실史實과 사실史實 사이에 필자의 생각을 담아 내는 일은 흥미로웠지만 가끔은 고단하고 버거웠다. 상상력을 충분히 발휘하되 사실史實을 벗어나지 말자는 다짐이 얼마나 지켜졌는지는 독자들이 판단할 몫이겠다.

그래도 이 책을 쓰는 과정은 즐거웠다. 자료를 읽고 원고를 쓰다보면 서너 시간은 금방 흘렀다. 종종 글이 생각을 불러 이런 문장을 내가 썼나 싶을 때도 있었다. 이 책을 쓰겠다고 덤비지 않았다면 맛보지 못했을 경험이었다. 그렇다고 쉬운 일은 아니었다. 몇 번을 고쳐 썼고 통째로 구성을 바꾸기도 했다. 어떤 때는 문장 하나 때문에 몇 시간을 끙끙거렸다. 깐깐하고 눈 밝은 편집자를 만난 뒤에는 작업이 더 어려워졌다. 다른 사람의 지적을 받는 일에 익숙하지 못하다는 것을 새삼 깨달았는데, 좋은 책 만들자고 하는 말이라는 것을 믿지 않았다면 견디기 어려웠을 것이다.

믿는 일의 어려움이란 주제가 조금 버거웠고 그래서 때로는 적당히 타협하고 싶었다. 그러나 포기하지 않고 한 걸음 한 걸음 걷다보니 능선 어딘가에 서 있었고 능선에서만 볼 수 있는 전경이 보이기도 했다. 그 능선에 이르는 과정과 그 능선에서 보이는 풍경에 대한 감상을 적은 것이 이 책이다. 독자들의 평가가 궁금하다.

고마운 분들에게 인사를 해야겠다.

일면식도 없는 사람의 원고만을 보고 선뜻 책으로 내겠다고 나선 도서출판 푸른역사의 용기에 경의를 표한다.

어머니와 아내를 비롯한 우리 가족 모두에게 고맙고 사랑한다는 말을 전한다. 지후, 지윤, 현성, 영선이가 좀 더 커서 사는 일이 힘들고 믿는 일이 마음처럼 되지 않을 때 이 책이 도움이 될 수 있다면 좋겠다.

우리 부부를 위해 늘 기도해 주시는 전희배 안드레아 대부님, 김분례 리사 자매님에게도 이 지면을 빌려 감사의 인사를 드린다.

김학근 로렌조 수녀님에게 존경과 사랑의 마음을 담아 이 책을 바친다. 배교자 이승훈에 대해 책을 써 보겠다고 하자 "아 그거 좋습니다"라고 하셨는데 이 책을 보고 어찌 말씀하실지 모르겠다. 오래 강건하시길.

# 참고문헌

**전집 및 단행본**

《조선왕조실록》

전주대 한국고전학연구소 역,《추안급국안》, 2014.

달레, 최석우 역,《한국천주교회사》한국교회사연구소, 1987.

다산학술문화재단 편,《정본 여유당전서 시문집》, 2013.

조광,《조선 후기 천주교사 연구의 기초》경인문화사, 2010.

김상근,《세계지도의 역사와 한반도의 발견》살림출판사, 2004.

뤼차오, 이승희 옮김,《동방제국의 수도》글항아리, 2019.

정민,《다산독본》한국일보 연재, 2019.

이덕일,《정약용과 그의 형제들 상·하》다산초당, 2012.

박석무 역, 《유배지에서 보낸 편지》 창비, 2005.

브뤼기에르, 정양모 역, 《브뤼기에르 주교 여행기》 가톨릭출판사, 2007.

에릭 홉스봄 저, 정도영 역, 《혁명의 시대》 한길사, 1998.

서인범, 《연행사의 길을 가다》 한길사, 2014.

김민호, 《조선 선비의 중국견문록》 문학동네, 2018.

수원교회사 편, 《선교사들의 편지》 상교우서, 2013.


## 논문

강혜영, 〈조선 후기의 서적 금압에 대한 연구〉, 《서지학연구》 56집, 1990.

고을희, 〈정조대 서양 선교사와 洋舶 영입 시도〉, 《교회사연구》 25집, 2005.

구만옥, 〈조선 후기 서학 수용과 배척의 논리〉, 《동국사학》 64권, 2018.

권영건, 〈조선조 대외 정책에 관한 연구〉, 《안동대학 논문집》, 1990.

권현주, 〈척암 이기경의 가사 연구〉, 《어문학》 137호, 2017.

김가람, 〈이기경의 척사 활동과 공서파 형성에 끼친 영향〉, 《교회사연구》 30집, 2008.

김규성, 〈한국 천주교회의 기원에 대한 諸학설에 관한 연구〉, 인천가톨릭대학교 석사 논문,
    2003.

김병이, 〈정조-순조대 초반의 천주교 박해 사건〉, 숙명여대 석사 논문, 2001.

김봉남, 〈다산과 천주교 관련 인물들과의 관계 고찰〉, 《대동한문학》 41집, 2014.

김봉남, 〈다산 정약용의 시문에 나타난 고뇌와 회한〉, 《한국한문학연구》 70집, 2018.

김상홍, 〈다산의 秘本 묘지명 7편과 천주교〉, 《동아시아고대학》 30집, 2013.

김상홍, 〈다산의 천주교 신봉론에 대한 반론—최석우 신부의 논문을 읽고〉, 《동양학》 20집,
    1990.

김수태, 〈정약용과 천주교 관계 재론—자찬묘지명을 중심으로〉, 《교회사연구》 42집, 2013.

김연이, 〈유항검가의 천주교 신봉〉, 전남대학교 석사 논문, 1984.

김정경, 〈조선 후기 천주교 성인전과 순교일기의 비교 연구—〈성년광익〉과 〈기해일기〉를 중심으로〉, 《한국고전연구》 39권, 2017.

김진호, 〈정조 15년의 長書사건과 채제공〉, 서강대학교 석사 논문, 2001.

김태영, 〈황사영의 의식 전환과 천주교적 세계관〉, 《지역과 역사》 25호, 2009.

김태영, 〈이승훈을 중심으로 본 천주교 수용과 유학자로서의 정체성〉, 《지역과 역사》 29호, 2011.

김한규, 〈사학징의를 통해서 본 초기 한국천주교회의 몇 가지 문제〉, 《교회사연구》 2집, 1979.

김형호, 〈다산 자찬묘지명 연구〉, 성균관대학교 석사 논문, 2011.

금장태, 〈한국전통문화와 천주교 사상〉, 《가톨릭 사회과학연구》, 1983.

금장태, 〈다산 정약용의 신앙과 실용 정신〉, 《사목정보》 4, 2011.

금장태, 〈정다산의 사상에 있어서 서학의 영향과 그 의의〉, 《국제대학논문집》 3권, 1975.

김한규, 〈사학징의를 통해서 본 초기 한국천주교회의 몇 가지 문제〉, 《교회사연구》 2집, 1979.

류인열, 〈한국 천주교 전래에 대한 역사적 의미 고찰〉, 대구가톨릭대학교 대학원, 2009.

박종구, 〈다시 보는 천주실의〉, 《가톨릭신문》, 2011.

박철상, 〈간찰을 통해본 다산—문집 미수록 간찰을 중심으로〉 다산학술재단, 2012.

박현모, 〈세도정치기 조선 지식인의 정체성 위기: 황사영 백서를 중심으로〉, 《동방학지》 123권, 2004.

방상근, 〈18세기 말 조선천주교회 발전과 세례명〉, 《교회사연구》 34, 2010.

서종태, 〈성호학파의 천주교 수용 과정〉, 《인천가톨릭대학교 논문집》, 2008.

서태열, 〈알레니의 〈직방외기〉의 지리 지식의 구성 및 기술〉, 《한국지리학회지》 6집, 2017.

손흥철, 〈조선 후기 천주교 수용의 학술사적 의미 고찰〉, 《다산학》 9호, 2006.

송요후, 〈조선시대 서학 관련 유적 답사〉, 《중국사연구》 101권, 2016.

신익철, 〈18세기 연행사와 서양 선교사의 만남〉, 《한국한문학연구》 51권, 2013.

심상태, 〈이승훈, 권철신, 권일신의 죽음과 순교 문제 재조명〉, 제3차 한국 순교자 시복시
성을 위한 세미나, 2010.

안대회, 〈조선 후기 자찬묘지명 연구〉, 《한국문학연구》 31집, 2003.

여진천, 〈한국 천주교 초기 평신도 지도자들의 신앙 특성〉, 《교회사연구》 42집, 2013.

원재연, 〈18세기 후반 북경 천주당을 통한 천주교 서적의 조선 전래와 신앙공동체의 성
립〉, 《동양한문학연구》 30집, 2010.

원재연, 〈이승훈의 연보〉, 《교회사연구》 8집, 1992.

원재연, 〈이기경의 〈벽위편〉〉, 《상교우서》, 2013.

원재연, 〈정조대 천주교회와 교리서의 저술〉, 《한국사론》 31권, 1994.

원재연, 〈다산 정약용과 서학/천주교의 관계에 대한 연구사적 검토〉, 《교회사연구》 39, 2012.

원재연, 〈17~19세기 연행사의 북경 내 활동 공간 연구〉, 《동북아역사논총》 26, 2009.

윤민구, 〈조선 신자들의 大舶請來 운동에 대한 해외의 인식〉, 《교회사연구》 13집, 1998.

이원순, 〈이승훈 후손의 천주 신앙〉, 《교회사연구》 8집, 1992.

이원순, 〈조선 천주교회의 창설과 정착〉, 《교회사연구》 10집, 1995.

이이화, 〈이승훈 관계 문헌의 검토—만천유고를 중심으로〉, 《교회사연구》 8집, 1992.

이주영, 〈정약용의 자찬묘지명에 대한 문학치료적 고찰〉, 《문학치료연구》 34권, 2015.

이철성, 〈조선 후기 압록강과 책문 사이 봉금지대에 대한 역사, 지리적 인식〉, 《동북아역사
논총》 23호, 2009.

임종태, 〈극동과 극서의 조우〉, 《한국과학사학회지》 31권, 2009.

임혜련, 〈정조 말 순조 초 김건순의 행보와 신유사옥〉, 《한국학논총》 51권, 2019.

장동훈, 〈현지인이 이끄는 지역 교회 설립, 그 이론과 실제 사이〉, 《가톨릭신학》 27호, 2015.

전종호, 〈중화제국 전지에 나타나는 예수회의 중국관과 한국관〉, 《서강인문논총》 44권,
2015.

정광호, 〈해제 추안급국안〉, 《민족문화》 1, 1975.

정재훈, 〈연행사가 체험한 조선과 청의 세 가지 경계〉, 《퇴계학과 유교문화》 52집, 2013.

정태식, 〈중국에서의 전례 논쟁과 가톨릭 박해에 대한 일고찰: 종교의 사회적 위치를 중심으로〉, 《현상과 인식》 31권, 2007.

조광, 〈신유교난과 이승훈〉, 《교회사연구》 8집, 1992.

조광, 〈신유박해의 분석적 고찰〉, 《교회사연구》 1집, 1978.

조광, 〈역사적 관점에서 본 한국 문화와 천주교〉, 《신학전망》 171호, 2010.

조광, 〈조선 후기 서학서의 수용과 보급〉, 《민족문화연구》 44권, 2006.

조광, 〈조선 후기 천주교 지도층의 특성〉, 《역사학보》 105집, 1985.

조한건, 〈성경직해광익 연구〉, 서강대학교 대학원 박사 논문, 2012.

조현범, 〈조선 후기 유학자들의 서학 인식: 종교/과학 구분론에 대한 재검토〉, 《한국사상사학》 50권, 2015.

조현범, 〈브뤼기에르 주교와 포르투갈 선교사들의 갈등〉, 《교회사연구》 44집, 2014.

조현범, 〈브뤼기에르 주교의 여행 기록에 나타난 샴과 중국〉, 《동국사학》 49집, 2010.

주명준, 〈천주교의 전라도 전래와 그 수용에 관한 연구: 윤지충, 유항검의 가계와 전도 활동을 중심으로〉, 전북대학교 박사 논문, 1979.

주명준, 〈전라도의 천주교 수용: 1784년에서 1801년까지〉, 《전북사학》 3권, 1979.

차기진, 〈성호학파의 서학 인식과 척사론에 대한 연구〉, 한국정신문화연구원 박사 논문, 1995.

차기진, 〈만천 이승훈의 교회 활동과 정치적 입지〉, 《교회사연구》 8집, 1992.

차기진, 〈이승훈 관계 한문 자료〉, 《교회사연구》 8집, 1992.

최석우, 〈이승훈 관계 서한 자료〉, 《교회사연구》 8집, 1992.

최석우, 〈한국교회의 창설과 초창기 이승훈의 교회 활동〉, 《교회사연구》 8집, 1992.

최석우, 〈파리외방전교회의 한국진출과 의의〉, 《교회사연구》 5집, 1987.

최석우, 〈사학징의를 통해서 본 초기 천주교회〉, 《교회사연구》 2집, 1979.

최석우, 〈박해시대 천주교 신자들의 국가관과 서양관〉, 《교회사연구》 13, 1998.

최석우, 〈정약용과 천주교의 관계—Daveluy의 비망기를 중심으로〉, 《다산학보》 제5집, 1983.

피에르 엠마뉘엘 후Pierre Emmanuel Roux, 〈조선 架橋의 재발견: 16~19세기 천주교 선교사의 조선 진출 전략에 대한 기초 연구〉, 《연민학지》 16권, 2011.

홍이섭, 〈소위 〈벽위편〉의 형성에 대해서〉, 《인문과학》 4권, 1959.

허경진, 〈천주교를 믿지 않았다고 변명한 정약용의 편지〉, 《기독교사상》 vol. 711, 2018.

Albert Chan, S.J., 〈Early missionary attempts in Korea〉, 《동아연구》 VOL. 3 (1983).

赤木仁兵衛, 〈주문모 신부의 조선 입국〉, 《교회사연구》 제10집, 1995.

石井壽夫, 〈이학지상주의 이조에의 천주교의 도전〉, 《한국천주교회사 논문선집》 제2집, 1977.

Donald Baker, 〈Shamans, Catholics, and Chong Yagyong: Tasan's defense of the ritual hegemony of the Confucian state〉, 《다산학》 15호, 2009.

# 다산,
# 자네에게 믿는 일이란
# 무엇인가: '배교자' 이승훈의 편지

- ⊙ 2019년 11월 30일 초판 1쇄 발행
- ⊙ 2020년  8월 10일 초판 3쇄 발행
- ⊙ 글쓴이　　　　윤춘호
- ⊙ 펴낸이　　　　박혜숙
- ⊙ 펴낸곳　　　　도서출판 푸른역사
　　　　　　　　우) 03044 서울시 종로구 자하문로8길 13
　　　　　　　　전화: 02)720-8921(편집부) 02)720-8920(영업부)
　　　　　　　　팩스: 02)720-9887
　　　　　　　　전자우편: 2013history@naver.com
　　　　　　　　등록: 1997년 2월 14일 제13-483호

ⓒ 윤춘호, 2020

ISBN　979-11-5612-158-9　　03900